벤 카슨의 싱크빅

벤 카슨의 싱크빅

벤 카슨 지음
홍원팔 옮김

솔라피데출판사

예배와 삶의 일치

복음에는 하나님의 의가 나타나서
믿음으로 믿음에 이르게 하나니, 기록된바,
"**오직** 의인은 **믿음**으로 말미암아 살리라" 함과 같으니라.

로마서 1:17

벤 카슨의 싱크빅

초판 1쇄 발행 : 2007년 12월 15일
초판 11쇄 발행 : 2025년 3월 10일

저자 : 벤 카슨
역자 : 홍원팔
발행인 : 이원우 / 발행처 : 솔라피데출판사
주소 : (10881)경기도 파주시 문발로 123 파주출판문화정보산업단지
전화 : (031)992-8691 / 팩스 : (031)955-4433
Email : slfdbook@hanmail.net
등록번호 : 제10-1452호
공급처 : 솔라피데출판유통
전화 : (031)992-8691 / 팩스 : (031)955-4433

Copyright ⓒ 2007 SolaFideBooks
Printed in Korea
값 15,000 원
ISBN 978-89-5750-030-9 03230

❖ 잘못 만들어진 책은 바꾸어 드립니다.
❖ 본 도서의 내용을 일부 또는 전부를 허락없이 전재, 복사 또는 광전자 매체 수록 등을 할 수 없습니다.

BEN CARSON'S RULES
THINK BIG

Talent (재능) - 자기 재능을 깨닫고 사용 하기
Honest (정직) - 정직을 습관화 하기
Insight (통찰력) - 자신과 세상을 관찰하고 생각 하기
Nice (친절) - 다른 사람들에게 친절 하기
Knowledge (지식) - 지식을 쌓아 사용 하기
Books (책) - 책과 독서를 생활화 하기
In-depth Learning (심화학습) - 더 깊고 심오한 지식 쌓기
God (하나님) - 나를 도우시는 하나님을 신뢰 하기

Copyright © 1992 by *Benjamin Carson, M.D.*
Originally Published in the U.S.A. under the title :

THINK BIG

Published by Zondervan,
Grand Rapids, Michigan 49530, U. S. A.
All rights reserved.

Copyright © 2007 by *SolaFide Publishers*
Korean edition is published by permission
of Zondervan, Grand Rapids, Michigan

Printed in Korea

차 례

들어가는 말 ·· 9

Part 1 크게 생각하고 최선을 다하라

1. 좀 더 잘하라 ·· 15
2. 나의 어머니, 소냐 카슨 ································ 41
3. 인생을 가르쳐 준 스승들 ······························ 73
4. 의학을 가르쳐 준 스승들 ······························ 91
5. 죽음이 가르쳐 준 교훈 ································ 113
6. 환자의 부모들 ·· 121
7. 위험을 무릅쓰고 ·· 139
8. 더욱 최선을 다하라 ···································· 153

Part 2 너는 할 수 있다, 크게 생각하고 최선을 다하라

9. 크게 생각하라 ····································· 167

10. 정직한 삶 ······································· 191

11. 통찰력 있는 사고 ································· 201

12. 친절한 사람은 성공한다 ···························· 225

13. 지식의 중요성 ···································· 239

14. 책은 읽기 위해 있다 ······························· 257

15. 심화학습 ·· 273

16. 역사하시는 하나님 ································ 289

17. 성공을 향한 도약 ································· 307

들어가는 말

부와 아름다움이 주는 명성은 덧없고 허무하지만,
위대한 정신은 빛을 발하며 영원히 사라지지 아니 한다.

살루스트(Sallust 86-34 B.C.)

　본서는 최선을 다하는 것과 특히 나의 인생의 중요한 개념들 중에 하나인 남을 돕기 위해 할 수 있는 모든 일을 다하는 것에 관해서 - 크게 생각하는 것에 관해서 - 기술한 책이다. 또한 본서는 탁월함이나 헌신에 대한 책이라고도 할 수 있다.

　본서는 또한 최선을 다하고 크게 생각하는 사람들에 대한 책이다.
　우리 사회가 걸출한 일을 행함으로써 그 위업을 인정받은 운동선수, 인기 연예인, 정치인 혹은 높은 명성을 얻은 사람들에게 초점을 맞추는 경향이 있기 때문에 본 주제를 선정 하게 되었다. 나는 위업을 달성하고 그만큼 인정을 받는 일에 대해 극구 찬성한다.
　그런데 최선을 다하고도 인정, 상, 명성, 혹은 금전적 보상을 결코 받지 않는 사람들에 대해서는 어떻게 생각하는가?

 나는 여러 가지 면에서 하나님의 축복을 받으며 부요한 인생을 살아 왔다. 나는 처녀작인「재능 있는 손」(Gifted Hands)으로 인해 많은 인정을 받으며 주목을 받게 되었다. 그리고 많은 사람들이 내가 노력해 온 일에 대해서 감사를 표하여 왔다.

 사람들은 나에게 "그 책은 우리들에게 도전을 주고 우리들의 삶을 변화시켰습니다. 헌신적인 선생님들은 자신이 가르치는 모든 학생들에게 그 책을 나누어 주었습니다. 많은 교회에서 그 책을 구입하여 학생들에게 나누어 주었습니다. 나는 1,000권 이상의 책을 구입하여 배포한 사업가 두 분을 알고 있습니다." 라는 말들을 전해 왔다. 이에 나는 기쁨을 감출 수가 없다.

 나는 나의 이야기가 많은 사람들에게 용기를 주고 있다는 사실에 만족하며, 감사를 전해 오신 모든 분께 감사를 표한다. 그러나 나는 다음과 같은 인생의 중요한 진리를 지적하고 싶다. 즉, 나는 혼자서는 할 수 없다는 것이다. 나는 계속해서 하나님의 도움을 받아왔다.

 헌신적이며 유능한 많은 사람들이 최선을 다해 나를 기꺼이 돌보아 주었다. 나는 종종 많은 사람들에게 인정을 받았다. 하지만 이제는 단지 잠시 동안일지라도 나를 도와준 분들이 주목을 받을 수 있도록 긴 휴면에 들어가고 싶다. 그분들은 충분히 그럴만한 자격이 있는 분들이다.

 나는「재능 있는 손」에 이미 상세히 기술된 대부분의 경험들을 반복해서 언급하기 보다는 빈민가 출신의 벤 카슨이 초등학교 5학년 반에서는 꼴찌였으나 예일대학교 의과대학을 졸업하고 33세 때에는 존스홉킨스병원(Johns Hopkins Hospital) 소아신경외과장에 오르도록 도움을 주신 많은 분들께 감사를 드리고 싶다.

나는 세계적인 명성을 가진 병원에서 지금까지 그러한 직위에 오른 가장 젊은 사람 중의 한 사람이며, 유일한 흑인이다. 하나님은 나에게 재능을 부여하셨지만, 다른 사람들이 최선을 다해 자신들의 재능을 나에게 베풀지 않았다면, 나는 하나님이 나에게 주신 재능들을 인식하지 못하고 사용하지도 못했을 것이다.

나는 이제 여러분이 나와 함께 한 발자국 더 나아가기를 원한다. 나는 여러분을 나의 인생으로 안내하며, 나의 업적들을 가능하게 한 분들에 대하여 이야기하고자 한다. 그분들은 재능 있고, 고귀하며, 특별한 분들이어서, 최선을 다하면서도 때로는 자신들이 영향을 끼치고 있다는 사실을 인식하지도 못하고 있던 분들이다.

PART 1
크게 생각하고 최선을 다하라

충성된 마음과 용감한 정신,
그리고 순수하고 진실된 사람들이 존재한다면,
여러분이 가진 가장 귀한 것으로 세상에 베풀라 그러면
가장 귀한 것이 여러분에게 돌아올 것이다.

매들린 브리지스(Madeline Bridges)

1
좀 더 잘하라

우리는 주로 책을 통해서 위인들과 대화한다. 위인들은 양서를 통해 우리에게 이야기하고, 그들의 대부분의 귀중한 사상들을 우리에게 전해 주며, 그들의 정신을 우리에게 쏟아 부어 준다. 그러므로 우리에게 책을 주신 하나님께 감사하라. 책은 선인들과 고인들의 말씀이므로 우리는 전 시대의 정신세계를 배울 수 있다. 책은 진정한 평등주의자이다. 책은 자신을 성실하게 이용하는 모든 사람에게 인류의 가장 위대하고 멋진 사회와 정신적 산물을 제공해 준다.

윌리엄 채닝(William E. Channing)

"**벤자민,** 이것이 너의 성적표니?"

어머니는 책상 위에 있는 겹쳐진 하얀 카드를 집어 드시면서 말씀하셨다.

"아, 예."

나는 애써 아무렇지도 않은 듯한 목소리로 대답했다. 나는 어머니께 성적표를 갖다 드리는 것이 너무 부끄러워 그것을 책상 위에 살짝 떨어뜨려 놓았다. 그리고 잠자리에 들 때까지 어머니께 발견되지 않기를 바라고 있었다.

그것은 우리가 몇 달 전에 보스턴 시에서 디트로이트 시로 돌아 온 후, 히긴즈(Higgins)초등학교에서 처음 받은 성적표였다.

내가 5학년 반에 들어간 지 두 주도 지나지 않아 모든 아이들은 나를 반에서 가장 멍청한 아이로 생각했고, 빈번히 나에 대해서 농담을 했다. 나는 실제로 내가 5학년에서 가장 어리석은 아이라고 생각하기 시작했다. 어머니는 자주 "벤, 너는 영리한 아이란다. 너는 네가 하고 싶은 일은 무엇이든지 할 수 있단다." 라고 말씀하셨다. 그러나 나는 그 말을 믿지 않았다.

학교에서는 아무도 내가 영리하다고 생각하지 않았다. 어머니는 나의 성적표를 훑어보며 물으셨다.

"읽기 점수가 이게 뭐니?" (그 말투로 보아 나는 어려움에 직면했음을 직감할 수 있었다.)

나는 당황스러웠지만 그것에 대해 별로 신경을 쓰지는 않았다. 어머니는 내가 수학을 잘못한다는 것은 알고 계셨지만, 모든 과목이 그렇게 형편없는지는 모르고 계셨다.

어머니가 하나하나 모든 것을 읽어 가시며 나의 성적표를 천천히 확인하는 동안 나는 서둘러 내 방에 들어가 잠잘 준비를 시작했다. 몇 분 후에 어머니는 나의 침실로 들어오셨다.

"벤자민, 이것이 너의 점수니?" 하시며 그 성적표를 내밀었다.

"아, 예. 그러나 엄마도 알다시피 그건 별로 중요한 것이 아니에요."

"아니야, 네 말은 옳지 못해 벤자민. 그건 매우 중요한 거야."
"단지 한 장의 성적표에 불과해요."
"그러나 그건 그 이상의 의미가 있어."

나는 지금과 같은 일을 당하리라고 예상했기 때문에 수업 시간에 잘 들으려고 했지만, 흥미를 끄는 것은 아무 것도 없었다. 나는 수업 받는 것이 매우 싫었다. 물론 내가 그래야만 할 이유는 없었다. 나는 반에서 가장 멍청한 아이였으므로 내가 무엇을 기대할 수 있었겠는가? 다른 아이들은 날마다 나를 비웃고 나에 대해 농담을 했다.

"교육은 네가 가난에서 벗어날 수 있도록 해 주는 유일한 방법이란다. 교육은 네가 네 인생에서 출세하도록 해 주고 성공하게 해 주는 유일한 방법이란다. 벤자민, 내 말을 알아듣겠니?"라고 어머니는 말씀하셨다.

"예, 엄마." 나는 중얼거리듯 대답했다.

"만약 네가 이런 점수를 계속 받게 된다면, 너는 남은 인생을 부랑자 소굴에서 보내든지, 기껏해야 공장에서 바닥이나 닦게 될 것이다. 그것은 내가 너에게 바라는 삶이 아니란다. 또한 하나님께서 너에게 바라는 삶도 아니란다."

나는 참으로 부끄러워 고개를 푹 숙였다. 어머니는 혼자서 나와 형 커티스(Curtis)를 키우셨다. 단지 초등학교 3학년까지만 학교에 다니신 어머니는 자신이 받지도 않은 교육의 가치를 알고 계셨다. 어머니는 날마다 우리가 수업에 최선을 다하도록 커티스와 나를 격려히셨다.

"너희들은 단지 너희들의 잠재력만을 바라보아서는 안 된단다. 너희들은 영리할 뿐만 아니라 대단한 아이들이란다. 나는 너희들이 좀 더 잘할 수 있다는 것을 알고 있단다." 라고 말씀하셨다.

사실 적어도 내가 히긴즈초등학교에서 처음 수업을 시작했을 때, 나는 최선을 다했었다. 그러나 반에서 계속 진행되어온 수업을 아무 것도 이해할 수 없었을 때에 무엇을 얼마나 더 잘할 수 있었겠는가?

보스턴에서 우리는 지역 학교에 출석했지만 가르치는 일보다는 다른 여선생님과 잡담하는데만 관심을 둔 선생님 때문에 별로 배운 것이 없었다. 그러나 선생님에게만 책임이 있는 것은 아니었다. 아마 나는 정서적인 문제로 인해 수업에 열중 할 수가 없었던 것 같다. 나의 부모님은 우리가 보스톤으로 오기 직전에 헤어지셨다. 그때 내 나이 8살이었다. 나는 어머니와 아버지 두 분을 모두 사랑했기 때문에 두 분의 이혼으로 인한 충격에 상당한 고통을 겪어야 했다. 나는 그 후 몇 달 동안, 부모님이 다시 결합할 것이라고 생각했다. 그래서 아버지가 여느 때처럼 다시 집에 돌아오실 것이며, 우리는 예전처럼 가정을 다시 이루게 될 것이라고 생각했다. 그러나 아버지는 결코 돌아오지 않았다. 결국 우리는 보스톤으로 이사를 했고, 어머니는 충분히 돈을 벌어서 우리를 다시 디트로이트로 데려 가실 때까지 시내의 싸구려 서민 아파트에서 진(Jean) 아주머니 그리고 윌리엄(William) 아저씨와 함께 살게 되었다.

어머니는 내 침대 옆에 앉아서 성적표를 계속 흔들어 대셨다.
"너는 더 열심히 공부를 해야만 한단다. 벤, 하나님께서 너에게 주신 그 뛰어난 두뇌를 활용해야만 한다. 내 말 알아듣겠니?"

"예, 엄마." 어머니가 한숨을 쉬실 때마다 나는 의무적으로 이렇게 대답해야 했다.

"나는 부유한 사람들 사이에서 일하고 있단다. 그 사람들은 교육을 받은 사람들이지. 나는 그들이 어떻게 행동하는지 지켜본단다. 나는 그들이 원하는 일이면 무엇이든지 다 할 수 있다는 것을 알고 있단다. 그리고 너희들도 그렇게 할 수 있단다." 어머니는 팔로 나의 어깨를 감싸시며 계속해서 말씀하셨다.

"벤, 그들이 할 수 있는 모든 것을 너도 할 수 있단다. 반드시 너는 더 잘 할 수 있어!"

어머니는 전에도 종종 이런 말씀을 하셨다. 그때 그 말들은 나에게 별다른 의미를 주지 못했다. 왜 그래야 했을까? 나는 정말로 내가 5학년에서 가장 멍청한 아이라고 믿고 있었다. 그러나 그것을 결코 어머니께 말씀드리지 않았다.

"나는 너희들에 대해 무엇을 해야 할지 잘 모른단다." 어머니는 말씀하셨다. "그래서 나는 너와 커티스에 대해 하나님께 기도하려고 한다." 어머니는 숨을 돌리시더니 나의 얼굴을 빤히 들여다보시고 계속해서 이렇게 말씀하셨다(나 보다는 어머니 자신에게 말씀하시는 듯). "나는 내가 무엇을 해야 할지 하나님의 인도가 필요하단다. 너는 더 이상 이런 성적표를 받아와서는 안 된다." 나에 대한 성적표 문제는 그것으로 끝났다.

다음 날도 예전과 마찬가지였다. 즉, 수학 수업시간에 단 한 문제도 옳게 풀지 못하고 단어 시험에서도 한 단어도 제대로 맞추지 못함으로써 비웃음을 받아 괴로워했다. 나는 학교에서 돌아오자마자 운동복으로 갈아입고 밖으로 나갔다. 내 또래 대부분의 아이들이 소프트볼과 비슷한 내가 제일 좋아하는 놀이를 하고 있었다.

우리는 길거리의 움푹 패인 홈에 병마개를 놓고 놀이를 즐겼는데 잘 튀는 공을 하나씩 들고 일렬로 서서 병마개가 튀어 오를 수 있도록 차례로 병마개를 향해 공을 던졌다. 누구든지 성공을 하면 2점을 얻었다. 몇 뼘 이상 병마개가 움직이면 5점을 얻었다. 그리고 그 병마개가 공중으로 튀어 올라 반대 면이 나타나게 되면 10점을 얻었다. 마침내 날이 저물고 지치게 되면, 커티스와 나는 집에 들어가 TV 시청을 했다. TV 시청은 우리가 잠자리에 들 때까지 계속되었다. 어머니는 많은 시간을 일하시기 때문에 우리가 잠자리에 들기 전까지는 돌아오지 않으셨다. 때때로 나는 어머니가 자물쇠를 여는 소리를 듣고 잠을 깨기도 했다.

성적표 사건이 있은 후 이틀 밤이 지났을 때, 어머니는 우리가 잠자리에 들기 약 한 시간 전에 집으로 돌아 오셨다. 커티스와 나는 손발을 쭉 뻗고 엎드려 TV를 시청하고 있었다. 어머니는 방에 들어오시더니 덜컥 TV를 끄시고는 우리 둘과 얼굴을 마주하셨다. 그리고 이렇게 말씀하셨다.

"얘들아, 너희들은 TV 앞에서 너무나 많은 시간을 낭비하고 있어. 늘 TV만 보고 무엇을 배울 수 있겠니?"

이에 대해 우리가 한 마디 항의도 하기 전에 어머니는 그동안 자녀 교육에 대한 지혜를 얻기 위해 기도해 오셨다고 말씀했다.

"하나님께서 나에게 해야 할 일을 알려 주셨단다. 그러므로 지금부터 너희들은 매주간 미리 선정한 두 개의 프로그램 외에는 TV를 시청해서는 안 된다."

"꼭 두 개뿐인가요?' 나는 어머니가 그런 끔찍한 말씀을 하시리라고는 도저히 믿을 수가 없었다.

"그건 안 되는데…"

"그리고 꼭 자신의 숙제를 다 마친 후라야 된다. 더욱이 숙제를 다 마칠 때까지는 방과 후에도 밖에 나가 놀지 마라."

나는 친구들과 함께 놀지 못하게 된다면 얼마나 끔찍할 것인가라는 생각에 이렇게 말했다.

"다른 아이들은 모두 다 방과 후에 곧장 나가 논단 말이에요. 내가 집에만 박혀 있으면 친구를 한 명도 사귀지 못할 거예요."

"아마 그럴지도 모르지. 그러나 다른 모든 사람이 너 만큼 성공하지는 못할 거다."

"하지만 엄마!"

"이것이 바로 이제 우리가 해야 할 일들이다. 내가 하나님께 지혜를 구했는데 내가 받은 응답이 이것이었단다."

나는 몇 가지 반론을 제기했지만 어머니는 너무 확고하셨다. 그래서 나는 커티스 형이 무슨 항의를 하지 않을까 싶어 그를 힐끗 쳐다보았다. 그러나 그는 아무 말도 하지 않고 마루에 앉아 자기 발만 쳐다보고 있었다.

"다른 사람들에 대해서는 걱정하지 마라. 세상은 온통 사람들로 가득 차있으니까. 내 말을 알아듣겠니? 그러나 단지 내세울만한 업적을 달성하는 사람은 극히 소수에 불과 하단다."

TV와 놀 시간을 잃어버린 것은 무척 안타까운 일이었다. 나는 모든 것이 다 적이 된 것 같은 기분을 느끼며 바닥에서 벌떡 일어섰다. 어머니는 친구들과 놀지 못하게 하고, TV도 더 이상 못 보게 하심으로써 내게 허락된 것은 거의 없었다. 어머니는 나의 인생에서 모든 오락을 금하셨다.

"그리고 그것이 전부가 아니란다." 어머니는 말씀하셨다.

"벤, 이리 오너라."

나는 그것이 전부가 아니라는 말에 놀라서 돌아섰다.

"숙제를 마치고 도서관에서 책 두 권을 가져다 일주일에 다 읽어야 한다."

"두 권이나요? 두 권?" 나는 5학년이나 되었지만 아직 책 한 권을 전부 다 읽어 본 적이 없었다.

"그래, 두 권이야. 너희들이 그 책을 다 읽고 나면 학교에서 하는 것처럼 나에게 독후감을 제출해야 한다. 너희들은 너희의 잠재력만을 믿어서는 안 된다. 그러므로 내가 너희들이 하는 것을 지켜보겠다."

나보다 두 살이 위인 형은 나보다 더 반항적이었다. 그러나 이번에는 어머니가 말씀한 지혜를 납득한 듯 싶었다. 그는 단 한마디도 말하지 않았다. 어머니는 커티스를 응시 하셨다.

"너도 알아듣겠니?"

그는 머리를 끄덕였다.

"벤, 너도 분명히 알아들었어?"

"예, 엄마."

나는 어머니가 말씀하신 것을 시행하기로 동의했다. 만약 내가 순종하지 않는다면 그 일이 내게 일어나지 않을 수도 있었다. 그러나 나는 그렇게 하고 싶지는 않았다. 어머니는 불공평하게도 다른 부모들이 하는 것보다 더 많은 것을 우리에게 요구하셨다.

다음 날은 목요일이었다. 방과 후, 커티스와 나는 지역 도서관에 갔다. 나는 그 도서관을 별로 좋아하지 않았다. 그러나 그때부터 나는 어떤 도서관에서보다도 더 많은 시간을 그 곳에서 보내게 되었다.

우리는 어떤 방식으로 책을 선정해야 할지, 혹은 어느 책을 대출받아야 할지 전혀 알지도 못한 채 아동 도서부의 이곳저곳을 돌아다녔다. 그때 도서관의 사서가 도와주겠다며 우리에게 다가왔다. 우리는 둘 다 책을 대출받고 싶다고 말했다.

"어떤 종류의 책들을 보고 싶니?" 사서가 물었다.

"동물들... 동물들에 관한 것들이요." 잠시 생각한 후에 대답했다.

"틀림없이 네가 좋아할만한 책이 몇 권 있을 거야."

그녀는 나를 어떤 도서부로 안내했다. 그리고 그녀는 나를 남겨두고 커티스를 다른 도서부로 안내했다. 나는 도서 진열대를 따라 책들을 펼치면서 내가 쉽게 읽을 수 있을 것 같은 두 권의 책을 찾아내었다. 그 중 하나는 「목수, 댐 건설자」(Chip, the Dam Builder) - 비버(Beaver)에 관한 서적 - 로서 내가 대출 받은 최초의 책이었다. 나는 집에 돌아오자마자 그것을 읽기 시작했다. 비록 내가 그 책을 다 읽는데 이틀 밤을 보내기는 했지만 처음부터 끝까지 다 읽은 최초의 책이었다. 나는 후에 어머니께 그 책 읽는 것을 정말로 좋아했었다고 말했다.

  나는 한 달 새, 평생을 도서관에 다닌 사람처럼 아동 도서부 이곳저곳을 찾아 다녔다. 그때는 도서관 사서가 커티스와 내가 선택한 책들을 알고 있었다. 그들은 종종 여러 가지를 추천해 주었다. 나는 그들 중에 한 여성 사서가 "여기 다람쥐에 대한 매우 재미있는 책이 있구나!"라고 한 말을 아직도 기억하고 있다.

  그녀가 나에게 그 책 내용의 일부를 이야기해 줄 때, 나는 무관심한 척 하려고 애썼다. 그러나 그녀에게서 책을 받고 돌아서자마자 그 책을 펼쳐 읽기 시작했다.

  무엇보다도 좋았던 것은 우리가 그 사서들의 스타가 되었다는 점이다. 그들은 우리가 좋아할 것이라고 생각되는 새로운 책이 들어오면 우리를 위해 그것을 간직해 두었다. 나는 그 도서관이 매우 많은 책들을 그리고 매우 다양한 주제들에 관한 책들을 소장하고 있다는 것을 깨달았을 때, 이내 흥분하게 되었다.

  비버에 대한 책을 본 이후 나는 동물에 관한 다른 서적들 - 온갖 종류의 동물에 관한 - 을 골랐다. 나는 동물에 관한 이야기를 다룬 책들은 손에 닿는 대로 다 읽어 나갔다. 늑대, 야생 개, 다람쥐 그리고 다른 여러 나라에 살고 있는 다양한 동물들에 대한 서적들을 읽었다. 나는 일단 동물에 관한 책들을 다 읽고 나서 식물에 관한 책들을 읽기 시작했고 그리고 광물에 관한 책들을, 마지막으로 암석에 관한 책들을 읽었다.

  내가 암석에 관한 책을 읽음으로써 얻은 정보는 나에게 실제적인 도움이 된 최초의 지식이 되었다. 우리는 기찻길 근처에 살았다. 그리고 커티스와 나는 그 기찻길을 가로 지르는 길을 따라 학교에 다녔다. 나는 기찻길을 건널 때, 침목 사이에서 발견한 으깨진 돌멩이에 관심을 갖기 시작했다.

 나는 줄곧 기찻길을 따라 걸으면서 각양의 돌들을 찾아내어 그것을 내가 식별할 수 있는지 살피며 암석에 관한 더 많은 책들을 계속해서 읽어 나갔다.

 종종 나는 각 돌들을 정확하게 구별하고자 책을 가지고 다니기도 했다. 나는 돌멩이를 집어 던지면서 이것은 "마노석"이라고 외쳤지만 커티스는 돌멩이를 집어 식별하는 일에 싫증을 내었다. 그러나 나는 계속해서 새로운 돌만을 찾으려고 하였으므로 조금도 싫증을 느낄 수 없었다.

 기찻길을 따라 걸으면서 다양한 돌들을 식별하는 것이 나의 가장 즐거운 게임이 되었다. 나는 매우 짧은 기간 동안 나도 모르게 실제로 암석에 관한 전문가가 되어가고 있었다.

> 책의 세계는 가장 위대한 인간의 창조 세계이다. 그 밖에 인간이 만든 것 중에서 영원히 지속되는 것은 아무것도 없다. 기념비는 쓰러진다. 국가는 패망한다. 문화는 부흥한 후 소멸된다. 어둠의 시대가 지나면 새로운 민족들이 새로운 시대를 열어 간다. 그러나 책은 그것이 쓰이던 날처럼 여전히 젊고 싱싱하게 존재하며, 인간의 마음 속 깊은 곳에 수세기 전에 잠든 사람의 마음을 전해 준다.
> 클리런스 데이(Clarence Day)

1. 좀 더 잘하라

5학년 2학기에는 책 읽기의 중요성을 매우 절감하게 된 두 가지 사건이 나에게 발생했다. 첫 번째 사건은 우리 반 담임 선생님인 윌리엄슨(Williamson)이 매주 금요일 오후에 철자 시험을 실시하였는데 이것이 발단이 되었다. 우리는 지금까지 배운 모든 단어들을 맞추어 가야 했다. 때때로 선생님은 우리가 4학년 때에 배웠던 단어들을 출제하기도 했다. 물론 나는 늘 첫 번째 단어에서 주저앉고 말았다.

그렇지만 어느 금요일에 바비(Bobby)는 자신의 마지막 단어로서 "농업"(Agriculture)이란 단어의 철자를 맞추어야 했다. 바비는 모든 아이들이 가장 영리한 아이로 인정하고 있는 아이였다. 선생님이 그 단어를 발음 하자마자 나도 그 단어의 스펠링을 말할 수 있다고 생각했다. 나는 바로 전날 도서관에서 책을 읽다가 그 단어를 익혀 두었었다. 나는 목소리를 죽여 가만히 그 단어의 철자를 속삭여 보았다. 그리고 그것은 바비가 발표한 철자와 정확히 일치 했다.

내가 "농업"이란 단어의 철자를 말할 수 있다면, 이 세상에 있는 다른 어떤 단어도 내 것으로 만들 수 있다고 확신했다. 나는 바비보다도 내가 더 잘 할 수 있을 것이라고 확신했다.

나는 "농업"이라고 하는 바로 그 한 단어 때문에 희망을 가지게 되었다.

그 다음 주에는 나의 삶을 영원히 변화시킬 두 번째 사건이 일어났다. 과학을 담당하신 잭(Jaeck) 선생님이 우리들에게 화산에 대해서 가르치다가 검고 유리같이 생긴 돌조각 하나를 치켜들었다.

"이것이 무엇인지 아는 사람 누구 없나? 이것은 화산과 어떤 관계가 있지?"

나는 나의 독서 덕분에 즉시로 그 돌을 알아 볼 수 있었다. 나는 기다렸지만 아무도 손을 드는 아이들이 없었다. '참 이상한 일이군. 가장 영리한 아이들조차 손을 들지 않으니 말이야!' 라고 생각했다. 마침내 나는 손을 들었다.

"그래, 벤자민." 선생님이 말씀하셨다.

나는 주위에서 아이들이 킬킬거리는 소리를 들었다. 다른 아이들은 아마 내가 농담이나 어떤 어리석은 소리를 하려고 하는 것으로 생각한 모양이었다.

"흑요석(Obsidian)입니다." 라고 대답했다.

"맞았어!" 그는 애써 놀라지 않은 척 하려고 했다. 그러나 내가 정답을 제시하리라고는 기대하지 않았음이 역력했다.

"그것은 흑요석입니다." 나는 계속해서 말했다. "흑요석은 용암이 물에 닿을 때, 그 용암이 급격히 냉각됨으로 인해서 만들어지게 됩니다." 나는 아이들의 관심이 내게 쏠리자 아무도 모르는 정보를 나 혼자만 알고 있다는 사실을 깨달았다. 그래서 나는 흑요석, 용암, 용암의 유출, 급냉 그리고 이 요소들의 응축에 대한 주제에 관해서 내가 알고 있는 모든 지식을 이야기하기 시작했다. 마침내 내가 이야기를 마치자 한 아이가 속삭였다. "쟤가 벤 카슨이니?"

"네가 한 말은 아주 정확해!" 잭 선생님이 미소 띤 얼굴로 나를 바라보셨다. 만약 선생님이 내가 어쩌다가 운 좋게 맞춘 것이라고 말씀하셨다면 나는 더 이상 기뻐하지도 흥분하지도 않았을 것이다.

"벤자민, 그것은 절대적으로, 절대적으로 옳아!" 선생님은 흥분한 목소리로 거듭 반복해 말씀하셨다. 그리고 다른 아이들을 향해 이렇게 말씀하셨다.

"아주 놀라워! 여러분, 벤자민이 우리에게 말한 것은 굉장한 정보야. 나는 벤자민이 이렇게 말한 것을 듣게 되어 몹시 자랑스럽다."

나는 잠시 동안 성취의 쾌감을 맛보았다. 나는 다음과 같이 그때의 일들을 상기해 본다. '야 아, 저 애들 좀 봐, 모두가 감탄의 눈빛으로 나를 바라보고 있네. 멍청이인 나를! 모두가 다 어리석다고 생각한 나를! 그들은 정말 내가 방금 이야기한 것인지 의아해서 나를 바라보고 있어.'

그렇지만 아마 반에서 가장 놀란 사람은 바로 나였을 것이다. 어머니가 나에게 하신 말씀 때문에 매주 두 권의 책을 읽었지만, 나는 과연 내가 얼마나 많은 지식을 쌓고 있는지 모르고 있었다. 사실 나는 독서의 즐거움을 알고 있었다. 그러나 그때까지 독서가 학교 공부와 어떻게 연관이 되는지는 깨닫지 못하고 있었다. 그날 처음으로 나는 어머니가 옳았다는 것을 깨달았다. 독서는 무지에서 벗어나는 길이요, 성취로 나아가는 길이다. 나는 더 이상 학급의 멍청한 아이일 필요가 없었다.

나는 그 다음 며칠 동안 수업시간에 영웅이 된 것 같았다. 나에 대한 농담도 멈추었다. 아이들은 내 말에 귀를 기울이기 시작했다. 나는 이런 일에 재미를 느끼기 시작했다.

모든 학과목에서 나의 성적이 향상되어 갈 때, 이렇게 나 자신에게 물어보았다. '벤, 네가 반에서 가장 똑똑한 아이가 되지 못할 이유라도 있는가? 네가 흑요석에 대해 학습할 수 있었다면 사회, 지리, 수학, 과학 그리고 모든 것에 대해서도 학습할 수 있어.'

바로 단 한번의 승리의 순간으로 인해 나는 더욱 독서에 열중하게 되었다. 비록 내가 매우 많은 책을 읽을 수는 없었을지라도 그때부터는 계속 독서에 최선을 다했다. 누구든지 방과 후에 나를 만나려면 언제나 나의 침실로 찾아와야 했다. 나는 침실에서 웅크리고 앉아 오랜 시간 동안 도서관에서 빌려온 책들을 읽었다. 이것은 내가 하고 싶은 유일한 일이었다. 나는 그동안 보지 못했던 TV 프로그램에도 관심을 끊었다. 소프트볼 놀이와 야구에도 더 이상 관심을 두지 않았다. 나는 오로지 독서만을 원했다.

이 년 가까운 세월이 지나자 - 중학교 1학년 무렵에 - 나는 반에서 1등을 차지하게 되었다. 그러나 불행하게도 읽고 학습하는 일에만 만족할 수가 없었다. 나는 세상에 있는 모든 사람에게 내가 얼마나 명철한 아이가 되었는지 알리고 싶었다. 솔직하게 말하면 나는 그 당시 우리 반의 그 누구보다도 내가 더 많은 지식을 가지고 있다고 생각했다. 그러므로 나는 내가 명철한 아이라고 생각했다. 그러나 현실적으로는 아주 미움을 받고 있었다.

나는 이 중요한 사실을 중학교 3학년이 될 때까지 깨닫지 못하고 있었다. 어느 날, 내가 아무리 다정하게 대하려고 해도 결코 나를 선대하지 않던 학급 친구에게 "왜 그렇게 나를 적대하니? 왜 그렇게 나를 미워하니?" 라고 물었다.

"네가 역겨워서 그래, 너는 너무나 아는 게 많아. 게다가 너는 모든 사람이 그것을 알아주길 바라고 있어."

나는 이 말에 어떤 반응을 보여야 할지 아니면 그냥 지나쳐야 할지 알 수가 없었다. 그러나 나는 그의 말을 결코 잊을 수가 없다. 5학년 때는 모든 아이들이 내가 아무 것도 모른다고 나를 비웃었다. 이제 그들은 내가 모든 것을 아는 것처럼 행동한다고 나를 미워했다.

나는 그때까지 지식이란 새롭고, 놀랍고, 흥미로운 것이었기 때문에 모든 아이들이 내가 학습한 새로운 것에 관해 듣고 싶어 할 것이라고 생각했다. 나는 내가 얼마나 거만해졌는지를 깨닫지 못하고 있었다. 나는 나의 친구의 신랄한 말을 통해 비로소 나의 그릇됨을 인식하게 되었다.

그러나 그러한 말들도 나의 행동을 고치게 하지는 못했다. 하지만 나는 그로 인해 나의 태도 변화의 필요성을 인정하지 않을 수 없게 되었다. 그래서 나는 천천히 이 일을 추진해 나갔다. 그러나 불행하게도 이 일이 잘 마무리 되기도 전에 몇 가지 사건을 더 겪게 되었다.

일단 내가 반에서 가장 영리한 아이, 벤 카슨으로 알려 지게 되자 기회가 될 때마다 문제의 답을 청산유수로 풀어 나갔다. 나는 어떤 주제가 주어지면 그것에 대해 모두가 알고자 하는 바 이상의 설명을 개인이나 그룹들에게 하게 되었다. 이렇게 하게 된 일면에는 나중에 내가 깨달은 것처럼 5학년 때에 나를 비웃던 아이들에게 앙갚음을 하기 위한 의도도 포함되어 있었다. 그들은 나를 어리석고 명청한 아이라고 불렀다. 그러나 나는 그들의 말이 틀렸다는 것을 거듭 반복해서 증명하고자 했다. 결국 그때 그들은 나의 명철함을 인정하게 되었지만 나는 멈추지 않았다. 이것은 성숙되지 못한 행동이었고 실수였다. 그러나 어쨌든 나는 그런 일들을 행했다.

수학시험에서 결코 단 한 문제도 옳게 풀지 못했던 소년이 고등대수학을 배우게 될 때까지 모든 것을 송두리째 역전시키고 말았다.

우리는 중간고사를 치르고 있었다. 선생님은 시험문제에 두개의 보너스 문제를 추가하셨다. 나는 선생님이 시험지를 되돌려 줄 때, 반에서 가장 똑똑한 아이의 시험지가 91점인 것을 보았다. 나는 수업이 끝나고 그에게 다가가 말했다.

"안녕? 시험에서 몇 점 받았니?"

"91점이야."

나는 그가 즉각적으로 "너는 몇 점 받았니?" 라고 묻기를 기다렸다. 그러나 그는 내게 묻지 않았다. 그래서 나는 스스로 말했다.

"나는 110점을 받았어. 하나도 틀리지 않았고, 두개의 보너스 문제까지 맞췄어."

"오, 그래. 그랬니?" 그는 이렇게 말하고 그냥 지나치려 했다.

"저어, 아마 넌 다음 시험 때 더 잘 보게 될 거야." 내가 말했다.

"그래." 그는 돌아보지도 않고 대답했다.

"만약 도움이 필요하면 내가 도와줄게."

그는 내 말을 들은 체도 하지 않았다.

고등학교 2학년 때였다. 내가 너무나 놀라운 성적을 거두었기 때문에 다른 사람들이 내 주위에 몰려들었다. 그때 나는 화학시험 중 하나에서 99점을 얻어 A학점을 받았고 다른 둘은 100점을 받았다. 아무도 내게 말을 하지는 않았지만 나는 그 두 개의 점수가 너무나 만족스런 점수임에 틀림없다고 생각했다. 그 점수는 나의 명성을 너욱 높여 주었는데 이 평점은 적어도 최근 3년 동안 그 누구도 받아보지 못한 점수였다.

나는 고등학교 전체에서 최고이자 가장 영리한 학생이 되어야만 한다고 나 자신에게 다짐했다. 누군가 어떤 과목에서 나를 앞질렀을 때 - 적어도 일시적으로 그러한 일이 불가피하게 발생했었는데 - 결국 나는 그 일로 인해 내가 최선을 다하지 못했다고 생각하게 되었다. 그리고 내가 최선을 다하지 못했다면 나 자신에 관한한 실패자였다.

나는 다음과 같이 나 자신에게 거듭 거듭 외쳤다. '나는 참으로 이 시험을 망쳤어. 내가 조금만 더 노력했더라면, 혹은 그 답을 조금만 더 생각했더라면 100점을 받을 수 있었을 텐데.' 그날은 온종일 매우 끔찍한 실패를 한 것처럼 느껴졌다. 나는 너무나 생생하게 5학년 때 아이들이 나에게 행한 태도들을 기억하고 있었다.

'나는 결코 다시는 실패하지 않을 거야.' 나는 여전히 나의 태도를 바라보는 수많은 사람들의 눈은 고려하지도 않은 채, 나 자신에게 다짐했다. 그런데 나 자신을 깊이 성찰하게 된 사건이 발생했다. 나는 그 일로 인해 다른 사람이 나를 바라보는 눈으로 나를 보게 되었다.

고등학교 2학년 때였다. 우리 반 전원은 디트로이트 역사박물관으로 야외 소풍을 갔다. 우리는 한 지점에서 1890년의 디트로이트 사진을 바라보고 있었다. 나는 친구 옆에 서서 이렇게 속삭였다.

"지금 내가 가지고 있는 이 지식을 소유하고 저 시대에 돌아가 살 수 있다면 얼마나 좋을까? 왜냐하면 그 시대의 다른 누구보다도 더 현명한 사람이 될 수 있을 테니까 말이야."

"그러나 너는 이미 다른 누구보다도 더 영리해, 그런데 왜 그렇게 하고 싶니?" 친구가 말했다.

"단지 재미로."

그러나 나는 나 자신에게 이렇게 물었다. '나는 왜 그렇게 하고 싶은가? 나는 왜 내가 누구보다도 더 똑똑하다는 사실을 입증해야만 하는가?'

친구의 단순한 질문에 나는 진지한 눈으로 내 자신을 들여다보게 되었다. 그 순간 나는 내가 늘 군중 속에서 가장 똑똑한 사람이 되려고 한 나의 태도가 모든 사람에게 너무나 명백하게 들어나 있다는 점을 분명하게 느끼게 되었다. 그들은 내가 그들에게 제공하고자 했던 지속적인 정보의 가치를 알지 못했다. 그들은 내가 영리한 아이라는 사실을 발견하자 아무도 더 이상 나를 좋아하지 않았다. 사실 일부 아이들은 나를 예전보다 더 싫어한 것 같았다.

그때 다음과 같은 또다른 생각이 떠올랐다. 아마 이것은 내가 취해야 할 태도가 아닐 것이다. 만약 자신 있게 행동하면서도 최고가 되고자 한 나의 의도를 드러내지 않는다면 어떨까? 이 모든 지식을 다 쌓고 나서 사용하는 것이 더 중요한 일이 아닐까? 누가 이 모든 지식을 다른 사람들에게 과시해야 한다고 말했는가? 나는 나의 필요가 달라졌음을 인식했기 때문에 그때부터 나의 태도는 변화하기 시작했다.

돌이켜 보면, 나는 그때 지식만을 추구하는 괴물이 되었다고 판단했다. 이것은 내가 소외 되었다고 느꼈기 때문에 갖게 된 생각이었다. 어머니는 "너는 최고가 되어야 한다."와 같은 말씀을 거의 매일 반복하시면서 나의 마음에 싱기시키셨다. 그래서 이 말씀은 내 마음속 깊이 새겨져 있었다. 그러나 어머니는 내가 영리함을 자랑하거나 통감하라는 의도로 그러한 말씀을 하신 것이 아니었고, 내가 지식을 과시해야 한다는 의도로 하신 말씀도 아니었다.

다른 모든 사람보다 뛰어나야 한다는 욕구를 극복하게 되기까지는 오랜 시간이 걸렸다. 마침내 나는 어머니가 최선을 다해야 한다는 것을, 그리고 내가 최선을 다하는 것이 어머니가 바라는 전부요, 모든 사람이 기대하는 전부라는 것을 내가 이해하도록 애쓰셨다는 것을 알게 되었다. 어머니는 바로 그러한 말씀을 여러 번 하셨지만 그 모든 것이 조화 있게 이해되기까지는 오랜 시간이 걸렸다.

내가 예일대학교(Yale University)에 입학했을 때, 이 모든 것을 통찰력을 가지고 이해하는데 많은 도움을 준 획기적인 사건들이 발생했다. 솔직하게 말하면 나는 그때까지 내가 그 누구보다 더 똑똑하다고 믿고 있었다. 그러나 나는 그때, 고교 재학 시절 반에서 일등을 하던 학생들로서 나보다 훨씬 더 폭 넓은 지식을 가지고 있고, 심도 있게 공부하는 방법도 알고 있는 다른 학생들(그들의 일부는 천재에 속한 학생들임)을 만나게 되었다. 나는 열등감을 느끼지 않을 수 없었다.

나는 그러한 인재들 가운데서 생활함으로써 나의 능력에 대한 지금까지의 생각들을 심각하게 재고하지 하지 않을 수 없었다. 몇 주 동안 초등학교 5학년 때의 감정이 온통 되살아남을 느꼈다. 나는 진지하게 나 자신을 분석하고 기도를 드렸다. 나는 이러한 자기 반성을 통해 내 자신이 영리한 것은 사실이지만 다른 모든 사람보다 더 영리한 것은 아니라는 사실을 깨닫게 되었다. 사실 내가 다른 모든 사람보다 더 영리하다는 것을 기대할만한 아무런 근거도 없었다. 목표를 달성하기 위해서는 나도 누구나 하는 것만큼 그것을 위해 공부를 해야만 했다. 더군다나 나는 타고난 천재도 아니었다.

 아마 이것은 내가 예일대학교에 들어와 첫 학기에 배우게 된 가장 큰 교훈이었을 것이다. 만약 내가 더 낮은 대학에 가서 계속 일등을 고수하게 되었다면 틀림없이 내 생애에서 이루게 될 위업들을 결코 달성하지 못했을 것이기 때문이다.

나의 성장에 중요한 역할을 한 요소가 하나 더 있다. 나는 늘 나에게 반항하는 사람은 누구든지 거꾸러뜨리고야 마는 끔찍한 성질을 지니고 있었다. 내가 14살 되던 해의 어느 날 오후였다. 나는 밥(Bob)이라는 친구와 말다툼을 하고 있었다. 그때 나는 갑자기 캠핑용 칼을 꺼내 그 친구를 찔렀다. 강철 칼날이 그의 혁대 금속 버클을 스치고 지나 버클이 절단되었다.

 나는 내가 친구를 죽인 것이 아닌가 하여 집으로 달아나 욕실에 들어간 후, 문을 잠그고 욕조 모서리에 걸터앉았다. 나의 마음은 내가 행한 일로 부끄러움과 죄책감으로 가득 찼다. 나는 하나님께 나의 불같은 성질을 제거해 달라고 기도했다. 나는 욕실을 나와 성경을 펼쳐 들고 잠언을 읽기 시작했다. 가장 강력하게 내 마음에 감동을 준 구절은 *"노하기를 더디 하는 자는 용사보다 낫고 자기의 마음을 다스리는 자는 성을 빼앗는 자보다 나으니라"* (잠언 16:32)는 말씀이었다.

내가 욕실에 들어간 두 세 시간 동안 하나님은 나의 생애에 하나의 기적을 베푸셨다. 그것은 나의 불같은 성질을 제거하셨던 것이다. 그 이래로 나는 결코 분노로 인해 고통을 당해 본 적이 없다.

그날은 나의 일생의 습관 - 잠언을 날마다 읽는 습관 - 이 시작된 날이기 때문에 이 이야기를 자세히 다룬다. 나는 오랫동안 교만과 관련된 구절들에 대해 별다른 관심을 갖지 않았다. 그러나 이 구절들은 어머니가 계속 내게 말씀하셨던 충고처럼 결국 내 마음 속에 새겨지게 되었다.

내가 잠언의 말씀들을 이해하게 되자 나의 생애에서 많은 것들을 재고하지 않을 수 없었다. 나는 특별히 29장 23절의 말씀을 다시 생각해 본다. "사람이 교만하면 낮아지게 되겠고 마음이 겸손하면 영예를 얻으리라"

나는 잠언을 읽으면 읽을수록 하나님께서 교만과 거만을 얼마나 미워하시는지 더욱 깊이 알게 되었다. 그리고 교만에 관한 말씀을 보면 볼수록 내가 계속 오만했더라면 얼마나 하나님께서 불쾌 하셨겠는가를 더 깊이 이해할 수 있게 되었다.

"여호와를 경외하는 것은 악을 미워하는 것이라 나는 교만과 거만과 악한 행실과 패역한 입을 미워하느니라" (잠언 8:13)

거만함을 벗어나는 일은 하룻밤 사이에 이루어지지는 않았지만 어쨌든 그날부터 시작되었다. 그때부터 나는 누군가로부터 내가 교만하다는 지적을 받게 되면, 아랫배로부터 강렬한 통증 같은 것을 느끼게 되었다.

지금 이 순간에도 교만을 이기기 위해서 일종의 투쟁을 해야 한다.

사람은 남들이 공로를 인정해 줄 때, 이러한 투쟁에 직면하게 된다. 사실 나에게는 이 투쟁이 더욱 심하다. 환자의 가족들은 우리가 수술을 성공적으로 마쳤을 때, "오! 당신은 상상조차 할 수 없을 만큼 훌륭해요. 당신은 위대해요." 라고 칭찬 하면서 "당신은 놀라워요. 당신은 매우 재능 있는 사람이에요" 라는 말을 쉴 새 없이 반복하기 때문이다. 물론 나는 이런 모든 말이 만족감의 표시라는 것을 잘 알고 있다. 또한 뒤에서 후원해 주는 수많은 재능 있는 사람들의 도움 없이는 결코 성공적인 수술을 해낼 수 없었다는 사실도 잘 알고 있다. 더군다나 하나님께서 나에게 신경외과의사로서의 능력을 주시지 않았더라면 그러한 위업을 결코 달성 할 수 없었으리라는 점도 잘 알고 있다.

대부분의 사람들이 느끼는 것처럼 나 역시도 칭찬을 받게 되면 오히려 마음이 불편해진다. 누가 나에 대한 찬사의 말을 늘어놓게 되면 나는 당황하게 된다. 지금까지 나는 여러 위업을 달성해 왔지만 - 그리고 앞으로도 보다 많은 업적을 달성하게 될 것이지만 - 뛰어난 의료 보조원들과 수술 전에 미리 진단하고 계획을 세우면서 나를 도와준 유능한 동료들의 도움이 없었더라면 아무것도 성취해 낼 수 없었다고 생각한다. 나는 수술 후에도 위독한 환자들을 잘 돌볼 수 있는 능력 있는 사람들의 도움이 필요했던 것이다.

그러므로 이 모든 영광은 주위 사람들, 특히 여러 상황들을 이끌어 오시면서 우리 모두에게 맡은 바 일들을 잘 감당할 수 있도록 능력을 허락하여 주신 하나님의 것이다.

나는 존스홉킨스병원에서의 지난 몇 년의 세월을 보내면서 뇌반

1. 좀 더 잘하라

구 절제수술(고질적인 발작을 치료하기 위해 환자의 뇌 반쪽을 제거하는 수술)을 완벽하게 수행해 낸 의료팀의 일원으로서 최고의 외과의사가 되었다.

나는 1987년 후반에 다른 70여 명의 의료진들과 함께 머리 뒤가 붙은 샴 쌍둥이(Siamese twins)를 성공적으로 - 두 아이가 다 살아남았기 때문에 성공적이라고 할 수 있다 - 분리함으로써 의료 역사상 신기원을 이룩하였다. 이 일에 대하여 사람들이 아낌없는 찬사를 보낼 때, 함께 참여했던 다른 70여 명의 의료진들을 생각해 보면, 그 영광을 받을 사람은 단지 나만이 아님을 알 수 있다.

나는 여러 해를 지나오면서 하나님께서 나에게 외과의사로서의 천부적인 재능뿐만이 아니라 환자의 아픔까지도 느낄 수 있는 감각을 주셨다고 깨닫게 되었다. 그렇다고 이 말이 나에게 자랑할 권한까지 주셨음을 의미하지는 않는다. 나는 단지 나에게 주어진 재능들을 사용할 뿐이다.

나는 이러한 사실을 알게 되어 감사를 드린다.

어머니는 내가 자랄 때, 옆에 서서 자주 "벤, 너는 네가 하고 싶은 일은 무엇이든지 할 수 있단다. 단지 하나님께 도움을 구하라. 네가 최선을 다함으로써 너 자신을 도우면, 하나님께서도 너를 도와주실 것이다." 라고 말씀하시곤 했다.

또한 부유한 사람과 높은 업적을 쌓은 사람에 대해 이야기하시면서 "벤, 그들이 할 수 있는 것이면 무엇이든지 너도 할 수 있단다.

오히려 너는 더 잘 할 수 있단다." 라고 말씀하셨다.

  어머니가 나에게 가르쳐 주신 수많은 교훈들을 종합하면 결국 다음과 같은 말로 표현할 수 있다.

"언제나 너의 최선을 다하라!"

  나는 늘 최선을 다하라는 단순한 충고를 숙고해 보면서 바로 이 말씀이 문맹이나 다름없는 흑인 지역에서 출세와 성공의 길에 이르게 한 비밀 중 하나였음을 깨닫게 되었다. 더군다나 나는 결코 이 일을 나 혼자서 하지 않았음을 계속 강조하고 싶다.

  나는 다음 장들을 통해서 여러분에게 내가 어떻게 나의 최선을 다하기 위해, 즉 "크게 생각하기" 위해 노력해 왔는가를 이야기하고자 한다. 또한 최선을 다해 나의 삶을 변화시켜 준 다른 사람들에 대해서도 이야기하고자 한다.

2
나의 어머니, 소냐 카슨

어머니는 의지해야 할 분이 아니라 우리로 하여금 아무도 의지하지 않게 만드시는 분이다.

도로시 휘셔(Dorothy C. Fisher)

한 여인이 책을 다 읽은 후에 나와 함께 책을 쓴 머피(Murphey)에게 이렇게 말했다. "「재능 있는 손」은 벤 카슨에 관한 책이 아니더군요. 그 책은 어머니와 그녀의 영향력에 관한 책이었습니다. 그녀가 언급되지 않은 장에서 조차도 그녀는 여전히 거기, 즉 벤이 하는 모든 일 속에 존재하고 있었습니다."

이 여인의 말이 옳은 것 같다. 확실히 나를 아는 모든 사람, 또는 나에 관한 모든 것을 아는 사람은 나의 어머니의 인격이 나의 생애에 강한 영향을 미쳤다는 사실을 잘 알고 있다. 이 책의 내용이 크게 생각하고 다른 사람들을 돕는 일에 최선을 다 하도록 하는 것이기 때문에 나는 어린 시절에 내가 어머니에게서 받았던 영향에 관해 여러분에게 이야기해 주고 싶은 것이다.

이 장에서 소냐 카슨(Sonya Carson)은 나와 형의 양육에 관하여 어머니 당신의 말로 직접 이야기한다.

소냐 카슨

나의 인생은 낭만적인 소설의 끝처럼 시작되었습니다. 나는 열세 살 때 사실상 학교도 그만 둔 채, 나의 인생을 행복하고 즐겁게 만들어 주겠다고 약속한 잘 생긴 한 남자와 결혼했습니다. 사실 그 때까지 나의 생활은 행복하지도, 즐겁지도 않았습니다. 나는 부모에 관해서는 거의 아무 것도 기억하지 못합니다. 그렇지만 나는 여러 고아원을 전전하면서 다른 아이들과 다른 점이 있다는 것 때문에 무시당하고 웃음거리가 되었던 일들을 생생하게 기억하고 있습니다.

나는 지금도 내가 살았던 집에 얼마나 많은 아이들이 있었는지 모릅니다. 듣기로는 24명이 있었다고 하는데 그것도 확실하지는 않습니다. 나는 그들 중 13명의 아이들만을 개인적으로 알고 있었습니다.

어릴 때 나에게는 친구가 없었으며, 형제도 없었습니다. 먼 지난날을 회상해 보면, 내가 다른 아이들과 다르다고 느꼈던 점과 실제로도 그들과 달랐다는 점을 기억합니다. 다른 아이들은 이 사실을 나에게 알려주었습니다. 나는 살찐 편이었고, 머리카락은 붉은 빛깔이었습니다. 또한 분명하게 말하지 못했기 때문에 아이들은 내가 단어를 발음할 때마다 웃음을 터뜨렸습니다. 나는 그들과 함께 어울리기를 원했지만, 결코 그들에게 맞추려고 하지는 않았습니다.

그때 나는 나의 모든 고통과 가난으로부터 건져줄 한 남자를 만났습니다. 적어도 처음에 나는 하나님보다 그를 더 숭배했다고 생각됩니다. 그때 나는 신앙에 관해 잘 알지 못했기 때문에 그가 모든 것을 가르쳐 주었습니다. 나는 교회에 가서 그가 말해준대로 모든 것을 행했고, 다른 사람들처럼 행동하려고 노력 했습니다.

내가 만일 나의 남편을 숭배했다고 한다면, 그 또한 나를 숭배했다고 말할 수 있습니다. "이 사람은 나의 조그마한 중국 인형입니다." 그는 나를 소개할 때 그렇게 말했습니다. 이것은 과장된 표현이 아니라 실제로 그렇게 대했습니다. 그가 나를 단지 전시해 놓기 위해 결혼하지 않았는지 의심스러운 날들도 있었습니다.

나는 여러 해 동안 그가 나를 깨어지기 쉬운 창작품처럼 조심히 다루는 것을 용인했습니다. 카슨은 지속적으로 내게 새 옷을 사주었으며, 내가 좀 더 멋지고 안락한 삶을 누릴 수 있도록 애를 썼습니다. 내가 그의 돈 씀씀이에 항의했을 때, 그는 이렇게 말하곤 했습니다. "나의 작고 아름다운 중국 인형을 돋보이게 하는 것이라면 보석과 밍크뿐만 아니라 그 어떤 것이라도 기쁜 마음으로 살 거야."

나는 결혼한 지 5년이 지난 후, 마침내 이렇게 말했습니다.
"왜 우리에겐 아기가 없죠?"
"어린 아기?" 그는 웃으며 말했습니다.
"이기, 우리에게는 아기가 필요치 않아!"

2. 나의 어머니, 소냐 카슨

"확실히 그렇긴 해요. 하지만 사람들이 결혼을 하면 보통 아기를 낳고 가정을 이루잖아요."

내가 아기에 관한 이야기를 했을 때, 처음 몇 번 동안은 가볍게 생각하고 지나치려 했습니다. 그러나 나는 끈질기게 굴었습니다.

내가 아기에 대해 말하면 그는 이렇게 말했습니다.

"당신은 아기가 필요하지 않아. 아기를 가짐으로써 당신의 아름다운 용모를 망쳐선 안 되니까. 우리는 아기가 없어도 얼마든지 재미있게 살 수 있어."

"나는 용모에 대해선 걱정하지 않아요. 나는 아기를 원해요."

"당신에게는 내가 있잖아. 나는 당신이 필요로 하는 모든 것이고, 당신은 내가 필요로 하는 모든 것이야." 라고 말했습니다.

나는 대부분의 남자들이 아기를 원할 것이라고 생각했기 때문에 그의 대답을 듣고는 매우 이상하게 생각했습니다. 그가 왜 그런 태도를 취했는지 이해하는 데에는 적어도 10년 이상이 걸렸습니다.

그동안에 우리는 사치스러울 만큼 안락하게 살았습니다. 그는 파티를 매우 좋아했기 때문에 파티에 가기 위한 온갖 종류의 구실을 만들어냈습니다.

나는 그 무수한 파티 이외의 다른 기억은 거의 없습니다. 나는 파티에 별 신경을 쓰지 않아도 되는 오락 시간을 제외하고는 남편과 행동을 같이 하며 좋은 아내가 되고자 노력 했습니다.

나는 어렸을 때, 교회 출석을 별로 하지 않았기 때문에 교회에서 진행되는 많은 일들을 이해할 수 없었습니다. 그래서 나는 그들이 하는 것은 무엇이든지 그대로 하기로 마음먹고, 한 노부인(그들의 대부분은 어머니나 할머니뻘 쯤 되어 보였음)을 주시 했습니다. 그들은 노래를 부르기 시작했고, 몇 분 후에 음악이 더 빨라지고 커지자 열광하기 시작했습니다. 오래지 않아 그들은 소리를 지르고 음악에 맞추어 몸을 흔들어댔습니다.

 나는 그들이 하는 모든 것을 그럭저럭 따라 했는데(비록 누가 나를 주목해 보고 있다고 생각지는 않았지만) 소리 지르는 것만은 하지 못했습니다. 나는 그들이 무엇에 대해 소리치는지 전혀 이해할 수 없었으며, 그렇게 하는 이유도 도무지 알 수 없었습니다(나는 이유를 알아야만 어떤 행동을 하는 유형의 인물이었으므로, 다른 사람들이 그렇게 한다는 것만으로 뛰거나 소리를 지를 수가 없었습니다).

 나는 때때로 그들이 행하는 것처럼 행동할 수 없어서 죄책감을 느끼고 스스로 자책하기도 했습니다. '그들은 성경을 알고 읽을 수 있는데, 나는 그렇게 할 수 없기 때문인가? 그들이 참으로 더 훌륭한 크리스천인가?' 나는 그 답을 알 수 없었고, 교회 안에서 그것을 물어볼만한 친구도 없었습니다. 그러나 교회에서 더 오래 지내면 지낼수록 교회가 어떻게 운영되고 있는지 더 많이 알게 되었습니다.

나는 여전히 가정주부와 어머니가 되기를 원했습니다. 우리가 결혼식을 올릴 때까지 나는 어디에서 살든지 개의치 않고 열심히 일했습니다. 나는 항상 가족을 도와줄 수 있는 일을 했습니다. 그러나 우리가 결혼식을 하고나자 카슨은 그렇게 하는 것을 원치 않았습니다.

"당신은 이제 자신을 돌봐야 해요. 나도 당신에게 관심을 쏟고 당신을 잘 돌보겠다고 약속했어, 그렇지?" 그는 이렇게 말하곤 했습니다. 그는 한 아주머니를 고용해서 매 주일마다 집 청소를 하러 오게 했습니다. 내가 그 일을 항의하자, 그는 똑같은 대답만을 했습니다. "나의 조그만 중국 인형이 피곤해서 지치도록 만들 수야 없잖아. 안 그래?"

그에게는 그것이 하나의 이유였지만 나에게는 지루한 것이었습니다. 나는 아무런 할 일도 없었고 심지어 친구조차도 없었습니다. 우리가 결혼했을 때, 남편은 많은 사람들에게 나를 소개했습니다. 비록 내가 많은 사람들의 이름은 알고 있었지만 소속감은 전혀 가지지 못했습니다. 나는 어린 시절과 마찬가지로 사람들과 어울릴 수가 없었습니다.

나는 종종 우리에게 아이들이 있다면 누군가에게 소속감을 느낄 수 있으리라 생각했습니다. 나는 나를 사랑해 줄 남편과 아이를 원했고, 그렇게 된다면 우리는 함께 안락하게 지낼 수 있을 것입니다. 나는 남편이 마침내 아이를 가지는 것에 동의할 때까지 계속 졸랐습니다. 그래서 1949년에 커티스가 태어났고, 2년 후에는 벤이 태어났습니다.

커티스가 태어난 이후 8 ~ 9년 동안은 나의 생애에서 가장 행복했던 - 실제로 유일하게 행복했던 - 시간이었습니다. 나는 아이들을 사랑했고 만족감을 느꼈습니다. 나는 이제 내가 살아있다는 존재의 목적을 가지게 되었습니다.

그러나 나는 오랜 시간 동안 카슨과 행복하게 지내지 못했습니다.

이것은 파티나 과음 때보다도 더 괴로운 일이었습니다. 나를 가장 괴롭힌 것들 중의 하나는 그가 돈을 헤프게 쓰는 사람이라는 것이었습니다. 그에게는 많은 돈이 들어오지만 그 돈은 그의 손에 닿자마자 순식간에 다 사라져 버리고 말았습니다.

예를 들면, 그가 종종 디트로이트에 가 있는 동안 나에게 주고 싶은 물건을 보기만 하면 가격에 상관하지 않고 어떤 것이라도 사오곤 했습니다. 한번은 800달러나 되는 목걸이를 사온 적도 있는데 그 당시 그 돈은 엄청난 것이었습니다. 내가 알기로 나는 이웃들 중에 밍크코트를 소유한 유일한 여인이었습니다. 그러나 그 밍크코트 역시 내가 바라지도 않았던 것이었습니다.

사실 나는 어떤 값비싼 옷이나 보석도 원하지 않았습니다. 나는 집과 두 명의 아이들과 남편만으로도 충분했습니다. 그리고 만일 카슨이 그의 길을 바꾸었더라면, 나 자신에게 그것이 온전한 삶일 것이라고 타일렀을 것입니다.

벤이 태어난 지 3 ~ 4년 동안 남편은 마음을 잡은 듯이 보였습니다. 그는 아이들을 사랑했고, 다른 평범한 아버지들처럼 그들과 같이 놀았습니다. 나의 남편은 고급 자동차인 캐딜락을 만드는 공장에서 일했습니다.

아이들은 참으로 아빠를 사랑했습니다. 벤이 3살이나 4살 되던 때까지 매일 오후만 되면, "아빠가 오실 시간이죠?" 라고 나에게 물었습니다. 그러면 "아직 아니란다." 라고 대답하곤 했습니다.

4시가 거의 가까이 되어 카슨이 돌아올 때가 되어서 "이제 거의 시간이 나 되어간다." 라고 내가 말하면 벤은 밖으로 달려 나가 현관에 앉아서 아빠를 기다렸습니다. 남편은 버스를 타고 와서는 골목 길을 걸어서 집으로 돌아왔습니다. 벤은 그를 보자마자 팔을 쭉 뻗고 아빠에게로 달려가곤 했습니다. 잠시 후 둘은 함께 웃고 즐거워하면서 안으로 들어오곤 했습니다.

그러나 불행하게도 남편의 변화는 그리 오래가지 못했습니다. 커티스가 학교에 들어 갈 즈음에 카슨은 마치 아이들이 자신의 인생에 있어서 방해거리나 되는 것처럼 행동하기 시작했고, 종종 늦게까지 집에 들어오지 않았습니다. 그는 더 이상 커티스와 벤과 노는 시간을 갖지 않았습니다. 그는 너무 지쳐 있었습니다.

마침내 남편에 관한 새로운 사실들이 드러나기 시작했습니다. 그는 무슨 일이 일어나는지 알리고 싶지 않은 듯 전화에 대고 속삭이곤 했는데, 그가 만일 속삭이지 않았다면 그 일에 별로 신경을 쓰지 않았을 것입니다.

때때로 그의 누이가 나에게 전화를 해 이야기를 나누곤 했습니다. 그녀는 나의 남편에게 화가 나 있었습니다. 그녀는 이야기 중에 나에게 약간의 단서들을 제공해 주었습니다. 그녀는 결코 그를 힐난하지는 않았지만, 그가 무엇을 하고 있는지 명백히 안다고 말했습니다. 그것이 진실이 아니기를 원했지만, 곧 사실에 직면해야 했습니다. 그것은 그가 불법적으로 밀주인 위스키를 거래했으며, 그것 때문에 그렇게 많은 돈을 가지게 되었다는 사실이었습니다. 확실히 말할 수는 없지만 아마 마약 거래도 했을 것입니다.

그러던 어느 날, 나의 삶을 산산 조각낸 아주 커다란 비밀을 알고야 말았습니다. 나는 카슨에게 다른 아내와 아이들이 있다는 사실을 알게 된 것입니다. 그는 우리가 만나기 전에 결혼을 했으며, 이혼도 하지 않은 상태였습니다. 그 외의 상세한 부분은 말하고 싶지 않습니다. 나는 그것을 믿을 수 없었고, 또 믿고 싶지도 않았습니다. 그러나 그것은 사실이었습니다.

나는 남편과 마주 앉았습니다. 그는 수없이 부인을 하더니 결국 다른 가족이 있다는 사실을 시인했습니다. 내가 그들에 관해 여러 가지를 묻자 그는 온갖 거짓말로 둘러대었습니다. 그래서 더 이상 묻지 않았습니다.

그럼 이제 어떻게 해야 하는가? 나는 2주 동안이나 그 문제에 대해 자문해 보았습니다. 우리에게는 사랑스런 두 아이가 있으며, 그들의 장래가 우선되어야 했습니다.

나는 오로지 이 사태를 최대한 잘 수습해 나가야겠다고 결심했습니다. 7살과 5살인 커티스와 벤, 이들 두 소년에게는 아버지가 필요하다고 생각했습니다. 이들을 위해 나는 떠날 수가 없었습니다. 게다가 어디로 가야할지 그리고 무엇을 해야 할지, 어떻게 식구를 부양해야 할지에 대해 아무 생각도 가지고 있지 않았습니다.

그래서 나는 이전과 같이 살아가고자 끊임없이 노력했습니다. 그러나 매일 매일의 상황은 더욱더 나빠지는 것 같았습니다. 카슨이 집에 머무는 시간은 점점 줄어들었고, 혹 집에 들어왔을 때에도 전화 속의 속삭임만 늘어갈 뿐이었습니다.

나는 결코 아이들에게 아버지에 대해 나쁜 말을 할 수가 없었습니다. 그리고 나의 상황에 대해 이야기할 수 있는 그 누구도 알지 못했습니다. 나는 교회에 가는 일조차 그만 두었습니다. 그래서 내게는 친구도 없었습니다.

그때를 즈음해서 나에게는 신체적인 문제들이 생기기 시작했습니다. 나의 신경은 끊임없이 날카로워지는 듯했습니다. 그리고 불면증이 시작되었습니다. 내가 잠을 잘 수 있는 시간은 어떤 날은 한 시간이나 두 시간을 넘지 못했습니다.

결국 나는 의사에게 가서 약을 받아왔습니다. 그렇지만 불면증은 사라지지 않았습니다. 괴로움이 심해지자 어떤 조치를 취해야만 한다고 생각했습니다.

어느 날 의사에게 갔을 때, 의사는 내게 다음과 같이 말했습니다.

"카슨 부인, 나에게 말씀을 해주셔야만합니다. 무엇이 잘못되었는지 말씀해 주세요."

"예, 저는 단지 잠을 잘 수가 없을 뿐이에요. 그 약은…"

"당신의 문제는 신체적인 것이 아닙니다. 그것은 훨씬 더 깊은 문제입니다."

"가족 중에 무슨 문제가 있습니까? 혹시 남편이?"

"그래요."

나는 별로 자세하게 언급하지는 않았지만, 우리의 결혼생활이 잘못되어가고 있다고 말했습니다.

"나의 남편은 그렇게 많이 돌아다니는 사람은 아닙니다. 그러나 모든 돈을 다 써 버립니다." 라고 덧붙였습니다.

"당신은 정신과의사와 상담을 해 봐야 되겠군요." 그가 말했습니다.

"그럴 순 없어요."

"당신은 좀 더 나아지기를 바라지요? 도움을 원하시죠?"

내가 아무런 대답도 하지 않자 그는 나를 위해 진료 예약을 신청했고, 나는 정신과의사에게로 갔습니다.

그 정신과의사는 통찰력이 있어 보였는데 나에게 이렇게 말했습니다.

"당신은 어떤 뿌리 깊은 문제들을 가지고 있음이 분명합니다. 당신은 누군가에게 이야기할 필요가 있습니다. 즉, 그 문제에 대해서 이야기하는 것이 좋다는 말입니다. 나는 당신의 이웃이나 친구들에 대해 아무 것도 모르기 때문에 내게 말할 수도 있을 것입니다. 어느 누구도, 당신의 남편조차도 모를 것입니다."

그것은 쉽지 않았습니다. 그러나 나는 사실을 털어놓았습니다. 마침내 나는 내 이야기를 듣기 원하는 사람을 가지게 된 것입니다. 나는 그에게 내가 알고 있던 사실과 남편이 마약 거래를 하고 있을 것이라는 나의 심증을 이야기했습니다.

"당신은 그것을 참고 견뎌서는 안 됩니다. 사실 그렇게 해서는 안 됩니다. 당신에게는 고려해 보아야할 아이들의 미래가 있습니다."

"저는 정말 무엇을 어떻게 해야 할지 모르겠어요."

"당신은 그 상황에서 주저해서는 안 됩니다."

그들 두 명이 충고하기 시작했습니다.

물론 그들이 옳았습니다. 나는 더 이상 주저할 수 없었습니다. 그러나 나는 겁을 먹고 있었으며, 몹시 혼란스러웠습니다. 나와 두 명의 아이들이 어떻게 살아갈 수 있을까요? 나는 조언을 해 줄 누군가가 필요했습니다. 그 담당 의사와 정신과의사는 한 명의 변호사를 내게 보내왔고, 그 변호사는 카슨과 논의되어야 할 일들에 대해 말했습니다. 변호사는 만일 그가 협조한다면 모든 일이 쉽게 처리될 것이라고 생각했던 것입니다.

그러나 남편은 협조를 거절했습니다. 그러자 두 명의 의사는 내가 그를 떠나는 것이 좋겠다고 말했습니다.

"그렇지 않으면 우리가 당신에게 계속해서 약을 잔뜩 복용시켜야 할 것입니다." 라고 의사가 말했습니다.

"여전히 그 괴로움은 줄지 않을 것이고요." 정신과의사가 거들었습니다.

비록 그렇게 하는 것이 내게 옳은 일이고 또한 내가 그러한 사실을 알고 있을지라도, 여전히 남편을 떠나는 일은 쉽지 않았습니다. 짐을 꾸리고 나서 나의 두 아들과 함께 떠나는 일은 나의 생애에서 겪었던 가장 어려운 일이었습니다. 나는 보스턴에 살고 있는 여동생인 진(Jean)에게 전화를 걸어 내가 해야 할 일을 찾을 때까지 애들과 함께 머물러도 되는지 물었습니다.

"물론이에요." 진이 말했습니다. 그녀의 남편인 윌리엄은 그 곳으로 오라고 우리에게 계속 요청했습니다.

디트로이트에서 떠나온 후에 두 해 동안, 카슨은 그의 다른 아내와 함께 살았습니다. 그녀는 수표에 나의 이름으로 서명을 하기 시작했고, 단 시간에 내가 모아둔 모든 돈을 다 써 버렸습니다. 거기에는 아이들의 학자금을 위해 모아두었던 돈도 포함되어 있었습니다.

만일 내가 결혼생활을 지속할 수 없을 것이라고 생각했었다면 그 돈을 모두 사용했을 것입니다. 결국 나는 이혼을 하기로 마음을 정했습니다. '나는 내 힘으로 사랑스런 두 아이를 키우겠어.' 나는 실제로 느끼는 것보다 더 큰 확신을 가지고 여동생에게 말했습니다.

나는 내가 결정한 일을 좀 더 구체적으로 어떻게 해야 하는지를 모르고 있었던 어느 날, "나를 봐!"라고 큰 소리로 내 자신에게 말했습니다. '내가 할 수 있는 것이 무엇이지? 나는 어떤 교육도 받지 못했어. 일을 해 본 경험도 없잖아. 어떤 일을 어떻게 해야 할지도 모르고...' 바로 그때 '정말 그래. 그렇지만 나는 배울 수 있어.'라고 누군가 크게 외치는 소리처럼 분명하게 들렸습니다. 나는 충분히 할 수 있을 것이라고 생각했습니다.

그 후 2년 동안, 나의 삶에는 변화가 있었습니다. 몇 번이나 괴로움이 너무 심해 더 이상 이겨낼 수 없을 정도였습니다. 이런 일이 생기면 나는 꼭 전문가의 도움을 받아야겠다는 생각을 했습니다. 결국 나는 아이들을 여동생에게 맡겨두고 정신병원에 가서 검진을 받았습니다. 그녀는 아이들에게 내가 있는 곳을 알려주지 않고, 단지 며칠 동안 떠나 있어야 한다고만 말해 주었습니다.

나는 문제들이 악화되었기 때문에 더 이상 감당할 수 없다고 느꼈습니다. 나에게 있어서 잘 되어가는 일은 아무 것도 없었습니다. 나는 낙담하여 내가 살거나, 혹 죽을지라도 나를 돌봐 줄 사람은 아무도 없다고 믿게 되었습니다. 만일 내가 죽는다면 아이들은 고아원에서 지금보다 나은 생활을 할 것이라는 생각이 들었습니다. 그렇지 않으면 아이를 갖지 못한 여동생 부부가 데리고 살 수도 있다고 생각했습니다. 나는 너무 낙심되어서 신체적으로나 정서적으로 더 이상 나 자신과 싸우고 싶지 않았습니다.

어느 날 아침, 나는 반쯤 빈 수면제 병을 집어 들고 그것을 헤아리며 한 개씩 꺼냈습니다. 거기에는 모두 24알이 있었습니다. '이거면 충분하겠지.'라고 생각했습니다. 이것을 먹음으로써 나는 평화로운 잠으로 빠져 들어갈 수 있고, 결코 다시는 깨어나지 않을 것이라고 생각했습니다.

만일 여동생이 침실로 들어와 빈 약병을 발견하고 나를 위해 즉시 병원에 데려가지 않았더라면 나는 깨어날 수 없었을 것입니다.

다음날 위를 세척하고 나서 회복될 동안 메리(Mary)라는 여인이 나를 찾아왔습니다. 그녀는 자신을 소개하고는 "하나님은 당신을 사랑하십니다." 라고 말했습니다. 나는 뒤돌아 그 이상한 여인을 바라보았는데, 그녀는 지금까지 내가 본 것 중에 가장 밝은 미소를 짓고 있었습니다.

"예수님은 당신을 위해 죽으셨어요."

"하나님에 관해 나에게 말하지 마세요." 라고 말했습니다. 의사가 위 속으로 집어넣은 튜브로 인해 말을 할 때마다 목이 아팠습니다.

"나는 그런 부질없는 소리를 듣고 싶지 않아요. 하나님은 단지 다른 것들과 마찬가지로 거짓일 뿐입니다. 나는 그 어떤 것도 원치 않아요."

"하나님은 참으로 당신을 사랑하십니다."

그녀는 침착하게 다시 말했습니다. 그녀가 다시 그처럼 밝은 미소를 지었기 때문에 나는 그녀의 진실함을 의심할 수가 없었습니다. 나는 그녀를 무시했지만 그녀는 가지 않고 침대 오른편 옆에 서 있었습니다. 그녀는 아주 부드러운 목소리로 하나님이 나를 버리지 않았으며, 결코 그렇게 하지도 않으실 것이라고 말했습니다. 나는 다음과 같이 말했습니다.

"만일 당신이 계속해서 말하고 싶다면 다른 것에 대해 말해 주세요. 우리는 다른 주제에 대해서는 잘 맞을 것입니다. 그러나 하나님에 대해서는 어떤 말도 하지 마세요. 하나님은 선하지 않아요."

"나는 당신의 남편에 대해서는 알지 못해요. 그러나 하나님에 대해서는 알고 있지요." 라고 그녀가 말했습니다.

메리는 차분하게 약간의 성경구절을 인용하며 하나님에 대해 말했습니다. 그녀는 내가 이전에 만난 어떤 크리스천과도 달랐습니다. 내가 화를 내거나 무례하게 반응 할지라도 상관하지 않았고, 나와 논쟁하지도 않았고, 당황해 하지도 않았습니다.

메리는 계속해서 나를 방문했습니다. 나는 그녀가 기울이는 관심에 천천히 빠져들기 시작했습니다. 그녀는 하나님에 관해 이야기하며 때때로 커다란 성경책을 펴고 몇 구절을 읽었습니다. 한번은 그녀가 내게 성경을 건네주며, "자, 여기 혼자서 이것을 읽어보세요." 라고 말했습니다.

나는 고개를 저으며, "그렇게 많이는 읽을 수가 없어요." 라고 대답했습니다.

"그러면 내가 도와줄게요. 한번 해 봐요."

내가 읽으려고 하자 그녀는 어려운 단어의 발음하는 방법을 도와주고, 고유명사 읽는 법을 말해 주면서 나를 격려했습니다. 내가 병원을 떠나기 전, 그녀는 나에게 성경을 한권 주었습니다.

"소냐, 이것은 당신을 위한 거예요." 라고 말했습니다.

"나를 위해서요? 왜죠?"

"나는 당신이 성경을 갖기 원해요. 이것은 선물이에요."

내가 성경을 받았을 때, 그녀가 나에게 성경을 줄만큼 관심을 가지고 있다는 사실에 놀랐습니다. 그것은 특별한 선물처럼 보였습니다.
"나는 당신이 성경을 읽게 되길 원해요."

나는 아무 대답도 하지 않았습니다. 내가 말을 하려했다면 아마 눈물이 나와 울지 않을 수 없었을 것입니다. 바로 그때, 나는 성경 읽기를 배워야겠다고 결심을 했습니다. '만일 다른 누군가가 읽을 수 있다면 나도 할 수 있다.'라고 생각했습니다. 그때 또다른 생각이 떠올랐습니다. '만일 누군가 다른 사람이 할 수 있다면 나는 더 잘 할 수도 있다.'라는 생각이었습니다. 나는 이것이 진실인지에 대해 염려하지 않았습니다. 그러나 그것이 나의 태도를 변화시켰습니다.
"나는 해야겠다고 마음 먹은 것은 무엇이든지 할 수 있다!"

이 깨달음은 내 마음에 강철 같은 의지를 만들어냈습니다. 그 시간부터 나는 다른 사람들이 할 수 있는 모든 것을 배우려고 결심 했습니다. 그런 능력 있는 사고는 내게 잊을 수 없는 매우 중요한 것이 되었습니다. 나는 내 아들들이 성장해 갈 때, 반복해서 말했습니다.
"얘들아, 만일 누군가가 그것을 할 수 있다면 너희들은 그들보다 더 잘할 수 있단다."

나는 그것을 믿었고, 아이들도 그 사실을 믿어주기를 원했습니다.

나는 우리를 사랑하시는 하나님과 우리를 위해 죽으신 예수 그리스도에 대해 점점 더 많이 듣게 되었고, 성경 읽기를 배우면서 서서히 그것을 믿기 시작했습니다.

그러나 나는 또다시 무기력증에 직면하게 되었습니다. 자살에 대한 생각이 다시 한 번 나를 괴롭게 했습니다. 그러나 나는 목사가 했던 설교를 기억했습니다. "하나님은 계십니다. 그 하나님은 우리를 돌보시는 하나님이십니다. 그 하나님이 당신을 위해 위대한 일을 행하실 수 있습니다." 그는 여러 가지 다른 말들도 했지만 내가 기억할 수 있는 것은 이 정도입니다.

"하나님, 당신은 나를 도와주셔야 해요. 나는 적절하게 기도할 줄도 모릅니다. 그러나 당신의 도움이 필요하다는 것은 알고 있습니다." 라고 기도했습니다.

그러나 아무 것도 변한 것은 없었습니다. 하지만 나는 하나님께서 나의 기도를 들으셨다는 사실을 알았습니다. 그것은 하나님이 나와 함께 계셔서 나를 도우실 것이라는 마음의 확신이었습니다.

어느 날, 나는 "하나님, 만일 아무 것도 없는데서 세상을 만드셨다면, 나의 상황을 돌아보시고 아이들을 위해 역사하여 주소서. 나는 내 자신도 잘 돌보지 못합니다. 그러나 내 아이들에게는 도움이 필요합니다. 그들은 기회를 누릴 가치가 있는 아이들입니다." 라고 기도했습니다.

그때부터 하나님은 나의 생애에 놀라운 일을 행하셨습니다. 나는 인도하심을 위해 기도했고, 그 후로 무엇을 행해야 하는지를 깨닫곤 했습니다. 그것은 확실한 목소리라기보다는 무엇을 말하거나 무엇을 행해야만 한다는 느낌이었습니다.

나는 매일 하나님이 도와주셔서 내가 올바른 것을 말하고 행하므로 나의 아들들에게 동기를 부여해 주고, 용기를 잃지 않게 하기를

2. 나의 어머니, 소냐 카슨   57

반복적으로 기도했습니다. 나는 그들이 강요에 의해 행하기 보다는 오직 사랑으로 올바른 것을 행하기를 바랐습니다.

비록 많은 벌이는 되지 않았지만 나는 즉시 직업을 구했습니다. 나는 무슨 일이든지 기꺼이 하려했기 때문에 직업을 구하는 데에 큰 어려움은 없었습니다. 나는 가장 훌륭한 일을 하고 있다는 철학을 가지고 열심히 일했습니다. 마루바닥을 청소할 때면 깨끗하고 윤이 날 때까지 닦았습니다. 많은 임금을 받는 직업은 아니었지만 그것에 대해 그리 걱정하지는 않았습니다. 나는 일을 계속하면서 내 아이들을 그런대로 잘 보살폈습니다.

그때 당시 나는 하나님께 다음과 같이 기도했던 것을 기억합니다. "나에게는 친구도 없으며 의지할 사람도 없습니다. 하나님, 당신은 나의 친구가 되시되 가장 좋은 친구가 되셔야 합니다. 그리고 내가 일을 어떻게 해야 할지 알려 주시고 지혜를 주셔야 합니다. 왜냐하면 저는 무엇을 해야 할지 모르기 때문입니다." 당시 TV나 라디오에서 나오는 어떤 광고를 들었습니다. 그것은 "최선을 다하십시오. 그러면 우리가 나머지 것을 책임지겠습니다." 라는 말이었습니다. 그 말은 내가 하나님에 대해 느낀 것과 같았습니다. 나는 하나님께 최선의 것을 드리려고 노력했습니다. 그러면 그 나머지는 하나님께서 책임을 지셨습니다.

나는 그 후 10여년 동안, 다음과 같은 기도를 하나님께 드렸습니다. "하나님, 당신은 내 삶을 이끌어 주셔야 합니다. 나는 넘치는 샘

물 앞에 놓여 있는 빈 항아리입니다. 당신이 나를 채워주셔야 합니다. 그리고 내게 가르쳐 주셔야 합니다." 그 몇 년 동안 나는 하나님을 의지하는 것을 실제적으로 배웠습니다. 그리고 우리는 친구이자 동반자가 되었습니다.

나는 두개의 직장에서 일하였고, 할 수 있는 한 모든 돈을 저축함으로써 마침내 아이들을 디트로이트로 데려가게 되었습니다. 우리가 보스턴을 떠났을 때, 두 아이들은 학교생활을 잘 해 나갔지만 부분적으로 좋지 않은 퇴보를 했습니다. 왜냐하면 그들은 아버지와 떨어져 보스턴의 공동주택에서 살면서 배움에 대한 열정이 많지 않은 아이들과 같이 학교에 다녔기 때문이었습니다.

"우리는 잘 해 나갈 거야. 왜냐하면 하나님께서 우리를 도와주실 테니까." 라고 아이들에게 말했습니다. 다행스럽게도 나는 바느질하는 법을 배웠고, 그래서 아이들의 옷을 손질할 수 있었습니다. "여러분이 원하는 정도의 옷은 아닐지 모르지만 적어도 아이들의 옷은 깔끔했습니다."

하루는 아이들에게 "우리는 가정예배를 드릴 거란다." 라고 말했습니다. 그것은 우리 세 명이 함께 기도하고 성경을 읽겠다는 것을 의미했습니다. 우리는 매일 아침마다 가정예배를 드리곤 했습니다. 시간을 정확히 지키기는 어려웠지만 그래도 예배를 드렸습니다. 아주 여러 번 아이들이 침대에서 나오기도 전에 나는 집을 나와야 했습니다. 나는 알람시계를 맞추어 놓고 말했습니다.

2. 나의 어머니, 소냐 카슨

"얘들아, 너희는 내가 나간 후에 일어나야 한다. 너희들끼리 기도하면서 하나님이 너희를 인도해 주시고, 너희들을 든든하게 붙들어 달라고 간구해야 한다. 그리고 성령님을 보내셔서 너희들을 보살펴 주시고 할 수 있는 한 최선을 다하여 공부할 수 있도록 도와달라고 간구해야 한다."

그들이 성장하는 동안 내내, 나는 두개 혹은 세 개의 직업을 가지고 있었습니다. 나는 정부 보조를 받는 방법에 대해서도 알고 있었지만 그것을 원하지 않았습니다. 왜냐하면 많은 어머니들이 노력하지 않는 것을 보아왔기 때문입니다. 우리도 한 때는 생활보호대상자 식량카드를 받았지만 그것도 단지 몇 달 동안뿐이었습니다. 나는 자립해서 내 방식대로 가정 경제를 꾸리기 원했습니다. 이혼법에 따라 카슨이 아이들을 부양해야 했지만, 그는 아주 약간의 돈 밖에 주지 않았습니다. "하나님, 저는 최선을 다할 것입니다. 이제 남은 일을 해주소서!" 매일 아침마다 집을 나와 직장을 향해 갈 때면 그렇게 기도했습니다.

벤은 형편없는 5학년 성적표에 대해 내게 말했습니다. 벤의 불량한 성적을 보았을 때, 나의 가슴이 철렁 내려앉았습니다. 나는 아이들을 도와주기 위해 가정적일 수가 없었습니다. 비록 내가 집에 있었다 해도 어떤 도움을 줄만큼 그렇게 많이 알지도 못했습니다. 벤은 실력이 없는 학생이긴 했지만 5학년이 되었을 때, 이미 나보다도 훨씬 더 잘 읽을 수 있었습니다.

그동안 나는 단어를 발음하는 법을 배워왔기 때문에 읽기 실력은 향상되어 있었습니다. 나는 벤의 성적표 사건이 일어났을 때, 읽기는 매우 중요한 것이라 생각하고 있었습니다. 그리고 특히 내 아들에게는 보다 더 중요할 것이라고 생각했습니다. 그들이 읽기에 관심을 가지게 된다면 그들이 알고 싶어 하는 모든 것을 실제적으로 배울 수 있기 때문이었습니다.

"하나님, 당신은 나의 동반자이시며 친구이십니다. 나는 커티스와 벤에게 무엇을 시켜야 할지 모릅니다. 그들 둘은 모든 일에 실패하고 있습니다. 그들은 날로 향상되어가야만 합니다. 그리고 특별히 그들은 읽기를 배워야 합니다." 내가 기도할 때, 아이들에게 숙제를 내주어야겠다는 생각이 떠올랐습니다.

나는 지속적으로 아이들에게 말했습니다. "최선을 다하는 법을 배워라. 남은 일은 하나님이 하실 것이다. 너희들이 인생에서 무엇을 선택하든지 그것을 할 수 있다. 그러나 나는 너희가 무엇을 해야 하는지는 말해 줄 수 없다. 나는 너희들이 대통령이나 비행사, 혹은 세계 최고의 의사가 될 수도 있을 것이라고 생각한다. 또 너희는 세계에서 가장 훌륭한 목수가 될 수도 있다. 그러나 너희가 어떤 것을 결정하든지 오직 최선을 다해야만 한다."

그때 커티스는 어려움을 이기지 못해 포기하려 했습니다. 그러나 나는 그것을 용납하지 않았습니다. "커티스야, 너는 그 공부를 충분히 해낼 만큼 영리하단다. 어떤 사람이 그런 생각을 하고, 누구든지 그 해답을 생각해낼 수 있다면, 너도 그와 똑같이 할 수 있단다."

아이들이 1주일에 2권의 책을 읽기 시작했을 때, 성적은 향상되어

가기 시작했습니다. 아이들에게 A학점으로 가득 찬 성적표를 가져와야 한다고 말하지는 않았지만, 모든 과목에서 향상되어야 한다고 말했습니다. 두 아들이 향상을 보이지 않았을 때에도, 나는 전적인 사랑으로 그들을 이해하였습니다. 그리고 "다음 성적표가 나올 때, 너희들은 훨씬 나아지게 될 것이다." 라고 말했습니다.

5학년 동안 벤에게는 수학이 가장 큰 문제였습니다. 대화를 통해 나는 벤이 구구단을 모른다는 사실을 알았습니다.

"벤, 너는 구구단을 배워야 한단다. 만일 네가 그것을 안다면 수학이 더 쉬워지게 될 것이다."

벤은 어리둥절한 표정으로 나를 보았습니다. 그리고 책을 집어 들고 인쇄된 구구단을 내게 보였습니다.

"여기 2단부터 9단까지 나와 있어요. 그것으로 무엇을 해야 하지요? 이것은 너무 많아요."

"그것을 모두 암기해야 한단다."

"이것을 모두다요? 아마 1년도 더 걸릴 거예요."

"들어봐라, 벤. 그것을 외우는 데는 1년이 걸리지 않는단다. 어떤 아이들에게는 1년이 걸릴 수도 있겠지만, 그 아이들은 너의 영리한 머리에 비하면 반 정도 밖에 되지 않는단다. 자, 지금 당장 해보자. 너는 그것을 반복하기만 하면 된다. 2곱하기 2는 4이며, 3곱하기 2는 6이란다. 이것을 완전히 외울 때까지 계속해라."

"아무도 그것을 전부다 암송하지는 못했어요."

"벤, 엄마는 3학년 이상 학교를 못 다녔지만 그것을 다 알고 있단다."

나는 구구단을 외우기 시작했습니다. 벤은 내가 9단까지 구구단을 완전히 암기할 수 있다는 것을 깨닫자 자신이 그것을 다 익힐 때까지 내가 풀어놓아 주지 않으리라는 것도 알아차렸습니다.

"이 많은 것을 전부 외우게 하다니 엄마는 세상에서 제일 심술궂은 사람이에요. 그것은 어려운 일이에요."

"그것이 힘들다고 해서 네게 해로운 것은 아니란다. 오히려 나는 네가 세상에서 제일 똑똑한 소년이라고 생각한단다. 나는 네가 그것을 다 익힐 것이라고 생각한다." 라고 말했습니다. 나는 목소리를 높이지 않으려고 노력했습니다. 하지만 벤은 나의 말을 그치게 하는 유일한 방법이 구구단을 외우는 것뿐이라는 사실을 알았습니다.

나는 잠시 동안 벤과 함께 공부했습니다. 벤은 아주 잘 했지만 놀고 싶어 했습니다. 그러나 내가 기대했던 것만큼은 잘하지 못했기 때문에 나는 벤의 기초를 단단히 해 주고자 했습니다.

"네가 구구단을 다 익힐 때까지 밖에 나가 놀아서는 안 된다. 알겠지?"

벤은 서둘러서 구구단을 공부했습니다.

나는 아이들에게 한두 번 외에는 매를 든 기억이 없습니다. 나는 어린시절의 일상적인 매질을 생생히 기억하고 있기 때문에 커티스와 벤이 그런 종류의 기억을 가지게 되길 원하지 않았습니다. 내가 아이들에게 충분하게 설명만 한다면 아이들이 무엇이든지 올바르게 행하도록 도와줄 수 있고, 아이들에게 벌을 주지 않아도 될 것입니다.

"너희들은 그것을 할 수 있어. 자, 이제 네가 한 번 해 봐라. 얼마나 잘하는지 보자." 두 아들은 잘 따랐습니다. 때때로 나의 기대에는 못 미쳤지만 최선을 다했습니다. 그럴 경우에 나는 아이들에게 "다음에는 더 잘할 수 있을 거야." 라고 말하곤 했습니다.

어떤 때에 아이들은 집에서 잔일이나 숙제를 다 해놓지 않은 경우도 있었습니다. 한 번은 커티스가 다음과 같이 말했습니다.

"벤은 내가 숙제하는 것을 달가워하지 않아요. 그래서 나는 그것을 다하지 못했어요."

"벤이 네게 원하는 것은 중요한 일이 아니다. 숙제를 안 한 것은 네 스스로 원한 것이다. 만일 네가 무엇을 하기로 마음을 정했다면 아무도 네가 원하는 것을 하지 못하도록 방해할 수 없단다. 너는 언제나 변명할 구실을 찾는데 그것은 단지 핑계일 뿐이다. 너는 자신 외에 아무에게도 책임을 돌려서는 안 된다. 아무도 너를 실패하도록 만들지는 못한다."

커티스에게 그렇게 말한 며칠 후, 한 외판원이 집에 와서 책을 팔았습니다. 그에게서 산 책 중에 내가 좋아하는 시가 포함되어 있었는데 "자신을 책망하라"는 시가 들어있었습니다. 나는 그 시를 종종 아이들에게 들려주었습니다. 왜냐하면 그 시는 내가 실제로 믿는 것을 말해 주었기 때문입니다. 여기에 그 시의 일부분이 있습니다.

여러 가지 일들이 악화되어
곤경에 처할 때,
당신은 종종 발견하게 될 것이다.
책망 받아야 할 사람은 바로 당신이라는 것을,

악한 일에는 우리의 발이 너무나 빨라서
그 발을 쫓아 불행은 다가온다.
왜 우리는 다른 사람을 헐뜯는가?
우리는 스스로를 책망해야 한다.

우리는 무슨 일을 만나든지
이렇게 말한다.
"아무개만 없었더라면
일이 그렇게 되진 않았을 텐데…"

당신에게 친구들이 없다면,
나는 당신이 해야 할 일을 가르쳐 주겠다.
그것은 당신 자신을 점검해 보는 일이다.
당신은 자신의 결점을 발견하게 될 것이다.

당신은 당신 배의 선장이다.
그러므로 선장으로서의 본분을 다해야 한다.
만일 당신의 항해가 순조롭지 못하다면,
당신은 자신을 책망해야 한다.

나는 커티스와 벤이 각각 11살과 9살이 되었을 때, 접시를 닦고 말리는 문제로 거의 매일 형제가 말다툼을 한다는 사실을 알았습니다. 아이들은 집에 관한 모든 일을 법석을 떨며 근근이 해 나가고 있었습니다. 그 일에 내가 간섭하려고 하자 두 아이들이 내게 항의했습니다.

"엄마는 항상 무엇을 하라고만 말했지요. 마치 수십 번씩 말하지 않으면 우리가 아무 일도 할 수 없는 것처럼 말이에요." 라고 벤이 말했습니다.

"맞아요." 라고 커티스도 맞장구를 쳤습니다.

나는 아이들에게 어떻게 대답해야 할지를 몰랐기 때문에 많은 말을 하지 않았습니다. 그 후 이틀 동안 나는 아이들이 말한 것에 관하여 기도했습니다. "하나님, 또다시 내게 도움이 필요합니다. 나는 아이들이 스스로 책임감을 느끼도록 만드는 계획이 필요합니다. 아이들에게 해야 할 것을 가르쳐 줄 때, 그들이 화를 내지 않도록 하는 지혜를 주소서." 라고 기도했습니다. 그러자 내게 한 가지 생각이 떠올랐습니다.

그날 저녁, 나는 두 아들을 탁자로 불러서 커티스에게 말했습니다.

"너희에게 할 말이 있다. 나는 나의 명령을 너희들이 좋아하지 않는다고 생각한다. 그래서 그 방법을 바꾸려고 한다. 나는 이에 대한 규칙을 세워 내가 할 수 있는 한 최선을 다해 노력할 것이다. 그렇지만 내게도 많은 어려움이 있단다. 나는 너희들이 엄마보다도 더 훌륭한 계획을 세울 수 있다고 생각한다. 그렇지 않니?"

커티스는 아무 말도 하지 않았으나 내가 생각하는 것을 알고서 상냥하게 미소를 지으며 고개를 끄덕였습니다.

"너희들이 무시하고 싶은 규칙을 작성해 보아라. 또 너희들이 하고 싶은 것도 작성해 보아라. 그리고 너희들의 장래 희망을 쓰도록 해라. 그리고 착한 일을 한 것에 대해 그만큼의 은별(Silver Stars)을 스스로 취해라."

"좋아요."라고 커티스가 말했습니다.

"이것은 어떻겠니? 너희들이 평균치보다 잘하면 푸른 별(Blue Stars)을 얻게 되고, 가장 잘했을 때엔 금별(Gold Stars)을 얻게 되는 것 말이다."라고 내가 제의했습니다.

"그게 좋겠어요." 벤이 말했습니다.

"그게 전부는 아니란다. 지금까지 너희들에게 그냥 용돈을 주었는데 이제부터는 너희들이 자신의 일을 얼마나 잘했는지에 따라 용돈을 줄 것이다."

아이들은 그것에 대해 함께 토론하고 동의했습니다. 커티스는 규칙을 쓰기 시작했습니다. 놀랍게도 아이들은 무엇을 해야 할지 내가 요구하지도 않은 어려운 일들을 적어놓았습니다. 아이들이 써 놓았던 규칙 몇 가지를 기억해 보면 다음과 같습니다.

- 우리는 잔디를 깎을 것이다.
- 우리는 엄마가 회사에서 집으로 돌아올 때까지 접시를 닦고 거실을 청소할 것이다.
- 우리는 옷을 잘 정돈할 것이다(세탁은 내가 했고, 아이들은 그 일을 자원하지 않았습니다).

아이들은 또한 각자가 일하는 시간도 덧붙였습니다.

"이제 우리에게 무엇을 하라고 일일이 말하지 마세요." 커티스가 말했습니다.

"그렇게 하마."

아이들은 약속한 대로 했습니다. 비록 약속 이상의 것은 하지 못했지만, 서로 협동하는 것을 배우게 되었습니다. 나는 아이들이 매우 자랑스러웠습니다. 나는 몇 주 후에 이렇게 말했습니다.

"너희들이 너무나 잘해 주었기 때문에 앞으로 우리가 하려고 하는 일을 말하겠다. 한 달의 1주는 우리가 무엇을 해야 할지 너희들이 내게 말해라. 나머지 3주는 내가 너희에게 말하겠다."

그 일은 매우 훌륭하게 되었습니다. 아이들이 너무 잘했기 때문에 나는 나머지 3주 동안도 맡아주기를 원했지만 요구하지는 않았습니다. 아이들은 냉장고를 청소하는 일과 식사 계획을 세우는 등의 잔일과 우리의 식사가 적절한 균형을 이루도록 하는 일도 자신들의 책임 영역으로 결정했습니다. 아이들은 훌륭하게 하지는 못했지만 정말 열심히 노력했습니다. 그러나 이렇게 조정된 몇 주 후에 벤은 "엄마도 알다시피 나는 엄마가 우리에게 무엇을 하라고 시킬 때보다 그 일 하기를 훨씬 더 좋아해요."

"커티스야, 너는 어떠니? 너도 그 방법을 더 좋아하니?" 라고 물었습니다.

그는 고개를 끄덕였습니다.

"좋아. 너희들은 내가 그렇게 나쁜 엄마는 아니라고 생각하는구나."

"엄마는 훌륭해요." 커티스가 말했습니다.

"아니, 세상에서 제일 훌륭한 엄마예요." 벤이 덧붙였습니다.

그 이후로 우리는 누가 무엇을 할 것인지에 관해 더 이상 논쟁하지 않았습니다.

나는 우리가 머리 속에 담고 있는 것은 아무도 가져갈 수가 없다고 믿습니다. 나는 실패에 대한 변명을 허용하지 않았습니다. 특별히 나의 아이들이 인종적인 선입견을 가지고 변명을 하지 못하게 했습니다. 내가 직장에서 쫓겨났을 때, 그런 태도를 가진 적이 있었습니다. 그러나 그 후에 나는 사람들이 흑인이나, 혹은 그 밖의 다른 부류의 사람에 대해 운운하는 것들을 받아들이지 않았습니다.

내가 하나님과 친밀해지고 동반자가 된 후, 나는 하나님이 어떤 인종이나 민족도 우등하거나 열등하게 만들지 않으셨음을 알게 되었습니다. 우리는 검었지만 그것이 우리가 말도 못하는 벙어리이거나 실패한다는 것을 의미하지는 않았습니다. 하나님은 우리 모두를 사랑하시며, 우리를 위해 오직 좋은 일만을 원하십니다. 나는 나의 아들들에게 하나님이 인간을 위해 하시는 일을, 그리고 하나님은 어떤 사람을 위해서도 그런 일들을 행하신다는 것을 이해하게 하려고 노력했습니다. 나는 벤과 커티스에게 다음과 같이 말하곤 했습니다.

"나는 하나님께서 각 사람들이 서로 어떻게 반응하는지 알아보시기 위해 각기 다른 민족을 만드셨다고 믿는단다. 또한 우리가 다른 누군가를 참으로 사랑할 수 있는지 알아보기 위한 특별한 기준으로서 민족을 만드셨다고 생각한단다."

어느 날, 나는 책을 읽으면서 성경 구절을 보게 되었습니다. "누구든지 하나님을 사랑하노라 하고 그 형제를 미워하면 이는 거짓말하는 자니 보는 바 그 형제를 사랑치 아니하는 자가 보지 못하는 바 하나님을 사랑할 수가 없느니라 우리가 이 계명을 주께 받았나니 하나님을 사랑하는 자는 또한 그 형제를 사랑할지니라"(요한일서 4:20-21)

 내 아들들은 단순하면서도 아주 중요한 교훈을 배웠습니다. "하나님은 우리 모두를 사랑하신다. 그리고 우리는 하나님 앞에서 모두 평등하다!"

 아이들은 학교생활을 잘해 나갔습니다. 그러나 집안 일에서는 여전히 몇 가지 문제점을 안고 있었습니다. 결국 나는 귀가가 늦는 사람은 내가 일하는 장소로 찾아와야 한다는 규칙을 제안함으로써 마지막 큰 문제를 해결할 수 있었습니다(나는 아이들이 늦게까지 밖에서 게임을 하고 있다고 확신했습니다). 그렇게 해서 우리는 서로가 어디에 있는지 알았습니다.
 아이들의 가정생활은 더할 나위 없이 좋았고, 학교 성적도 매우 훌륭했습니다. 그런데 나는 이웃들과 문제를 가지게 되었습니다. 그들은 우리 집의 규칙에 대해 알게 되었고 그들이 나의 자녀 양육 방법을 좋아하지 않는다는 것을 알았습니다. 어떤 한 여인은 내게 나의 자녀 양육 방법에 대해 얘기하기를 원했습니다. 그녀는 내가 요리할 때, 아이들이 도와주는 것을 보고 이렇게 말했습니다.
 "당신은 아이들을 '시시'(Sissy. 여자 같은 남자아이)처럼 만들고 있어요. 그렇게 되면 그들은 어떤 인물도 되지 못할 거예요."

"함부로 말씀하시는군요. 나의 아이들은 훌륭한 인물이 될 겁니다. 자립하는 것을 배우고, 다른 사람들을 어떻게 사랑하는지를 배우게 될 것입니다. 그리고 아이들이 어떤 결정을 하든 상관없이 그 분야의 세계에서 가장 훌륭한 인물이 될 것입니다" 라고 말했습니다.

그때, 나는 그녀가 말한 "시시" 라는 단어의 의미를 정확하게 파악하지 못했지만, 그녀가 말하는 것을 듣고 좋지 않은 말이라는 것을 알았습니다. 나는 그 단어를 사전에서 찾아보았습니다.

물론 이웃 사람들의 심술궂은 말이 나의 마음을 아프게 했지만, 나는 아무렇지도 않은 것처럼 행동했습니다. 나는 아이들이 하나님의 도움으로 자신의 길을 개척해 나갈 것이기 때문에 훌륭한 삶을 살게 될 것이라고 믿었습니다. 나의 할 일은 아이들을 준비시키는 일이었습니다. 그리고 하나님의 완전하신 도움을 구하기 위해서 하나님만을 의지했습니다.

그때부터 나는 하나님의 뜻을 행할 준비를 하면서 열심히 공부하여 GED(고등학교 졸업자격시험)를 취득했습니다. 그리고 전문대학에 입학하여 가구 복원 기술과 실내 장식 그리고 도자기 제조를 전공하는 실내 장식가가 되었습니다.

3
인생을 가르쳐 준 스승들

스승의 영향력은 영원하여 결코 어디에서도 멈추지 않는다.

헨리 아담스(Henry B. Adams)

이 세상에는 자수성가한 사람이란 없다. 혹자는 이 말에 이의를 제기할지도 모른다. 그러나 나는 이 말을 나 자신의 경험으로부터 주장한다. 사실 나는 편모슬하의 가난한 가정에서 자랐다. 나의 어머니는 우리가 생활보호대상자가 되지 않도록(한 때 우리는 생활보호대상자용 식량카드에 의존해야 할 때도 있었지만) 하기 위해 매일 10시간에서 15시간씩 일을 하셨다. 나는 초등학교 5학년 때까지 반에서 꼴찌 자리를 줄기차게 고수했다. 내가 학교에 다닐 때, 나의 시력은 너무 나빠서 교실 뒤편에서는 선생님을 볼 수 없을 정도였다. 그러나 나는 시력 검사를 받을 때까지 나의 눈이 매우 나쁘다는 사실을 알지 못했다.

결국 나는 성적에서 남보다 앞서 갈 수 있게 되었고, 어린시절의 나의 점수에 대해서는 내가 이룬 업적이라고 생각했다. 앞 장에서 그리고 또 나의 저서「재능 있는 손」에서 지적한 바처럼 나는 대단한 진보를 하게 되었다. 그러나 그 일은 나 혼자 한 것이 아니었다.

나는 나의 생애에 여러 번 특별한 사람들을 통하여 진한 감동을 받음으로 말미암아 반의 꼴찌로부터 전문 의료직의 최고의 자리에까지 오를 수 있게 되었다. 나에게 그러한 특별한 사람들이 없었더라면 그런 일들을 이룰 수 없었을 것이다.

본 장에서 나는 나의 스승이라고 생각하는 사람들(이 특별한 사람들은 내가 내 안에 있는 잠재력들을 깨닫기도 전에 그것들을 발견한 사람들이다.) 혹은 자신도 모르게 나로 하여금 더 잘할 수 있도록 도전을 준 사람들(그들은 내가 남보다 더욱 뛰어난 사람이 되도록 많은 도움을 준 사람들이다.)을 선별하여 소개해 보고자 한다.

제일 먼저, 5학년 과학 선생님이신 윌리엄 잭(William Jaeck)을 들 수 있는데 그분은 나로 하여금 도약을 시작하게 하신 분이다. 그분은 참으로 훌륭한 분으로서 나의 지적 능력을 가장 먼저 알아보신 분이다. 나는 어머니께서 "벤, 너는 영리한 아이란다." 라고 늘 말씀해 주신 것을 기억하지만, 잭 선생님이 "아주 놀라워요!" 하시면서 심지어 나의 정보의 가치를 반 아이들에게 지적하여 주었을 때, 나는 변화하기 시작했다.

선생님은 내가 용암으로 형성된 흑요석을 식별해 내었던 수업 시간을 기점으로 나를 주목하기 시작했다. 아마도 그분은 나에게서 과학에 대한 번득이는 재능을 본 것 같았다. 이유는 잘 모르지만 선생님은 나에게 관심을 보였다. 나는 편모 밑에서 자란데다 반의 꼴찌에서 벗어나려고 무척 애를 쓰고 있었기 때문에 누구든지 나에게 어떤 관심을 보이기만 하면, 곧 어울렸을 것이다.

선생님은 정열적인 커다란 목소리를 지닌 관대한 분으로 기억되는데 그분은 자연과 동물들에 대한 연구를 강조하셨다. 선생님은 좀 더 의미 있는 수업을 하기 위해 단지 사진들만 보여주는 것으로 끝내지 않았다. 그분의 과학실에는 동물들의 수집품이 소장되어 있었다.

나는 한 두 번 주머니 쥐, 족제비, 생쥐, 이탈리아 돼지 그리고 온갖 종류의 새들을 본 기억이 난다. 어느 날, 선생님은 버려진 붉은색 다람쥐 새끼 한 마리를 가지고 오셨다. 그리고 우리가 그 다람쥐를 길렀다. 우리는 그 다람쥐를 "메이너드"(Maynard)라고 불렀다.

선생님은 여러 번 우리를 야외 수업에 데리고 가셨다. 어떤 때는 오리와 물고기를 관찰하기 위해 근처의 연못에도 갔다. 또 어떤 때는 묘지에 가서 근처의 나무와 꽃들을 관찰했다. 나는 특히 5학년 전체 학생이 디트로이트 시내에 꽃박람회 꽃구경 갔던 것을 기억하고 있다.

선생님과의 관계는 수업시간에 내가 검은 유리 같은 흑요석을 식별하게 된 계기를 통해 변화되기 시작하였다. 선생님은 나를 알아보고 그 수업의 나머지 시간에는 나에게 발표할 기회를 주었을 뿐만 아니라 내가 결코 잊지 못할 다른 일(그 일에 대해 나는 늘 감사를 드린다.)도 해 주셨다. 그날 수업을 진행하기 전에 "벤자민, 방과 후에 나를 찾아오지 않겠니? 암석 수집에 대해서 이야기 좀 하자구나." 리고 말씀하셨다.

그 말씀이 나의 인생에 얼마나 큰 영향을 미쳤는지 선생님은 전혀 알지 못한 것 같다. 선생님의 도움으로 나는 암석 수집을 시작했다. 그 이외에도 선생님은 자신이 가지고 있는 동물들과 물고기들을 가지고 직접 연구할 수 있도록 허락하셨다.

우리가 이야기를 나눌 때마다, 선생님은 나에게 새로운 것들을 가르쳐 주시고 또한 내가 이미 알고 있는 것이라고 단언함으로써 나의 흥미를 유발시켰다. 얼마 있지 않아서 선생님은 내가 현미경을 통해 원생동물과 원생식물을 관찰해 보도록 허락하셨다.

과학에 대한 열정을 지닌 선생님이 수업을 하실 때, 그분의 열정이 마치 내게 흘러 들어오는 것 같았다. 그때부터 나는 과학에 매달리게 되었다.

내 인생의 두 번째 스승은 고등학교의 생물 교사인 프랭크 맥코터(Frank McCotter)로 인해 더욱 과학을 사랑하게 되었다. 선생님은 코카서스인으로서 180cm 키에 체격은 보통이며 안경을 착용했다. 나는 선생님을 중학교 3학년 때 처음 만났다. 나의 형 커티스는 선생님으로부터 생물을 배웠는데 형은 그 과목에서 가장 뛰어난 학생이었다. 커티스가 모든 과학 과목에서 탁월한 실력을 발휘했기 때문에 이제는 모든 선생님들이 그와 똑같은 것을 나에게서 기대 할 것이라고 생각했다. 물론 이 점이 확실한 것은 아니었지만 어쨌든 선생님은 나를 천부적인 능력을 지닌 학생으로 생각하고 있었다는 사실을 알게 되었다.

커티스는 졸업할 때까지 고등학교 과학 실험실 조교로서 파트타

임으로 일했다. 내가 고등학교 2학년이 되자 그 자리가 비게 되었고, 선생님은 나에게 형의 자리를 추천했다. 나는 남은 2년 동안 과학 실험실에서 조교 생활을 했다.

  나는 선생님이 나의 견해를 대단히 존중해 주신 것에 대해 특별히 감사를 드린다. 또한 내가 압박감이나 억지감을 느끼지 않게 하면서 나의 흥미를 자극하는 방법을 알고 계셨다. 예를 들자면 "어떤 프로젝트를 과학경진대회에 출품하고 싶니?"라고 나에게 물으셨다. 내가 주저하자 "자, 내가 너에게 몇 가지 아이디어를 제공해 주겠다. 그 아이디어에 대해서 생각해 보고 연구를 해 보아라. 그리고 네가 하고 싶은 일을 결정하여라."고 말씀하셨다.

  나는 선생님의 질문 개진 방법을 좋아한다. 선생님은 "벤, 나는 네가 충분한 능력이 있다고 생각한다. 그러므로 과학경진대회에 어떤 프로젝트를 내놓겠느냐?"라고 말씀하지 않았다. 선생님의 그 방법은 "네가 훌륭하게 일을 해낼 수 있다고 선생님은 믿는다."는 말로 들렸다. 선생님은 또한 내가 당연히 어떤 프로젝트를 원하고 있는 것으로 생각하여 멋진 프로젝트를 만들어 내리라는 것을 조금도 의심하지 않았다(적어도 나에게는 그렇게 느껴졌다). 선생님은 나의 자존심을 세워 주기 위해 여러 가지로 애를 쓰셨다. 사실 선생님이 나의 능력을 인정해 주셨기 때문에 나도 내 능력의 실존을 믿을 수 있었다.

  나는 선생님의 수업시간을 통해 여러 자료들과 참고서들을 포함하여 내가 필요로 하는 것들을 기꺼이 제공해 주고 또한 프로젝트를 수행하는데 도움이 되는 많은 수고를 아끼지 않았다는 점을 잘 알고 있다.

맥코터 선생님은 자신이 제안한 프로젝트들에 대해 내가 실험해 온 것들을 철저하게 관찰한 다음, 즉시 나로 하여금 다른 학생들을 위해 그 실험들을 종합하게 했다. 선생님은 거기에서 멈추지 않았다. 나를 물리 선생님과 화학 선생님께 데리고 가서 그 두 분께 이렇게 소개했다. "선생님들도 벤과 알고 지내셔야 합니다. 벤은 선생님들의 실험 준비를 도와줄 수 있습니다. 선생님들은 원하는 것을 한 번만 벤에게 말하면 됩니다. 그러면 다 해결이 되니까요." 나는 선생님의 추천으로 다른 실험실에서도 여러 가지 실험들의 준비를 돕기 시작했다.

이러한 모든 것 - 실험을 해 볼 수 있는 기회들로부터 시작해서 선생님의 구두 평가에 이르기까지 - 은 내가 과학적인 기술들에 대한 강력한 감각을 갖는데 많은 도움을 주었다. 나는 더욱더 과학 분야에 대한 나의 능력에 대해 자신감과 확신감을 갖기 시작했다. 선생님은 바로 그러한 확신을 나에게 심어 주셨다.

나는 특별한 느낌 - 너는 재능이 있어. 너는 참으로 특별한 아이야. 우리 반에 너 같은 학생을 두게 돼서 기쁘다와 같은 말 뿐만 아니라 행동으로 가르치시는 선생님 앞에서 학생들이 느끼게 되는 감정들 - 의 중요성을 과소평가하는 것을 원하지 않기 때문에 선생님은 나에게 훌륭한 멘토였다고 생각한다.

훌륭한 선생님만이 학생들을 위해 그렇게 할 수 있다. 학생들의 수가 천여 명 혹은 그 이상이 되면 대부분의 선생님들은 학생들을 개인적으로 대하기가 무척 어렵게 된다. 그러나 나는 그것도 가능

2026 멘토링 시스템 다이어리

MEN+ORING Plus

EASY & SMART
속지 교체가 쉽고! 스마트한!
"시스템 다이어리"

플러스 쿠션표지

CONFIDENCE IN TEXTILES
Tested for harmful substances
according to Oeko-Tex® Standard 100
12.HCN.14819 HOHENSTEIN HTTI
100% 친환경 인증!

빛나는 멘토에게 꼭 필요한 아이템!

목회자용 / 사역자용 / 교사용 / 목자용 / 찬양대용 / 소그룹용

◆ 전제품 리필이 가능한 시스템(O링) 표지!
◆ 친환경/무독성 원단과 다양한 컬러의 표지 선택 가능!
◆ 다음 해에는 속지세트만 별도 구입 교체 가능!
◆ 1년 내내 프리노트256 추가 별도 구입 가능!

특전! 20부 이상 구입시 ★교회·단체명 무료 인쇄 ★넉넉한 프리노트 세트 증정

솔라피데 SolaFide

경기도 파주시 문발로 123 T. 031-992-8691 F. 031-955-4433 E. vsbook@hanmail.net
전국 기독교서점과 온라인서점과 종합문고에서 교회 및 단체 주문과 낱권 구입이 가능합니다!

MEN+ORING Plus

속지를 "쉽게" 교체할 수 있는 스마트한 **시스템 다이어리**

HOW TO USE

❋ **내 마음대로 내지 순서 교체 가능!**
시스템(O링)다이어리로 속지의 순서를 나에게 맞게 교체할 수 있어요!

❋ **쿠션형 고급표지로 그립감이 좋은, 친환경 / 무독성 고급원단 사용!**
플러스 표지 전체를 쿠션형 고급표지로 구성하여 그립감이 좋고,
친환경 / 무독성 고급원단을 사용하여 안전하고 깔끔하게 사용할 수 있어요!

❋ **속지세트 별도 구입 가능!**
속지세트만 구입하여 교체하면, 올해 표지는 다음 해에도 다시 쓸 수 있어요!

❋ **안쪽 포켓의 다양한 활용!**
플러스 표지 안쪽에 있는 다양한 5개의 포켓에 스마트폰, 신용카드, 지폐, 상품권, 명함, 서류 등을 간편하게 휴대, 보관할 수 있어요!

❋ **넉넉한 프리노트 구성!** `프리노트256 별도 구입 가능`
프리노트(설교/기도/QT/전도/감사노트 등 다양하게 필기)가 부족하면 1년 내내 별도 구입하여 원하는 곳에 끼워서 넉넉히 사용할 수 있어요!

❋ **My Bucket List : Things to do before I die!**
올해 마이 버킷 리스트 페이지를 잘 기록하여 그대로 내년도 **멘토링다이어리**에 옮겨주세요!

MENTORING PLUS (대-8공링)

NEW 플러스(대) 스카이 `쿠션형표지`		18,000원
플러스(대) 사파이어 `쿠션형표지`		18,000원
클래식(대) 투톤샤인 `자석표지`		15,000원
클래식(대) 투톤블루 `자석표지`		15,000원
플러스/클래식(대) 공용 속지세트 (리필용) `프리노트 추가 증정`		9,000원
플러스/클래식(대) 공용 프리노트256 (리필용)		9,000원
클래식(대) 선물용 `프리노트 추가 증정`		15,000원

MENTORING PLUS (중-6공링)

NEW 플러스(중) 스카이 `쿠션형표지`		12,000원
플러스(중) 사파이어 `쿠션형표지`		12,000원
플러스(중) 프리노트256 (리필용)		6,000원
플러스(중) 속지세트 (리필용)		6,000원
스탠다드(중) 투톤샤인 `자석표지`		9,500원
스탠다드(중) 메리골드 `자석표지`		8,500원
스탠다드(중) 속지세트 (리필용) `프리노트 추가 증정`		4,000원
스탠다드(중) 프리노트256 (리필용)		4,000원
스탠다드(중) 선물용 `프리노트 추가 증정`		9,000원

속지 크기(mm) - 플러스/클래식(대) 147x220   플러스(중) 123x186   스탠다드(중) 109x170

성경적 세계관의 틀과 문화를 도구로 다음 세대를 세우고, 스토리story가 있는, 하브루타chavruta 학습법의 **토론식 성경공부 교재**

삶이 있는 신앙 시리즈

유년부(초1~3), 초등부(초4~6), 중등부, 고등부 1 · 2 · 3년차 – 1 · 2분기 / 3 · 4분기 각권 5,000원

성경적 시각으로 포스트모던시대를 살아갈 힘을 주는 새로운 교회/주일학교 교재!

- ✦ 다른 세대가 아닌 다음 세대 양육
- ✦ 가정에서도 실질적인 쉐마 교육 가능
- ✦ 원하는 주제에 따라서 권별로 주제별 성경공부 가능
- ✦ 3년 교육 주기로 성경과 교리에 대한 기본적인 이해가 가능하도록 구성(삶이 있는 신앙)

"토론식 공과는 교사용과 학생용이 동일합니다!" (교사 자료는 "삶이있는신앙" 홈페이지에 있습니다)

토론식 공과(12년간 커리큘럼) 전22종 발행!

기독교 세계관적 성경공부 교재   고신대학교 전 총장 **전광식**
신앙과 삶의 일치를 추구하는 토론식 공과   선산교회 담임목사 **이재섭**
다음세대가 하나님 말씀의 진리에 풍성히 거할 수 있게 될 것을 확신   총신대학교 명예교수 **신국원**
한국교회 주일학교 상황에 꼭 필요한 교재   브리지임팩트사역원 이사장 **홍민기**

✓ 『삶이있는신앙시리즈』는 "입문서"인 1권을 먼저 공부하고 "성경적 세계관"을 정립합니다.
✓ 토론식 공과는 순서와 상관없이 관심있는 주제의 교재를 선택하여 6개월씩 성경공부를 할 수 있습니다.

크리스천 에센셜 시리즈
CHRISTIAN ESSENTIALS

『크리스천 에센셜 시리즈』는 기독교의 중요한 전통을
전달하고자 한다. 초대교회는 사도신경, 주기도문, 십계명,
세례, 하나님의 말씀, 교회, 성찬, 그리고 공예배와 같은
기본적인 성경적 가르침과 실천을 바탕으로 세워졌다.
이러한 기독교의 기초 전통들은 사도시대부터 현 시대에 이르기까지
바른 신앙의 모든 세대를 아우르며, 지탱하고, 든든히 세워 왔다.
『크리스천 에센셜 시리즈』에서 계속 선보이는 책들은
우리 "신앙의 본질"에 대한 의미를 풍성히 묵상하게 한다.

전집 : 값 60,000원 / 낱권 : 각 12,000원

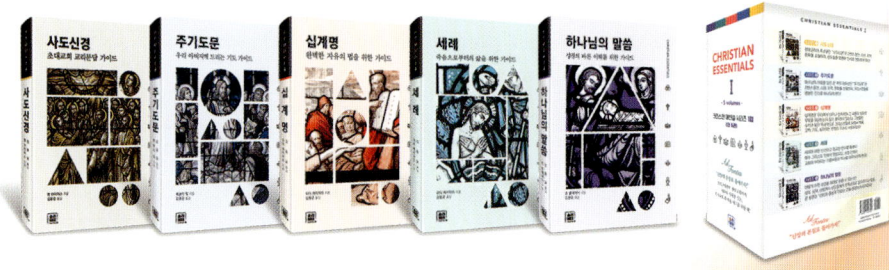

시리즈 ①　사도신경　초대교회 교리문답 가이드　벤 마이어스 지음
성경교리의 축소판인 "사도신경"은 2천년 동안, 시대, 지역, 문화를 초월하여,
성도들을 영원한 진리로 연합하게 한다!

시리즈 ②　주기도문　우리 아버지께 드리는 기도 가이드　웨슬리 힐 지음
예수님의 마음을 담은 한 폭의 자화상인 "주기도문"은 2천년 동안, 시대, 지역, 문화를 초월하여,
크리스천들을 영원한 진리로 하나되게 한다!

시리즈 ③　십계명　자유롭게 하는 온전한 율법 가이드　피터 레이하트 지음
십계명은 우리에게 너무나 친숙하여 그 내용이 실제로 무엇을 의미하는지 깊이 생각하지 않는다.
그것들은 수천년 동안 역사적으로 크리스천들에 의해서 예배, 고백, 기도,
심지어는 민법의 기초로 사용되었다!

시리즈 ④　세례　죽음에서 생명으로 인도하는 성례 가이드　피터 레이하트 지음
세례에 대한 신선하고 정교한 연구를 통해서 예수 그리스도 안에서 연합되고,
성령 안에서 교회에 부어지는 기름부음의 역사를 이루어지게 한다!

시리즈 ⑤　하나님의 말씀　성경, 거룩한 말씀으로 인도하는 가이드　존 클레이닉 지음
어떻게 하면 성경을 제대로 읽을 수 있는가? 성부, 성자, 성령께서 성도들에게
한목소리로 들려주시는 말씀, 곧 성경이 "신앙의 중심축"이라는 것을 분명하게 보여준다!

시리즈 ⑥　교회 (근간)　　**시리즈 ⑦　성찬** (근간)　　**시리즈 ⑧, ⑨, ⑩** 계속 발간 예정

 경기도 파주시 문발로 123　T. 031-992-8691　F. 031-955-4433　E. vsbook@hanmail.net
전국 기독교서점과 온라인서점과 종합문고에서 교회 및 단체 주문과 낱권 구입이 가능합니다!

하다는 사실을 알고 있다. 선생님이 그렇게 하셨기 때문이다. 선생님이 나를 믿어주었기 때문에 나는 내가 재능을 지녔음을 알게 되었다.

선생님은 또한 훌륭한 성품을 지니고 계신 분이었다. 나는 성장해 가면서 그것을 느낄 수 있었다. 나는 어떤 문제라도 생기면 선생님에게 찾아가 상의하고 싶은 생각이 들었다. 선생님은 나의 문제들을 해결하느라 계획에 차질이 생긴다 할지라도 나의 이야기를 들어주시곤 했다. 나는 그토록 깊은 관심을 보여 준 분을 아직 만나 본 적이 없다. 그러므로 그 점에 대해 나는 늘 선생님께 감사드린다.

나의 인생에 있어서 세 번째 스승은 고등학교 밴드부를 지휘하신 레뮤얼 독스(Lemuel Doakes) 선생님이다. 나는 초등학교 이래로 밴드부에서 생활해 왔지만 고등학교 1학년 때에 비로소 선생님을 만나게 되었다. 보스턴 교구 학교에서의 2년을 제외하면 선생님은 나에게 최초의 흑인 남자 선생님이셨다. 그는 보통 키에 마치 보디빌딩을 한 사람처럼 보였다.

나는 선생님의 훌륭한 자질들을 여러 가지로 나열할 수 있지만 무엇보다도 허튼소리를 하지 않는 분이었기 때문에 좋아했다. 나는 나중에야 선생님이 훌륭한 유머 감각을 가졌지만 음악적으로 우리가 최선을 다하는 일에 방해되는 것은 그 어떤 것도 허용하지 않았다는 사실을 알게 되었다.

선생님은 음악에 열심을 가지고 있었음은 물론 음악을 잘 알고 있었디. 옴악의 역사나 작곡가늘에 대해서도 잘 알고 있었고 모든 악기들을 연주할 수도 있었다. 선생님은 음악가요, 동시에 교사로서 탁월한 재능을 지니고 있어서 잠자고 있는 우리들의 능력들을 흔들어 일깨우는 방법을 알고 있었다. 선생님은 여러 말을 사용하지 않고서도 우리로 하여금 생각하게 만드는 능력을 지니고 있었다. "자, 봐요. 나는 그것을 할 수 있어요. 만약 내가 할 수 있다면 여러분도 할 수 있는 거예요." 라고 말씀하곤 했다. 내가 최선을 다하는 것을 삶의 원리로 살아가는 사람을 만난 적이 있다면 그 사람은 바로 레뮤얼 독스 선생님이라고 말 할 수 있다.

선생님이 사우스웨스턴고등학교에 오셨을 당시, 우리 밴드부는 특히 악대 행진에서 정말 형편없었다는 점을 분명히 말할 수 있다. 그러나 그러한 것은 선생님에게 아무런 문제가 되지 않았다. 선생님은 "나는 여러분이 지금까지 어떤 사람이었든지 상관하지 않습니다. 지금부터 여러분이 추구하고자 하는 것은 디트로이트 시에서 나아가 미시간 주에서 아니 미국에서 최고의 행진 음악대가 되는 것입니다." 라고 말씀하셨다.

그 밖의 다른 점에 대해서는 뭐라고 말할 수 없지만 우리는 그분으로 인해 우리도 최고가 될 수 있다는 점을 - 아니 일단 그분이 가르치기만 하면 우리는 최고일 것이라는 점을 - 믿게 되었다. 선생님은 일 년 사이에 그 형편없는 밴드부를 일류의 행진 음악대로 끌어 올리셨다.

선생님은 그 도시의 최고의 밴드부와 효과적으로 경쟁을 하게 했다. 내가 고등학교 2학년 때, 우리 밴드부는 전몰장병 추도기념행진 (Memorial Day Parade) - 우리들에겐 너무나 큰 영광이었다 - 에 선발되었다. 나는 그 이후로도 내 인생의 자랑스러운 순간을 몇 번 더 맞게 되었다. 그러나 그날의 행진보다 더 큰 행복감과 자신감을 안겨 준 순간은 결코 없었다. 선생님은 우리 모두가 훌륭한 인물이 되도록 하신 분이다. 그분은 우리가 적당히 하며, 중간 수준에 안주하는 것을 용납하지 않으셨기 때문이다.

선생님은 자주 "여러분은 역시 최고예요. 그래서 나는 여러분을 이 행진 밴드부의 일원으로 원하는 겁니다. 여러분은 늘 최선을 다하기 때문에 여기 있는 겁니다. 여러분은 정말 재능이 있기 때문에 나는 여러분이 그 재능을 개발하도록 도우려고 합니다. 지금 이 순간에도 나는 여러분이 가진 재능들을 보고 있습니다. 나는 여러분이 얼마나 훌륭한 사람이라는 것을 알 때까지 여러분 곁에 머무를 겁니다. 여러분이 바로 그것을 알 때, 다른 모든 사람도 그것을 알게 될 것입니다." 라고 말씀하셨다.

지휘자 선생님의 그러한 말씀들이 진정 힘이 되었는가? 아마 그랬을 것이다. 그러나 그것은 용기를 갖게 하는 말 이상의 것이었다. 선생님은 진실로 우리에 대해 자신이 한 말을 믿고 있었다는 사실을 알게 되었다. 그리고 언제나 우리에게 좀 더 잘 할 수 있다는 생각을 불어 넣었다. 선생님은 우리가 완전하게 행하지 못할 때도 나무라거나 불평하지 않았다. 나는 이 점이 늘 기뻤다. 그리고 언제나 우리가 좀 더 열심을 내도록 격려하셨다.

선생님은 내가 원하는 만큼 잘하지 못할 때도 "너는 곧 그것을 완전하게 해 낼 거야, 벤. 지금도 매우 훌륭해. 이젠 거의 다 됐어. 단지 계속하기만 하면 돼," 라고 말씀하시며 머리를 끄덕이시고, 때때로 미소까지 보내셨다.

  그렇게 따뜻한 격려의 말을 들은 우리들은 선생님과 함께 무엇이든지 해낼 수 있었다. 나는 그분 때문에 집에서도 오랜 시간 연습하고 싶은 마음이 솟구쳤다. 나는 여러 아이들로 하여금 대단한 성취를 이루게 하는 그분의 능력에 크게 감명을 받았기 때문에 그분이 이 세상에서 가장 훌륭한 밴드부 지휘자라고 확신했다.

  선생님은 내 인생에 또다른 일을 하셨다. 나는 그 일에 대해서 늘 감사드린다. 나는 형 커티스가 이미 클라리넷을 가지고 있었기 때문에 초등학교에서 클라리넷 연주 학습을 시작했다. 그리고 나서 코넷으로 바꾸었다. 어느 날, 선생님이 다가오시더니 "벤, 바리톤 연주를 배워보지 않겠니? 넌 바리톤을 잘 불 수 있을 것 같구나." 라고 말씀하셨다.

  나는 곧 그것으로 바꾸었다. 과연 그분의 말씀이 옳았다. 나는 쉽게 바리톤을 연주할 수 있었다. 나는 왜 선생님이 나로 하여금 다른 악기를 배우도록 했는지 알 수 없지만 선생님이 어떤 것을 제안할 때마다 그것을 명령처럼 따랐다. 나는 일을 멋지게 해낼 때마다 강력한 자기 성취감을 얻을 수 있다는 자신감을 갖기 시작했다.

  그러나 모든 학생이 나와 같은 느낌을 갖지는 않았다. 나는 특별히 우리가 어떤 곡을 거듭거듭 반복했던 날을 기억하고 있다.

  "우리는 이 곡을 수백 번이나 반복한 것 같아." 드럼 연주자가 말했다.

  "그는 노예 감시인 같아." 친구 중 한 명이 말했다.

  "맞아, 그는 링컨이 노예를 해방한 줄도 모른 것 아냐?" 제2트럼펫 연주자가 말했다.

 나도 역시 그 아이들과 같은 말을 하고 싶었지만 선생님께 거스른 어떤 말도, 심지어 농담 한 마디도 할 수 없었다.

 아이들 사이에는 항상 불만이 존재했다. 선생님은 아마 학생들이 무슨 말을 하는지 알고 있었을 것이다. 아마 그런 말들을 예상하고 있었는지도 모른다. 그러나 선생님은 우리에 대한 엄한 태도를 완화시키지 않고, 늘 "여러분은 그것을 더 잘 할 수 있어요. 그리고 여러분은 그것을 완전하게 해낼 수 있을 거예요!" 라고 말씀하시곤 했다.

 한번은 특별 행진을 여러 시간 동안 연습한 후에 친구 중 한 명이 "우리 이 정도면 매우 훌륭한 거 아냐?" 라고 말했다. 그러자 선생님은 한참 동안 그를 쳐다보더니 이렇게 말씀하셨다. "매우 훌륭한 것과 완전한 것과는 달라요. 그러므로 완전하지 않다면 그것은 훌륭한 것이 아니에요. 다시 한번 해 봐요."

 선생님은 내가 상당한 음악적 재능을 지니고 있음을 알아차리고 자주 나를 격려해 주셨다. 그러나 선생님은 온갖 격려와 완벽함을 요구하였음에도 불구하고 우리들이 너무 장시간 연습하는 것을 허용하지 않고 우리로 하여금 학과 공부를 하게 하셨다. 선생님은 나와 다른 학생들이 계속해서 교육을 받도록 고무시켰을 뿐만 아니라 선생님도 박사 학위를 받을 때까지 공부에 전념하셨다.

 우리가 전몰장병추도기념행진에 출전하기 직전, 내가 매우 어려운 상황에 처했음을 깨달았다. 나는 엄청난 시간이 요구되는 과학 프로젝트를 맡고 있었다. 그러므로 그 프로젝트를 추진하기 위해 남아 있어야 할 것인지, 아니면 밴드부 경연을 위한 연습에 시간을 보내야 할 것인지 결정할 수가 없었다. 내가 그 문제를 선생님께 이야기를 했는지 아니면 그분이 그런 상황을 알아차리셨는지 기억할 수는 없지만 선생님은 나를 한쪽으로 부르신 다음 이렇게 말씀하셨다. "벤, 너는 오늘 충분히 연습을 했다. 이제 가서 너의 다른 일들을 하거라."

이것은 나에게 무척 인상적인 일이었지만, 그분은 내게 더욱 인상적인 다른 일도 하셨다. 미시간 주에는 재능 있는 학생들을 위한 특별한 "하계 장기 음악 프로그램"이 있다. 이 프로그램에 참여하기 위해 재능 있는 학생들은 미리 자신들의 밴드부 지휘자의 추천과 꽤 높은 평점을 제시해야 하고 악기도 능숙하게 연주할 수 있어야 한다. 참가 자격을 얻은 학생들은 그 유명한 하계 인터로첸 뮤직캠프(Interlochen Music Camp)에 참여하게 된다. 이 재능 있는 음악가들은 확실한 교육을 받은 후에 대륙 횡단 여행을 하며, 유명한 지휘자 아래서 연주하게 된다.

이 프로그램은 참가 자격을 따낸 학생들을 지도한 모든 밴드부 지휘자들에게도 대단한 영광이 되는 것은 두말 할 필요도 없다. 내가 고등학교 2학년 때, 독스 선생님은 인터로첸 장학제도와 이 제도의 중요성 그리고 학생들에게 주어지는 참으로 가치 있는 훈련 등에 대해서 전체 밴드부대원들에게 이야기해 주셨다. 선생님은 참가 자격에 대한 규칙을 설명한 후, 이렇게 말씀하셨다. "여기 사우스웨스턴고등학교에는 4명의 적격자가 있어요. 그 사람들은 바로..." 선생님은 한 명씩 우리의 이름을 발표했고, 호명이 끝나자 격려의 박수가 터져 나왔다. 나는 선생님이 나를 그 4명의 적격자 중 한 사람으로서 충분한 자격을 인정해 주셨다는데 자부심을 느끼며 열심히 노력했다. 나는 밴드부 연습 시간이 끝난 후, 그 장학제도에 관해 선생님에게 자세한 정보를 요청했다. 나는 선생님의 모든 이야기를 듣고서 더욱더 이 경연에 대해 흥분을 감출 수가 없었다.

"선생님은 제가 충분한 자격이 있다고 생각하세요? 제가 우승할 수 있다고 생각하세요?"

"그래, 벤. 나는 네가 충분한 자격이 있다고 생각한다. 그것에 관해 더 이상 아무런 의심도 없다." 라고 말씀하셨다.

"그러면 선생님께선 절 추천하시겠네요?"

선생님은 천천히 머리를 가로 저으며 말씀하셨다.

"난 널 추천할 수 없다. 널 추천하는 건 옳지 못한 것 같아."

"하지만 선생님께선 방금 말씀하셨잖아요."

"벤, 너는 네 학과 공부를 참 잘하고 있더구나. 나는 우연히 네가 모든 학과목에서 반의 1등이라는 것을 알게 되었다. 그리고 너는 나에게 의사가 되고 싶다고 말해 왔다. 이것이 바로 네가 원하는 것이 아니냐? 그렇지?"

"예, 맞아요."

"그렇다면 이 장학제도는 너에게 적절하지 못하다. 너는 어느 하나만을 선택해야 돼."

나는 선생님의 거절의 말을 믿을 수가 없어 빤히 쳐다보았다.

"선생님, 제가 해 볼게요. 전 두 가지 다 할 수 있을 거예요. 저는 학과 공부도 열심히 할 수 있고, 음악도 열심히 할 수 있어요."

이 말에 선생님은 매우 현명한 대답을 하셨다.

"안 돼, 벤. 인터로첸은 극도의 노력이 요구되는 프로그램이야. 아마 너의 모든 시간과 열정을 빼앗아 가 버릴 거야. 넌 어느 하나만을 선택해야 돼. 너는 분명히 지금까지 과학과 의학 분야에 많은 경험을 쌓아왔어. 음악 장학제도 대신 과학과 의학 분야에 집중해야 돼."

"고맙습니다. 선생님. 무슨 말씀이신지 잘 알겠습니다."

나는 애써 실망감을 떨쳐버리며 말했다. 나는 그 장학제도를 원했었다. 그러나 선생님과의 면담을 마치고 나오면서 나는 선생님의 말씀이 옳다는 것을 인정해야만 했다. 어쨌든 이것은 내가 언젠가는 선택을 해야만 할 문제였다. 바로 그 문제를 해결하도록 나를 도와준 것이다. 곧, 그 실망감은 진짜 행복감으로 바뀌었다.

나는 16세의 순진한 아이였으므로 선생님이 얼마나 나를 위했는지 깨닫지 못했다고 생각한다. 나는 자신의 유익보다 나에게 더욱 관심을 쏟은 사람을 어머니 외에는 아무도 알지 못하고 있었던 것이다. 나는 그러한 선생님의 이타적 행동으로 말미암아 레뮤얼 독스 선생님을 위대한 인물로서 존경하게 되었다.

예일대학교에서는 내게 조언을 해 주는 사람이 아무도 없었다. 그러나 나는 혼자의 힘으로 잘 헤쳐 나갔다. 거의 천여 명의 학생들과 어깨를 나란히 하는 일은 결코 쉽지 않은 일이었다. 특히 학문적으로 매우 명철하고 뛰어난 학생들과 견주기란 더욱 힘든 일이었다.

그러나 교회를 통해 다른 멘토들이 나타났다. 내가 예일대학교에서 공부하는 동안, 특히 대학 1학년 때, 교회를 통하여 내가 필요로 하는 안정된 힘을 공급받게 되었다. 나는 매주마다 교회에 출석했다. 그때 나는 처음으로 집을 떠나 생활하고 있었는데 바로 그 공동체에서 한 식구 같은 형제와 자매들을 만나게 되었다. 또한 예배가 끝나면 거의 매주 같은 방 친구인 래리 해리스(Larry Harris)와 나는 어떤 사람의 집에 초대되어 저녁 만찬을 먹곤 했는데 이것은 나에게 대단히 뜻깊은 것이었다. 나는 이 일을 통해 집과는 멀리 떨어진 곳에 또 하나의 가정을 갖게 된 것 같은 느낌을 받았다.

나는 성가대에 가입했다. 이 성가대는 금요일 밤에 연습을 했다. 주말에는 기숙사에 남아있는 학생들이 거의 없었기 때문에 나는 금요일 밤과 토요일에는 교회로 자리를 옮겼다. 그러나 그 곳은 단순한 자리 이동 이상의 의미를 갖고 있었다. 성가대 연습은 확실히 재미가 있었다. 나는 결코 그렇게 깊은 교제와 우애의 감정을 경험해 본 적이 없었다. 우리는 인기 가수들을 흉내 내기도 하고, 서로의 음악을 격려도 해 주면서 농담을 주고받았다. 때때로 어떤 사람들은 마치 자기가 카루소(Caruso, 이탈리아의 테너 가수)인척 노래하기도 하고 또 어떤 사람들은 가성을 사용해 노래함으로써 우리들을 웃기기도 했다.

그렇게 즐겁게 지낸 것만큼 우리는 또한 성가 연습에도 많은 노력을 기울였다. 성가대 지휘자인 오브리 톰킨즈(Aubrey Tompkins)가 웅대한 음악을 좋아했기 때문이다. 그는 자기가 좋아하는 곡 중에서 어렵기는 하지만 뛰어난 성가곡을 늘 우리에게 강권했다. 사람들은 거의 음악적 훈련이 없어도 성가대 가입이 허용되었다. 그러므로 누구나 다함께 연습에 참여하여 곧 그 웅대한 음악을 감상하고 또한 배워서 부르게 되었다.

톰킨즈는 조언자로서, 아버지 같은 인물로서 그리고 영적 의미들을 가르쳐 주는 멘토로서 나의 인생의 중요한 영역들을 메워나갔다. 참으로 중요한 것은 그가 진정으로 나를 위해 많은 수고를 아끼지 않았다는 점이다. 나뿐만 아니라 나와 같은 방 친구인 래리 해리스도 역시 차가 없었기 때문에 지휘자는 성가대 연습을 위해 우리를 차로 데리러 왔고, 성가대가 끝나면 다시 데려다 주었다.

때때로 라비나 해리스(Lavina Harris)라는 상냥한 부인(우리는 그녀를 해리스 누나라고 불렀다.)은 우리를 위해 피아노를 연주해 주었다. 그녀는 매우 다정했으며, 나는 그녀의 이야기 듣는 것이 즐겁고 재미있었다. 그녀는 클래식조차도 일종의 재즈를 감쪽같이 집어넣어서 연주했다.

우리는 연습이 끝나면 곧장 집으로 돌아오지 않고 자주 그의 집에 가서 그의 최신 레코드판을 감상했다. 그는 우리를 위해 아이스크림과 과자들을 마련해 주곤 했다. 어떤 때는 다른 사람들이 다 떠나고 나면, 그는 피아노나 오르간에 앉아 래리와 나 둘만을 위한 연주를 하기도 했다. 우리는 종종 따라 부르기도 했다. 어떤 특별한 일이나 계획된 일은 없었지만 조그마한 여가 시간도 우리와 함께 하므로 래리와 나에게 지극한 관심을 보여준 그의 사랑은 나에게 커다란 영향을 주었다.

나는 오브리 톰킨즈를 나의 멘토 중의 한 사람으로 생각하지 않을 수 없다. 나에 대하여 지극한 관심을 쏟고 내가 누군가와 대화가 필요할 때, 기꺼이 나의 이야기를 들어준 사람이기 때문이다. 그는 나로 하여금 음악을 사랑하고, 그 음악에 헌신한 사람이지만 그 음악보다 훨씬 더 중요한 것은 인간임을 깨닫게 해 주었다.

이들 첫 번째 나의 인생의 스승들은 - 네 명 모두 교사 - 모두가 나의 인생에 지대한 영향을 끼친 사람들이다. 내가 본 장의 서두에서 언급했던 것처럼 진실로 자수성가한 사람이란 없다. 오늘날 내가 누구이며 어떤 사람인가는 하나님께서 나의 인생에 보내주신 사람들로서 잭, 맥코터, 독스 그리고 톰킨즈 선생님을 통해 이들이 최선을 다하는 모습을 보고, 나도 역시 최선을 다하는 것을 배울 수 있었다

4
의학을 가르쳐 준 스승들

정신은 채워야 할 그릇이 아니라 점화될 불꽃이다.

플루타크(Plutarch)

많은 스승들이 최선을 다하도록 도전을 주셨다. 아마 나의 인생의 방향에 지대한 영향을 미치고도 그런 사실을 알지 못하는 분들을 스승이라 말하는 것은 적절한 표현이라고 할 수 없을 것이다.

그러나 나의 의학 교육에 관계했던 그 고마운 분들에 대해서는 그것이 가장 적절한 표현이라고 하지 않을 수 없다. 어떤 분들은 거의 본능적으로 그렇게 하셨다. 그분들은 아주 자연스럽게 자신들의 가장 귀한 것을 대부분 전해 주셨다. 나는 그분들의 말씀과 더불어(때로는 말씀이 없어도) 여러 가지 행동에 많은 자극을 받았다.

첫째로, 의학기술과는 직접적으로 관련이 없지만, 스승이라 부르고 싶은 분은 미시간대학교(Michigan) 의과대학원 보직교수 중의 한 분이신 신경외과의사 제임스 타렌(James Taren) 박사이다. 나는 환자와 신경질환 과정에 대한 임상의학을 다룬 그분의 뛰어난 강의를 듣고 놀라지 않을 수 없었다. 나는 그분의 강의를 통해 신경외과 의사가 할 수 있는 일에 매료되었다. 더욱이 그분의 교훈으로 인해 내가 몸소 할 수 있는 일들을 깨닫기 시작했다.

타렌 박사는 당시 40대로서 약 175cm의 키에 상당히 마른 편이었고 붉은 갈색 머리의 소유자였다. 최신 유행의 의상을 즐겨 입는 멋쟁이였고, 재규어(Jaguar)를 몰고 다녔다. 그분에게 가장 잘 어울리는 수식어는 아마 "화려함"이라는 단어일 것이다.

한번은 임상의학 강의 중에 타렌 박사는 진행성 운동장애로 인해 신체의 기능이 마비된 어떤 여인을 예로 들었다. 그녀는 계속해서 병이 악화되었다. 그래서 타렌 박사는 영화 프랑켄슈타인에 나오는 것 같은 특이한 형태의 골격과 기능장애를 초래할지도 모른다는 논란이 계속되고 있는 매우 위험한 수술 절차를 밟기로 결심했다. 외과의사는 바로 이 절차를 이용하여 인접한 세포조직을 상하게 하지 않고 장애를 유발시키는 뇌의 특정한 부분들을 정확하게 수술해 낼 수 있기 때문이다.

설명이 끝나자 어떤 학생이 이렇게 질문했다.

"하지만 너무 위험하지 않습니까? 환자가 죽을지도 모르잖아요."

그러자 타렌 박사는 대답했다.

"확실히 위험한 수술입니다. 그렇지만 아무 일도 하지 않는 것보다는 차라리 한 가지라도 시도해 보아야지요."

나는 그 말에 깊은 감명을 받았다. 당시에는 그 말의 영향력을 느낄 수 없었지만 어려운 문제에 직면하게 되자 자주 그 말이 기억나 곤 했다. 내가 처음으로 뇌반구 절제수술을 시작했을 때만 해도 모든 부모들은 수술을 하면 아이가 죽을 수도 있다는 사실에 직면해야만 했다. 그 순간마다 타렌 박사의 말이 마음속에서 메아리쳤다. "아무 일도 하지 않는 것 보다는 차라리 한 가지라도 시도해 보아야지요."

매 경우마다 부모들은 기꺼이 승낙했다. 근치수술(Radical)을 진행하지 않으면 그 아이는 죽게 되기 때문이었다.

나는 8살 때부터 의사가 되길 원했지만 어느 분야를 전공해야 할지 몰랐다. 한 때 정신의학 및 다른 분야들에 대해서도 여러 번 생각해 보았고, 일반 개업의가 될 생각도 해 보았다. 그러나 일단 제임스 타렌 박사의 학문적 영향을 받게 되자 그 문제는 해결되었다.

타렌 박사는 결코 나에게 신경외과의사가 되라고 강요하지는 않았다. 그러나 나는 그분의 일하는 방법이나 설명을 통해 많은 영향을 받게 되었다. 타렌 박사는 의과대학원 3, 4학년 동안 나의 지도교수가 되었다.

나는 타렌 박사와 특별히 친밀한 관계라고 생각지는 않는다. 사실 나는 그분을 존경했고, 그분이 나의 이름을 알고 있다는 사실만으로도 어떤 특권의식을 느꼈다. 그분은 내가 신경외과 분야 순환 실습을 두 번씩이나 수료했고(그것은 좀 특이한 일이었다.) 두 번 다

우수한 성적을 거두었으므로 나에 대해 - 신경외과의 모든 사람이 나에 대해 알고 있듯이 - 알고 있었다.

　나는 신경외과 분야에 대한 서적을 오랜 시간 탐독하며 많은 질문도 하고, 그 분야에 대해 해박한 지식을 갖고 있었다. 게다가 가능한 모든 것을 배우려고 노력 했다. 바로 이러한 점들 때문에 타렌 박사와 여러 사람들은 나에게 감명을 받은 것 같았다. 그들은 자주 "잘했어요." 또는 "훌륭해요." 라는 말로 내게 필요한 격려를 아끼지 않았다.

　제임스 타렌 박사는 내가 그분을 얼마나 높이 평가하는지를 아는지 모르지만 어쨌든 나는 그분을 멘토(Mentor)로 모신다. 나는 그분을 통해 신경해부에 관한 모든 것을 통달한 신경외과의사의 이상적인 대가의 모습을 볼 수 있었다. 나는 그분이 자신의 일하는 방법으로 누군가를 감동시키려 했다고는 생각지 않는다. 그분은 그분 나름대로의 독특한 특성을 지니고 있었다.

　타렌 박사는 신경외과의사가 되지 않았다 해도 역시 다른 모든 사람으로부터 존경받는 인물이 되었을 것이다. 나는 늘 보수주의자였지만, 열정적이고 실력 있는 유능한 타렌 박사를 존경한다.

　사람들 중에는 자신감이 자연스럽게 몸에 밴 사람들이 있다. 타렌 박사도 그런 사람들 중의 한 분이다. 그분을 옆에서 지켜보면 자신이 하는 일에 최선을 다하는 것을 보게 된다. 또한 그분의 자세나 태도를 통해서도 학생들이 자신과 똑같이 최선을 다해 주기를 기대한다는 것을 분명히 알 수 있다. 그분과 얼굴을 마주하거나 그분의 강의를 듣거나 그분과 수술실에서 함께 일할 때는 저절로 최선을 다하게 된다. 그래서 나는 타렌 박사를 몹시 존경하게 되었고, 지금도 변함이 없다.

시기적으로 그 다음에 만난 사람은 조지 우드바렐리(George Udvarhelyi)라는 분이다. 내가 존스홉킨스병원 신경외과 교육프로그램의 리더로 근무하고 있을 때, 그분을 처음 만났다. 그분은 은퇴한 신경외과 교수로서 의료센터의 교양업무를 관리하고 있었다.

조지는 존스홉킨스병원에서 나의 인턴 면접을 담당했으며, 나를 추천해서 그 프로그램에 참여시킨 분이다(나중에 안 사실이지만 매년 평균 125명의 지원자 중 2명의 학생만이 선택 되었다).

내가 존스홉킨스병원 조지의 사무실에 발을 들여 놓는 그 순간부터 그분과의 특별한 관계가 시작되었던 것 같다. 그 곳에 들어서자마자 편안한 분위기를 느낄 수 있었는데, 그것은 아마도 사무실의 우아한 장식 덕분이었던 것 같다. 하여튼 나는 진심으로 내 이야기를 듣기 원하는 사람과 대면하고 있다는 느낌을 갖게 되었다.

그날 이래로 지금까지 조지의 특징적인 면은 환자의 질병만큼 환자 자신에게도 관심을 보인다는 점이다. 인턴 기간 중 회진을 마치고 나면 조지는 부드러운 헝가리 사투리로 이렇게 질문하곤 했다. "환자에 대해 무얼 알았나요?" 우리는 처음 한두 번은 아무도 그분의 질문을 이해하지 못하여 우리가 진단한 것만을 늘어놓기 시작했다. "아니, 아니, 그게 아니에요." 라고 말을 가로막았다. 그것은 질병에 관해 질문한 것이 아니었다. "이 사람은 무슨 일을 하지요? 그의 직업은 무엇이지요?"

나는 결코 이 질문들을 잊을 수가 없다. 침대에 누워있는 사람은 환자이기 이전에 고유한 이름이 있고, 병동 외부의 삶이 있는 인간인 것이다.

탁월한 의사인 그분은 인도주의적인 치료를 계속 강조했다. 환자도 가능한 한 안정감을 갖고 일의 진행 상황을 알고 있어야 하고, 또한 의사결정 과정에서 자기의사를 주장할 수 있도록 해야 한다고 역설했다.

조지가 레지던트들과 대화할 때면 자주 다음과 같은 일이 있곤 했다. 누군가가 "시간이 다 되었습니다(근무 시간이 끝났다는 의미)."라고 말하면 그분은 호통을 치시곤 했다. "무슨 말이야? 퇴근하겠다고? 환자는 곤경에 처해 있는데... 퇴근은 없어. 환자를 돌보아야 해. 가장 중요한 사실이니 명심하도록 하시오."

우리는 아무도 그 말에 대꾸할 수가 없었다. 조지는 정확하게 자신의 생각을 피력하며 그것을 우리에게 주지시키고자 했다. 그분은 때때로 즉석 강의로 우리가 환자를 위해 존재하기 때문에 우리의 일정에 맞춰 환자를 치료할 수 없다는 점을 환기시켰다. "여러분은 환자들에게 봉사하려고 여기에 있다는 점을 명심하기 바랍니다."

한번은 조지가 긴 연설을 하게 되었다. 조지는 연설 중 당직 근무로 매우 피곤에 지친 한 레지던트를 주시하고 있었다. 조지의 연설이 계속되자 그는 팔짱을 끼고 여러 번 졸았다. 그리고 마침내는 필기판을 가슴 높이까지 치켜 올리더니 그만 바닥에 떨어뜨리고 말았다. 그는 "포기 하겠습니다." 라고 말하고 나가 버렸다(그러나 나중에 그는 다시 돌아왔다).

내가 조지를 존경하는 만큼 몇몇 레지던트들은 그분을 못마땅하게 생각했다. 그것은 절대 최선을 강요하기 때문이었다. 그러나 나는 그 점 때문에 그분을 존경했다. 사실 그분은 우리가 환자를 치료할 때, 어떤 경우든 우리의 소홀한 행동을 용납하지 않았다.

그분을 통해 또 한 가지 잊지 못할 감명을 받은 것이 있다. 그것은 환자를 위해 의사가 되기로 결심할 때, 우리는 전 인격적인 결정을 하고 있다는 것이다. 단지 편리할 때만 의사가 되는 것이 아니라 환자들이 나를 필요로 할 때는 언제나 그들을 위해 일하겠다는 무언의 맹세를 할 수 있어야 한다는 것이다. 그분은 "그렇지 않다면 병리학자나 되시오. 살아있는 생물을 다루지 않는 그런 사람 말이요." 라고 말하곤 했다. 나는 당시는 물론 그 후에도 그분의 말이 절대적으로 옳다고 생각했다.

회진이 있는 날이면 그분은 자주 철학적인 면을 거론했다. 그리고 시험 도중에도 갑자기 무슨 생각이 떠오른 듯 이렇게 말하곤 했다. "아리스토텔레스는 이와 같은 상황에 대해 무슨 말을 했을까요?"

레지던트들은 어리둥절해서 발끝을 내려다보거나 서로 힐끗힐끗 쳐다보기만 했다. "자, 그걸 좀 생각해 보세요." 그분은 우리의 의견을 이끌어 내기 위해 넌지시 몇 마디 말을 하곤 했다. 결국 대개는 우리들 중 한 명이 자신의 견해를 발표했다. 만약 아무도 반응하지 않으면 다소 시간이 걸린다 할지라도 우리에게 상세히 설명함으로써 그 질문을 마무리 지었다. 그리고 우리의 얼굴을 응시하면서 이렇게 묻곤 했다. "글쎄, 지금은 무슨 말을 할 수 있을까요? 여러분은 아리스토텔레스의 말에 동의하나요?" 그리고나서 우리의 대답을 기다렸다.

분명히 조지는 우리가 신중하게 모든 사람을 치료해 주기 원했다. 그러나 그분은 단지 병을 치료하는 일은 의사 업무의 일부분에 불과하다고 생각했다. 그분은 지금까지 내가 만난 사람들 중 그 누구보다도 환자를 단순한 병자로만 취급해서는 안 된다는 것을 강력하게 강조한 분이었다.

한번은 발작의 형태와 치료에 대해 토론하고 있었을 때, 조지가 이런 질문을 한 적이 있었다. "자, 누가 최초의 간질병 수술을 했지요? 그가 어떻게 뇌의 모형을 그려내었나요?" 정답은 왈더 펜필드(Walder Penfield)라는 유명한 신경외과의사였다.

"그렇다면 왈더 펜필드가 어떻게 뇌의 모형을 그려낼 수 있었을까요? 그의 생각은 어떤 것이었을까요? 그는 환자에게 영혼이 있다고 생각했을까요?"

우리 중 한 사람이 "예"라고 대답하자 조지는 고개를 끄덕이며 이렇게 질문했다.

"아! 그런데 펜필드는 영혼이 있다는 걸 어떻게 믿게 되었을까요?"

그는 10분 더 토론을 이끌어 나갔다. 결국 나는 역사적으로나 철학적으로 모든 부분을 상세히 배울 수 있었고, 따라서 지식의 풍요로움을 경험할 수 있었다. 그러므로 아무도 이런 교수 방법을 문제 삼지 않았다. 그분은 우리에게 과거의 위대한 외과의사나 사상가들이 병을 어떻게 이해했으며, 의학이 과거 특히 지난 200년 동안 얼마나 발전했는지를 알려 주고자 했다.

조지의 교수법은 의학 교육을 받고 있던 나에게 매우 귀중한 것이었다. 그러나 모든 레지던트들이 그와 같은 반응을 보인 것은 아니었다.

"그는 정말 골칫거리야!" 레지던트 중 한 명이 최초로 조지에 대해 부정적인 발언을 했다.

"정말 그렇게 생각해? 하지만 나는 그분에게 매료당했는걸."

"똑같은 늙은이군, 똑같은 늙은이야. 잡동사니 같은 이 모든 말을 들어야만 하다니."

그러자 다른 레지던트가 말했다. "난 더 이상 강의를 들으러 온 게 아니야. 그저 수업에 참관만 할 뿐이야. 어쨌든 이 과목을 이수해야 하니까."

그들의 말은 내게 그다지 중요치 않았다. 그분은 나의 소중한 스승이요, 오늘날도 친구처럼 남아 있는 특별한 멘토이기 때문이다.

다음으로 방사선학 박사인 제임스 앤더슨(James Anderson)을 빼놓을 수 없다. 그는 내가 성공적인 실험실습을 할 수 있도록 많은 도움을 주었다. 나는 그에게 실험기술을 배웠다. 그는 신청서를 써내면 어느 정도만 실험실을 사용할 수 있는데도 불구하고 내가 실험실을 자유롭게 이용할 수 있도록 선처했고, 그의 비서의 도움을 받을 수 있도록 조처해 주었다. 그리고 내가 동물의 뇌종양 모델을 개발할 때나 여러 가지 실험을 할 때도 아는 전문가들의 도움을 받을 수 있도록 해 주었다.

앤더슨은 내가 필요로 하는 것은 무엇이든 그에 필요한 적임자를 소개해 주면서 열심히 도와주었다. 진실로 내가 연구를 계속할 수 있도록 도움을 준 그에게 감사하지 않을 수 없다. 사실 그는 나의 연구에 끼어들어 얼마든지 그 공로를 자신의 것으로 치부할 수도 있었다. 사실 병원 내에서는 그 같은 일이 가끔 발생하기도 했다. 그는 분명히 나의 연구가 매우 중요하다는 것을 알고 있었기 때문에 혼자의 힘으로도 그것을 쉽게 가로챌 수가 있었다.

그러나 그는 그렇게 하지 않았다. 나는 그의 다음과 같은 말이 생각난다. "벤, 할 일이 있어. 존 힐튼에게 자문을 구해봐. 그는 세포 조직을 분리해서도 생존 능력을 유지시키는 방법을 발견한 사람이지." 이러한 특별한 상황 속에서 우리는 기계적으로 종양세포를 분리시키려고 애썼으나 결국 실패하고 말았다.

"그러면 마이크 콜밴과 스킵 그로스만에게 자문을 구하는게 좋겠군. 그들에게서 정보를 얻어 보게. 많은 실험 재료를 연구하는 방법과 실수 없이 일을 처리하는 법을 배워봐."

앤더슨이 내게 가르쳐 준 가장 중요한 것은 효과적이며, 효율적으로 작업 하는 방법이다. 내가 실험실 연구를 시작했을 때, 수립한 계획을 성취하는데 대략 2년 정도를 예상했으나 앤더슨과 그의 직원들 그리고 동료들의 격려와 도움으로 6개월 만에 완수할 수 있었다. 그는 필요한 일이 무엇인지를 정확히 알고 있었던 것이다.

앤더슨은 자신도 모르게 내가 어떤 결정을 내리는데 많은 도움을 주었다. 이것은 그와 함께 하면서 얻은 경험들의 유익한 일면이라고 할 수 있다. 몇 달 동안 나는 개업을 할 것인지 계속 이 병원에 남아 있어야 할 것인지를 결정하지 못해서 기도하고 고민해 왔었다.

그는 기꺼이 내가 많은 자료들을 이용할 수 있도록 도와주었고, 결국 나는 나의 의료 분야에서 내가 가장 최신의 의학 발전을 지속 시킬 수 있었던 존스홉킨스 같은 교육 병원에 남아 있다는 것이 얼마나 귀중한 일인지를 깨달을 수 있었다. 나는 이 곳에 머물면서 모든 일을 직접 익히는 대신 병원 조직의 일원으로서 다른 사람의 도움을 요청할 수 있었던 것이다.

나는 즐거운 마음으로 조사도 하고, 새로운 기술을 시험해 보기도 하며, 직접 연구에 몰두했다. 또한 내 자신의 작업과 연구 결과를 이야기하고 설명하면서 후배들에게 미래의 의학 과정을 가르치고 도와주는 일에 종사하길 원했다.

나는 앤더슨과 계속적으로 얼굴을 마주했던 지난 6개월 동안 한 번도 나의 미래의 문제를 놓고 그와 토론해 본 기억은 없다. 그러나 그것은 그 고마운 분들과 멘토들의 일하는 방법인지도 모른다. 때때로 타인에게 깊은 영향을 끼칠 수 있는 것은 바로 그들의 일하는 방법일 수도 있기 때문이다.

크게 사고하며 최선을 다하므로 내가 최선을 다하지 않을 수 없게 만든 분들을 계속해서 언급하자면 호주의 의사들로서 특히 브란트 스톡스(Bryant Stokes) 박사와 리차드 보겐(Richard Vaughan) 박사를 빼놓을 수 없다.

브란트는 서부 호주의 퍼스(Perth)병원 신경외과 수석의사였는데, 1982년 존스홉킨스신경과학센터의 개관을 축하하기 위해 세계의 저명한 신경외과의사들과 함께 존스홉킨스병원을 방문했다.

나는 그를 만나자마자 즉시 좋아하게 되었다. 나는 작업 중인 그의 모습을 보고 단번에 그가 매우 뛰어난 외과의사라는 사실을 알아차릴 수 있었다. 브란트와 나는 처음부터 마음이 잘 맞았다. "당신은 호주에 와 봐야 합니다. 실습을 좀 더 하면 수석 레지던트가 될 수 있겠어요." 그리고 종종 미소 띤 얼굴로 이렇게 덧붙였다. "몇 가지 전문 의술을 당신에게 가르쳐 줄 수 있을 겁니다."

나는 몇 가지 어려운 문제들이 있었지만, 호주의 엘리자베스2세의학센터의 찰스가디너병원(Sir Charles Gardiner Hospital)에 1년 동안의 실습을 지원했다. 1983년 6월, 나는 레지던트를 마쳤고, 아내 캔디(Candy)는 첫 아기의 출산 예정이었다. 나는 서부 호주에서 유일한 교육센터이자 신경외과센터인 이 병원에 지원해서 합격했다.

브란트는 어떤 면에서 제임스 타렌을 생각나게 했다. 이는 두 사람의 화려함과 의술이 너무도 흡사했기 때문이다. 브란트는 당시 40대 후반으로서 172cm의 키에 약간 호리호리한 체구였고 검은색 머리를 지니고 있었다. 그의 첫 인상은 매우 엄격하고 진지해 보였다. 그러나 나는 볼티모어에서 그와 친분 관계를 맺은 후로 그가 풍부한 유머를 지닌 사람임을 알게 되었다. 사람들은 그의 밝은 모습을 대하게 되면 그가 매우 재미있는 사람이라는 것을 알게 된다.

그러나 대부분의 사람들은 브란트의 다른 면인 완벽을 추구하는 모습을 보게 된다. 그는 우수성과 정확성을 강조하여 조금이라도 불완전한 것은 절대로 용납하지 않았다. 그 때문에 나는 브란트를 존경하게 되었다.

예를 들어, 한 레지던트가 오전 7시에 수술이 약속되어 있었는데 조금이라도 늦게 나타나게 되면, 그는 "당신은 변명의 여지가 없습니다." 라고 딱 잘라 말하곤 했다.

그는 자기가 원하는 것을 우리가 정확히 알지 못했을 경우, 반드시 우리가 그것을 이해하게 했다. 어떤 사람들은 이런 것을 견디기 힘들다거나 도저히 참을 수 없는 일이라고 생각했을지도 모른다. 그러나 그는 몸소 뛰어난 역량과 훌륭한 의술로써 스스로 모범을 보였기 때문에 나는 그의 비평을 환영했다. 그는 모든 일을 완벽하게 해내길 원했다. 나는 그가 자신도 오직 최선의 것만을 인정했기 때문에 자신의 휘하에 있는 사람들이 조금이라도 불완전한 것은 절대 용납하지 않는다는 사실을 알게 되었다.

브란트는 내가 훈련에 임한지 얼마 되지 않아 뇌의 전면으로 통하는 동맥류 - 매우 까다로운 형태의 동맥류 - 를 2시간 반 만에 절단하는 법을 가르쳐 주었다(내가 그런 수술을 하려면 6시간은 족히 걸렸다). 그는 그런 의술에 통달했을 뿐만 아니라 다른 사람들도 똑같이 해낼 수 있도록 가르치는 교수 능력이 있었다.

두개골 해부를 할 때의 일이었다. 뜻밖에 그가 이런 말을 했다. "내가 귓불을 이렇게 누르고 있을 테니까 막을 찾아서 잘라요. 함부로 끌어당기면 막이 파열될 수도 있음을 명심해요." 그는 나에게 여러 가지 다른 수술들도 해 보도록 요청했다. 나는 가디너병원에서 그와 함께 일하는 기간 동안 신경외과 의술을 익히는데 매우 소중한 경험을 했다고 생각한다.

어느 날, 한 레지던트가 이렇게 말했다.

"그 늙은이가 정말로 당신을 좋아하나 봐."

나는 그의 말을 알아듣지 못하고 이렇게 말했다.

"아직 그는 나에게 조금 밖에 가르쳐 주지 않았어. 하지만 난 그를 존경해."

"그래도 너에게는 과분하게 가르쳐 준거야. 그가 너에게만 특별한 기회들을 주고 있다는 사실을 모르고 있었나?"

내가 정말 모르겠다는 표정으로 그를 쳐다보자 그는 이렇게 말했다.

"다른 사람들에게는 가까이 하지도 못하게 하는 그 외과수술을 왜 너에게는 허락 했겠어?"

"정말이야?"

"그는 자기 환자를 몹시 애지중지하는 사람이야. 넌 그 늙은이가 수술을 허락한 최초의 레지던트야."

솔직히 나는 그 사실을 몰랐다. 내가 호주에 도착한지 3개월 후, 하루 3번의 개두술(환자의 머리를 절개해서 혈액의 응괴와 종양을 제거하고 동맥류를 치료하는 수술)을 시행했는데 미국의 병원에서는 그만큼 많은 수술을 해본 적이 없었다.

나는 또한 호주의 리처드 보겐 박사를 잊을 수 없다. 그도 역시 찰스가디너병원의 수석의사였고, 매우 교양이 있으며, 신중한 분이었다. 그는 다른 사람에게 누를 끼치거나 화내는 일이 없었다. 또한 고함을 치거나 목소리를 높이지도 않았다.

리처드는 여러 가지 면에서 브란트와는 정반대였다. 그들은 외형적으로 보아도 매우 대조적이었다. 리처드는 당시 50대 초반으로서 약 182cm 정도의 키에 보통 체격이었다. 머리는 얇은 갈색이었고 머리 윗부분이 벗어져 있었으며 쾌활해 보이는 인상이었다. 그는 이제까지 내가 만난 사람 중 호주 사투리를 가장 심하게 사용하는 사람이었다.

그의 많은 특징들 중에서 가장 존경할만한 점은 거의 희망이 없어 보이는 극도로 복잡한 수술도 기꺼이 감행한다는 점이었다. 그리고 그 환자들에게 허풍을 떨지도 않고, 다른 환자들에게 하듯 그 위험한 수술을 시행했다. 아무튼 환자들은 언제나 더 건강해지는 것 같았다.

"리처드는 정말이지 행운아야." 나는 이런 소리를 의료인들, 특히 무능력하고 용기 없는 의사들에게서 자주 들었다. "그는 정말 운이 좋아. 어떻게 그런 환자들을 치료해 내는지 알 수 없단 말이야."

나는 리처드 옆에서 몇 달 동안 일하면서 그가 운이 좋아서가 아니라 천부적인 의술을 발휘하기 때문이라고 결론 내렸다. 나는 종종 그가 해야 할 일과 하지 말아야 할 일에 대하여 천부적인 감각을 지녔다고 생각했다. 외과의사들 중에는 이렇게 탁월한 능력을 지닌 의사들이 있다. 그들은 어떤 특별한 때에 취해야 할 올바른 과정을 알고 있기 때문에 어떤 특별한 수술 절차를 밟아야 할지를 안다. 안다기보다는 차라리 예리한 통찰력을 지녔다고나 할까? 그들은 왜 그러한 수술을 시행하는지 설명하지는 못한다. 리처드도 브란트처럼 설득력 있게 자신의 수술 절차를 설명하지는 못했지만 어쨌든 결과는 비슷했다.

이들 두 사람은 내게 상당한 양의 외과 수술을 해 보도록 허락해 주었는데 이것은 참으로 소중한 경험이 되었다. 나는 찰스가디너병원에서 지낸 1년 동안 미국 병원에서 지낸 5년과 맞먹는 경험을 쌓았다고 생각한다. 더욱더 많은 것을 배울 기회를 주고, 의술을 연마할 수 있도록 허락해 준 두 분께 늘 감사를 드린다.

호주에서 만난 사람들 중, 웨인 토머스(Wayne Thomas)와 마이클 리(Michael Lee) 역시 그냥 지나칠 수 없다. 나는 특별히 마이클 리에게 많은 은혜를 입었다. 그는 내게 측두의 귓불에 접근하는 방법을 가르쳐 주었다.

또한 이 병원에 왔을 때, 몇 년 동안 의료 실습 중이던 젊은 친구인 토머스에게서 뇌실의 정확한 위치를 알아내는 방법을 배웠다. 그는 정확한 지점을 보지 않고도 쉽고 완벽하게 주사를 놓을 수 있었다. 그는 그런 의술을 아낌없이 내게 가르쳐주었다.

나는 의학을 가르쳐 준 스승들을 생각할 때면, 늘 존스홉킨스병원이 생각난다. 특히 모든 삶에 있어서 진정한 멘토였던 돈 롱(Don Long) 박사가 생각난다.

나는 1978년에서 1983년까지 존스홉킨스병원의 레지던트였다. 1984년 여름, 호주에서 다시 홉킨스병원으로 돌아왔다. 돌아온 지 몇 달 후에 소아신경외과장 자리가 공석 중이어서 돈 롱의 추천으로 신임 소아신경외과장이 되었다.

　그때 내 나이는 33살로 의학계에서는 매우 젊은 나이였기 때문에 그런 지위에 부적격 판정의 사유가 될 수 있었다. 그러나 그는 내가 그 일을 잘 해 낼 수 있을 것이라고 모든 사람에게 확신시켰다.

　그가 나를 도아 준 점들은 수 없이 많지만 그 중 몇 가지만 언급하고자 한다.

　내가 「재능 있는 손」에서 자세히 설명한 바 있지만, 돈 롱은 환자가 나의 치료를 거부하면, 존스홉킨스병원도 그 환자를 거부할 것이라는 사실을 분명히 밝혀 나의 수술이 취소되는 일이 없게 했다. 그는 또한 피부 색깔 따위를 문제 삼는 자들과는 어울리지도 않았고, 공감하지도 않았다.

　돈 롱 박사는 인종에 대한 편견이 없는 매우 공평한 사람이었으므로 토케니즘(Tokenism, 명목상의 인종 차별 폐지)에 대해 레기 데이비스(Reggie Davis)에게 농담을 건네기도 했다. 레기는 존스홉킨스병원의 신경외과 프로그램을 수료한 두 번째의 흑인이다. "레기, 벤이 여기서 일을 끝내면 이 프로그램에 들어 올 기회가 없어지겠군." 이라며 웃음 지었다. 편견이 없는 자만이 그렇게 말 할 수 있었으리라.

　돈 롱은 인종문제로는 나를 돕지 않았다. 그리고 그것 때문에 나를 방해하지도 않았다. 그것이 바로 그의 인격이었다. 나는 그의 후원과 정의감으로 말미암아 자신감을 갖게 되었다.

　홉킨스병원에서 인턴으로 근무하기 시작한 몇 주 만에 처음으로 돈 롱과 만날 수 있었다. 그때 나는 그가 한 가지 원칙을 가지고 수술한다는 사실을 알았다. 그는 우리가 인간의 구조를 알고, 이해할 수 있으며, 합리적인 지성을 가졌다면 우리는 어떤 일에 대해서든지 그 수행 방법을 알아 낼 수 있다고 주장했다.

그를 처음 만났을 때, 그가 했던 말이 늘 생각난다. "다른 사람들의 실수로부터 무언가를 배울 수 없는 자는 아무것도 배울 수 없습니다. 이것이 우리가 알아야 할 전부입니다. 어떤 일이 잘못되었을지라도 거기에는 배울 만한 것이 반드시 있습니다. 실수를 통해 깨달은 지식은 우리 지식의 근간을 이루는 법입니다."

그는 또한 이렇게 주장했다. "지금 하고 있는 일에 대해 설득력 있는 근거가 있어야 합니다." 다른 사람이 그 수술 절차에 찬성하고 안 하고는 문제가 되지 않았다. 만약 우리가 하고자 하는 일에 정당한 근거가 있다면, 다른 사람들이 그것을 인정하든 하지 않든 용기 있게 일을 행할 만한 가치가 있는 것이라고 격려 했다. 그리고 이렇게 말했다.

"가능한 모든 것을 배우시오. 그러나 스스로 생각하시오!"

그 기간 동안 나는 여러 번 매우 위험한 근치수술을 해 볼 기회가 있었다. 그럴 때는 언제나 그에게 찾아가 내가 하고 싶어 하는 일과 그 이유를 설명했다. 그는 즉시 계속 진행해 볼 것을 조언하였다.

아마 가장 중요한 사건(본서에서 나중에 자세하게 다루겠지만)은 쌍둥이를 임신한 어떤 여인의 경우였을 것이다. 아기 중 하나가 자궁 내에서 수두증(수액의 이상 증가에 의해 뇌실이 확대 되고 머리가 커지면서 압박과 위축을 일으키는 병)에 걸려 병이 점점 악화되고 있었다. 그래서 나는 아직 아기들이 자궁 속에 있을 때, 병에 걸린 아기에게 측로수술을 하자고 제안했다. 물론 이 제안은 다분히 논란의 여지가 있었다. 사실 몇 주 전, 뉴잉글랜드 의학 잡지「메디신」(Medicine)에 그런 수술에 반대하는 기사가 실린 적이 있었다.

나는 돈 박사에게 이런 모든 상황을 설명했는데, 그도 최근의 이 기사에 관해 이미 알고 있던 터였다. 내가 설명을 마치자 그는 "내가 보기엔 매우 합리적으로 보이는 걸. 계속 진행해 보게. 행운을 비네." 라고 격려해 주었다. 사실 나는 내 이론의 근거가 명백하다는 것을 확신하고 있었으므로 그가 후원해 주리라는 것을 조금도 의심하지 않았다. 나는 다른 모든 사람이 불가능한 일이라고 해도 그는 기꺼이 어떤 새로운 시도를 할 사람임을 알고 있었다.

그의 사무실을 막 나서려는데 그가 말했다. "벤, 우리가 당신을 도와 줄 필요가 있다면 의학적으로든 법률적으로든 무엇이든지 하겠네." 나는 그의 말을 결코 의심치 않았다.

돈 롱은 매우 바빴다. 신경외과 6인위원회의 위원장으로서 거기에 상당한 시간을 소비하고 있었다. 더욱이 그는 계속해서 환자를 돌보아야 하는 부담도 있었다. 그렇지만 그는 처음부터 항상 나에게 시간을 내 주었다. 나는 레지던트로 있는 동안 그의 사무실에 들어갈 때마다 그는 매우 인상 깊은 행동을 보여주었다.

"어떻게 생각하나?" 그는 아주 친근하게 내게 물었다. "벤, 나는 세상의 모든 시간을 가지고 있다네. 무엇에 관해 대화하길 원하는가?" 그러나 대부분의 병원 분과장들은 그렇지 않았다. 그들 중 몇 사람은 상당히 불친절하다고 말하고 싶다.

나는 그에게서 한 가지 중요한 원칙을 배웠다. 그것은 공식적이거나 비공식적인 강의를 통해서가 아니라 관찰을 통해서 얻은 교훈 중 하나로서 다음과 같다.

> 사람들에게 친절 하라
> - 모든 사람에게 -
> 심지어 그렇게 할 필요가 없을 때조차도...
> 모든 사람은 다 중요하다.

최근에 나는 한 친구에게 "돈 롱은 정말로 친절한 사람이야!" 라고 말했다. "그래. 그는 늘 친절하지. 그의 친절은 천부적인 것 같아." 사람들은 그의 다정한 태도에 감사를 드렸다. 심지어 그는 의학적인 지식이나 의술의 문제에서도 거만하지 않았다. 그는 늘 용서의 마음을 지닌 사람이었다.

아마도 빈델(Binder)의 쌍둥이 사건은 돈 롱 박사를 가장 잘 대변해 주는 사건일 것이다. 1987년 2월, 서독 우름(Ulm)에서 테레사 빈델(Theresa Binder)이라고 하는 여인이 쌍둥이 아들을 낳았는데 그 쌍둥이들은 뒷머리 부분이 붙어 있는 샴쌍둥이(Siamese Twins)였다. 그 가엾은 쌍둥이는 다른 아기들처럼 움직이는 법을 제대로 배울 수가 없었다. 부모는 두 아기를 모두 안전하게 유지시키는 방법을 익혀야 했다. 즉, 그들의 머리가 서로 반대편에 붙어 있으므로 그들을 쿠션에 기대게 한 상태에서 양손에 우유병을 잡고 먹여야 했던 것이다.

쌍둥이는 생명 유지에 필요한 기관들을 공유하진 않았다. 그러나 두개골과 피부조직 그리고 뇌에서 나온 혈액을 심장으로 되돌리는 대정맥은 공유하고 있었다. 당시 어디에도 이런 형태의 쌍둥이 수술에 성공해 두 아기가 다 살아남았다는 기록은 없었다.

독일의 내과 의사들이 홉킨스병원을 방문했을 때, 나는 가능한 모든 정보를 연구해서 유명한 의사였던 마크 로저스(Mark Rogers), 크레이그 듀프레슨(Craig Dufresne), 데이비드 니콜스(David Nichols) 그리고 신경외과장인 돈 롱과 토론했다. 그 수술이 행해진다면 그것은 의사 업무를 초월한 보다 복잡한 일이 될 것이기 때문이었다. 나는 그 수술이 위험하다는 것을 알면서도 동의했다. 결국 나의 결심은 할 수 있다는 강한 가능성에 기초한 것이었다. 만약 이 외과 분리술이 성공한다면 그 쌍둥이 소년들은 정상적인 삶의 기회를 갖게 되는 것이다.

사실 내가 돈 박사에게 그 환자에 대해 설명했을 때, 그는 내게 여러 가지 견해를 밝힐 수도 있었다. 신경외과장으로서 그 환자를 직접 담당할 권리도 있었다. 또한 그런 권한으로 이렇게 말할 수도 있었을 것이다. "상황이 매우 심각하기 때문에 내가 이번 일을 맡는 것이 좋다고 생각하오. 나를 많이 도와주시오." 만약 그가 그렇게 했다면, 그것은 그답지 않은 행동이었을 것이다.

병원 고위층에 있던 다른 어떤 이들은 내가 그 상황을 설명할 때, 그저 듣는 척만 하다가 자기의 말을 늘어놓기 십상이었다. 그러나 그는 그렇지 않았다. 그는 상대방의 말 한마디 한마디를 빼놓지 않고 모두 들었다. 나에게도 그런 태도로 대해 주었던 것이다. 설명을 마치자 그는 웃으면서 이렇게 말했다. "이건 당신의 일이요. 벤. 당신이 직접 그 일을 어떻게 해야 할지 곰곰이 생각해 보시오. 내가 도와주겠소." 이 말은 그의 인격을 단적으로 보여주는 말이었다.

 신경외과의 총책임자인 그는 자진해서 내가 그 수술을 할 수 있도록 도와주었다.

 지금까지 나는 특별하게 나에게 영향을 끼친 멘토들에 대해 기술했다. 그들은 자신들이 나에게 전해 준 다음과 같은 메시지만큼이나 나에게 중요한 분들이다.

 "벤 카슨, 너의 최선을 다하라! 네 자신과 다른 사람을 위해 최선을 다하는 것 이외엔 어떤 것도 용납하지 말라!"

5
죽음이 가르쳐 준 교훈

그 모든 학문에 깊이 통달한 사람도 한 송이 꽃과 같다.

테니슨(Tennyson)

나는 지금까지 어떤 사람의 죽음으로 말미암아 극심하게 상처를 받은 경험이 세 번 있다. 나의 첫 번째 상실은 한 살도 채 안 된 제니퍼(Jennifer)를 잃었을 때였다. 제니퍼는 태어난 지 몇 일만에 심한 발작을 일으키기 시작했다. 얼마 후 제니퍼는 뇌반구 제거수술을 받았다. 제니퍼는 정상적으로 반응했고 모든 것은 성공적인 것 같았다. 그러나 그날 밤, 제니퍼는 심장 박동 정지현상을 보였다. 나는 황급히 병원으로 뛰어갔다. 이 이야기의 끝을 소개하면 이렇다.

　내가 병원에 도착했을 때, 의료진들은 여전히 그 아이의 의식을 회복시키려 애쓰고 있었다. 나는 그들과 합류하여 모든 것이 성상화되도록 노력을 계속했다. "하나님. 제발, 이 아이가 죽지 않게 하옵

소서. 제발…"

한 시간 반이 지난 후, 나는 간호사를 바라보았다. 그녀는 이미 내 마음을 알고 있다는 눈치였다. 나는 "이 아이는 다시는 돌아오지 않을 거예요." 라고 말했다.

나는 제니퍼를 잃고 쏟아지는 눈물을 자제하느라 애를 쓰며 부모가 기다리고 있는 대기실로 뛰어갔다. 그들의 휘둥그레진 눈은 그대로 굳어버린 듯 했다. "죄송합니다…" 나는 달리 아무런 말도 할 수 없었다. 나는 어른이 되어 처음으로 여러 사람 앞에서 울기 시작했다. 나는 자녀를 잃은 부모의 고통과 아픔에 대해 너무도 큰 슬픔을 느꼈다. 그들은 11개월 밖에 안 된 어린 제니퍼의 인생 속에서 염려, 믿음, 절망, 낙관, 희망 그리고 슬픔의 급변하는 상황을 경험하게 되었다.

두 번째 상실은 아트 웡(Art Wong)을 잃었을 때이다. 그는 내 마음 속에서 특별한 위치를 차지하고 있다. 나는 최선을 다하는 문제를 고려할 때마다 내가 기억하는 최고의 모범을 보여준 사람으로서 그를 떠올리지 않을 수 없다.

내가 보기에 그는 내가 레지던트로 있었을 때나 교수단의 일원으로서 일해 온 이래로 의료실습 프로그램을 거쳐 간 사람들 중 최고의 레지던트 중 한 사람이었다. 우리는 실습 프로그램을 통해 자신들의 의과대학원에서, 수위를 달리던 사람들로서, 레지던트로서는 믿기 어려우리만치 뛰어난 사람들을 보기도 한다. 나는 그 모든 사람 중 여전히 아트를 최고로 꼽는다.

 아트는 3학년 레지던트 때에도 무엇이든지 열심히 배우는 쾌활한 사내였다. 그는 동양인으로서 키는 163cm의 다소 작달막한 체구에 어린아이 같은 얼굴 그리고 늘 장난꾸러기 같은 미소를 띠고 있었다.

 "예, 제가 그것을 할 수 있습니다."

 나는 아트를 생각할 때마다 그가 이렇게 말한 것을 기억한다. 그는 자신감 있는 태도를 보였지만 건방지게 굴지는 않았다. 그는 진실로 자기가 무엇이든지 할 수 있다고 믿었다. 사실은 그럴 가능성만을 지녔을 뿐인데… 그는 3학년 레지던트 때에도 4학년 레지던트들조차 해낼 수 없는 여러 가지 일들을 능숙하게 해낼 수 있었다.

 아트는 수석 레지던트가 될 때까지 의심할 바 없이 최고의 자리를 지켰다. 나는 신경외과 부문에서 전국의 99%의 의과대학원 교수단들을 다 합친 것보다 그가 더 낫다고 평가했다. 그는 정말 화려한 재능을 지니고 있었다.

 우리가 함께 일하게 되었을 때, 나는 아트가 세계적인 외과의사로 성장하고 있다는 것을 분명히 느낄 수 있었다.

 내가 아트에 대해 가장 좋아하는 점은 그가 어디에서나 재미있는 사람이라는 점이다. 우리는 때때로 수술실에 들어가 측로수술을 했다. 그때 나는 배를 이용했고, 그는 머리를 이용했다(혹은 반대로).

 "내가 당신보다 더 빨리 끝낼 수 있을까요? 암, 할 수 있죠." 그는 장난기 어린 눈을 반짝거리며 말하곤 했다.

 우리는 시합을 - 우리 둘 다 안전선을 벗어나지 않도록 주의하면서 - 하곤 했다. 우리는 조금도 불필요한 동작은 하지 않았지만 그는 일을 할 때, 이러 저러한 논평을 해가며 가볍게 일을 마무리 짓곤 했다. 그 당시 우리는 보통 15분 이내에 완전히 새로운 측로수술을 해낼 수 있었다. 이것은 레지던트들에게서는 좀처럼 볼 수 없는 일이었다. 대부분의 홉킨스병원의 의료진들은 아트 웡의 전문 기술에 대해 잘 알고 있었다. 실제로 내가 크레이그(Craig)를 수술할 때, 간호사인 그의 아내 수잔(Susan)은 나에게 이렇게 말했다.

"아트가 당신을 보조하면 모든 것이 잘 되겠죠?"

나는 그녀가 아트의 보조를 바랬기 때문에 매우 기뻐하며, "아, 물론이죠." 라고 대답했다. 나는 주저하지 않고 그 말에 동의했지만, 사실은 의료 전문직 종사자들이 특정 레지던트에게 보조를 요청하는 일은 좀처럼 보기 드문 일이었다. 이 요청을 받고서 나는 모든 사람이 아트를 얼마나 주목하고 있는지 확실히 알 수 있었다.

아트는 힘들이지 않고 그렇게 다른 사람들의 사랑을 받았다. 그는 지극한 온정과 관심 속에서 자신을 희생했으므로 우리들은 단지 그의 주위에 있는 것만으로도 즐거웠다.

아트는 레지던트 기간이 끝난 후에도 여전히 홉킨스병원에 남아 있었다. 그리고 그는 신경맥관 의사로서의 추가 훈련을 위해 애리조나 주에 위치한 의사협회로 갔다. 어느 날, 그는 우리가 공동 집필하고 있는 논문에 대해서 나에게 전화를 했다. 그 논문의 최종 양식을 결정하기 전에 좀 더 세부적인 사항이 필요했기 때문이었다.

이틀 후, 나는 돈 룽의 사무실로부터 호출을 받았다. 그는 사무실 문을 모두 닫아놓고 있었다. "앉게나, 벤" 그는 아무렇지도 않은 표정을 지으려고 애쓰고 있었지만, 나는 곧 그의 표정으로부터 무슨 일이 있음을 알아 차렸다. 그의 턱은 세미하게 떨고 있었다.

"벤, 나쁜 소식이라네." 나는 그때, 내 머리 속을 스치는 수백 가지의 불길한 생각 속에서 그를 응시했던 것으로 기억한다.

"아트 웡!" 그는 나직이 말했다. 아트 웡에게 무슨 일이 일어난 모양이었다. 그는 말을 덧붙였다. "그가 어제 익사 했다네!"

"아트가요? 그럴 리가. 그는 뛰어난 수영 솜씨를 지녔는데!" 나는 그것을 믿고 싶지 않았다. 나는 그가 나에게 사실을 이야기하고 있다는 것을 의식하고 있었지만 도저히 그것을 인정 할 수가 없었다. '안 돼. 아트 웡, 다정하고 재능 많은 친구여!'

"이건 뭔가 잘못 된 겁니다."

"뭘 잘못 알고 한 말이 아닐세 벤." 그가 말했다. 의사협회에 하계 연구를 수행하기 위해 가 있던 레지던트들 중의 한 명이 그에게 전화를 했던 것이다. 나는 즉시로 의사협회의 신경외과장인 스피츠러(Spitzler) 박사에게 전화를 했다. "방금 아트 웡에 대한 소식을 들었습니다. 도저히 믿어지지가..." "유감이지만 사실이라네."

그는 계속해서 말했지만 아무 말도 귀에 들려오지 않았다. 나는 계속해서 아트에게 그런 일이 있을 수 없다고 생각했다. 그토록 놀라운 행운의 사나인데 그럴 리가 없어.

스피츠러 박사는 통화를 마치기 전에 자세한 사항을 알아보기 위해 그 지역 보안관에게 전화를 해보라고 말했다. 나는 전화번호를 받아 적어두고 그에게 감사를 표했다. 나는 얼이 빠진 채 한참 동안 전화기만을 바라보았다. 사실 나는 무슨 일이 일어났는지 알아보고 싶었지만 전화를 걸고 싶지는 않았다. 무슨 일이 일어났는지 알게 되면, 곧 친구의 죽음을 인정하지 않을 수 없게 되기 때문이다.

몇 분이 지난 후, 지역 보안관에게 전화를 했다.

"우리가 밝혀낸 가장 확실한 것은, 윙씨가 수영을 하다가…" 보안관이 대답했다.

"그는 수영을 매우 잘합니다. 나는 그의 수영실력을 알아요."

"그렇습니다만 그는 분명히 소용돌이에 대한 경험은 없었습니다."

그는 사람들이 소용돌이에 말려들게 되면 빠져나올 수 없다고 설명했다.

"이런 점을 고려해 보면 소용돌이에 휩쓸릴 때, 물 밑에 가라앉은 사람은 질식 할 수밖에 없습니다." 그는 몇 마디 더 상세한 말을 덧붙이더니 이렇게 말했다. "어쨌든, 이것이 우리가 생각하는 이번 사건의 진상입니다." 그리고 그는 동정을 표하고 전화를 끊었다.

'사실일리가 없어.' 나는 사무실에 앉아서 혼자 중얼 거렸다. 그러나 나는 그것이 사실임을 알고 있었고, 그 사실에 직면하지 않을 수 없었다. 나는 평생에 사람들이 다음과 같은 표현인 "누군가 발밑에 있는 양탄자를 잡아채 간 느낌이야." 라는 말을 사용하는 것을 들어왔다. 바로 내가 그런 느낌이었다. 마치 양탄자가 없어진 마루 바닥에 앉아 도저히 일어날 수 없을 것 같은 느낌이었다. 나는 조용히 하나님께 묻고 또 물었다. '하나님, 어떻게 이런 일이 있을 수 있습니까? 어떻게 이런 일이 일어날 수 있나요?

나는 잠시 동안 혼자 앉아서 아트와 나 자신의 상실감에 대해 하나님께 이야기할 수밖에 없었다. '하나님, 아트는 모든 면에서 수위를 달린 친구였습니다. 이건 여기 있는 모든 사람에게 엄청난 손실입니다. 아니 이 세계에 엄청난 손실입니다. 이건 변덕스럽고 어리석은 일입니다. 어찌 이런 일이 있을 수 있나요?

나는 한동안 이것을 사실로 받아들이지 않으려고 애를 썼다. 결국 내가 이 사실을 인정하게 되었을 때, 나는 깊게 저며 오는 아픔 속에 넋을 잃고 하염없는 고통을 겪어야만 했다. 나는 이 고통을 도저히 형언할 수 없었다. 나는 그때, 내가 겪은 그러한 격렬한 아픔이 있을 수 있다는 것을 전에는 알지 못했었다.

얼마 후, 나는 사무실에서 나왔다. 병원 각 분과의 모든 사람이 이 사실을 알고 있었다. 모두가 다 아트를 사랑하고 있었기 때문이었다. 우리는 수행할 업무가 있음에도 불구하고 30여 분간 아트에 관해 누군가와 이야기할 필요가 있음을 느꼈다.

"아트가 ... 하던 때를 기억하십니까?" 나는 이러한 말을 적어도 수십 번은 들은 것 같다. 우리는 아트가 얼마나 훌륭한 인물이었는지 서로 이야기를 나누었다.

아트와 함께 일했던 우리 모두는 슬픔에 메어 그날은 긴급 사항을 제외한 모든 일정을 취소했다. 이 일은 내가 전문의로서 보직을 받기 직전에 일어난 일이었다. 그 아픔은 실로 너무나 깊었다.

오늘날 좀처럼 보기 드문 귀한 인물이었는데...

나는 세 번째로 알 존슨(Al Johnson)이라고 하는 친한 친구를 잃음으로써 상실의 아픔을 겪었다. 나는 그가 죽기 전날 밤에 그와 전화 통화를 했었다. 혹인 기입가인 알은 당시 풍족한 삶 - 일련의 무한한 아이디어와 활동력을 지닌 사람으로서- 을 누렸다. 그는 땅콩버터 아이스크림의 시장 판매를 준비하고 있었다. 나는 그가 맛있는 식사와 건강식품을 생산하는 일을 돕는 영양학 컨설턴트로서 협력하고 있었다. 알 존슨은 그의 아내와 한 아들과 함께 교통사고로 사망했다. 나는 그들을 생각하고서, 특별히 나의 두 친구를 생각하고서 "세상에 이런 일이…"라고 캔디에게 말했다.

상실이라는 단어는 내가 겪었던 깊은 아픔을 담고 있다. 개인적으로는 나에게 손실이었지만 그들은 너무나 많은 것을 가지고 있었기 때문에 - 그리고 그들은 죽을 때까지 아낌없이 자신들을 제공하고 있었기 때문에 - 이 세상에도 손실이다.

제니퍼는 정상적인 삶을 살아 볼 기회도 갖지 못했었다. 그래서 나는 이 세상에 존재하는 그러한 상실들을 슬퍼한다. 이와 비교하면 아트와 알은 둘 다 매우 활동적인 사람들로서 자신들과 관련된 모든 일에 최선을 다한 사람들이다.

문호 찰스 디킨즈가 말한 것처럼 인생은 늘 이별의 연속이다.

6
환자의 부모들

> 내가 진실로 너희에게 이르노니 누구든지 이 산더러 들리어 바다에 던지우라 하며 그 말하는 것이 이룰 줄 믿고 마음에 의심하지 아니하면 그대로 되리라 그러므로 내가 너희에게 말하노니 무엇이든지 기도하고 구하는 것은 받은 줄로 믿으라 그리하면 너희에게 그대로 되리라
>
> 마가복음 11:23-24

나는 가끔 의사가 다른 사람들에게 베풀기만 하고 다른 사람들로부터 특히 환자들로부터는 아무 것도 배우지 못한다고 생각하는 사람들과 대화를 갖는다. 그러나 그것은 전적으로 옳지 않은 말이다.

나는 의사라는 직업에 종사하면서 해를 거듭할수록, 내게 도움을 청하러 오는 사람들로부터 많은 것을 배운다는 사실을 더욱 절실히 깨닫는다. 서로 이야기를 주고받으며 치료하는 과정에서 의사와 환자(그 환자의 가족은 물론)는 결속되기 마련이다. 그리고 이러한 교제 가운데서 인생에 관한 소중한 교훈들을 배우게 된다. 지금 이 순간 서로 다른 두 가족이 생각난다.

첫번째 가족은 태국 출신의 쏘먀(Thomya) 가족으로서 환자보다는 그 어머니에 대해 하고 싶은 이야기가 더 많다. 부아(Bua)라는 이름의 한 살도 채 안 된 그녀의 딸은 뇌의 대부분을 둘러싸고 있는 혈관이 기형적으로 머리 뒷부분에서부터 이마까지, 심지어는 안면과 코에까지 퍼져있었다. 부아가 계속 코피를 쏟는다면 조만간 사망할 수도 있었다.

태국에서 여러 차례 행한 수술이 실패하자, 1987년에 쏘먀는 부아를 미국으로 데려가기로 결심했다. 부아를 치료해온 태국 의사는 홉킨스병원에서 마취 전문의학 분야의 순환근무를 했던 경력이 있었다. 그는 우리가 비교적 많은 외과수술을 감행했었다는 사실을 알고 있었다. 그는 마크 로저스와 만나 부아가 홉킨스병원에서 치료받을 수 있도록 도움을 청했던 것이다. 우리는 즉시로 매우 이례적인 혈관기형을 살펴보기 시작했다. 우리는 여러 시간 동안 부아의 치료 방법을 생각해내려고 애썼다.

처음에 직접 수술을 시도하려고 계획하였으나 아이의 두개골 가장자리에 구멍을 내자마자 출혈이 심해져 지혈시키기가 곤란했다. 마침내 지혈에는 성공했지만 처음 계획대로 추진하기에는 무리였다. 아이는 출혈로 인해 치료도 하기 전에 사망할 것이기 때문이다.

국내에서는 이미 저 유명한 신경방사선 의학자인 제라드 디런

(Gerard Debrun) 박사가 풍선과 아교 그리고 동맥에 주입되는 다른 물질들을 가지고 혈관을 막아 혈관기형 치료기술을 완성해 놓은 상태였다. 우리 팀은 그가 개발한 기술을 이용하는 계획을 세웠다. 우리는 다시 부아를 수술실로 데리고 와서 주요 기형 부분을 찾아내어 기형혈관에 금속모와 더불어 혈전을 형성시키는(피를 응고시키는) 작은 코일을 주입할 생각이었다(그것들이 곧 혈소판이 붙어 있도록 작용하여 피를 응고시킬 것이라고 생각했기 때문이다). 혈전을 형성하는 코일들을 기형혈관의 적절한 부분에 주입시킬 수 있다면, 전체 기형혈관의 피가 굳어질 것이라고 생각했던 것이다.

우리는 6시간 동안 이 작업을 했다. 그 과정에서 100개 이상의 코일을 주입시켰다. 사실 코일들이 이 작업을 담당했다고 해도 과언은 아니다. 드디어 부아의 코피가 멈추었다.

쏘먀 여사는 아이를 다시 태국으로 데려갔다. 1년 이상 부아는 건강하고 정상적으로 성장했다. 그러나 다시 코피가 나기 시작했다. 어머니는 서둘러 다시 아이를 홉킨스병원으로 데리고 왔다. 그 끔찍한 혈관기형이 새로운 통로로 다시 나타난 것이다.

"다시 한 번 해보죠. 우리는 가능한 모든 일을 다 할 것입니다." 나는 걱정하고 있는 쏘먀 여사에게 말했다. 그녀는 별로 말이 없었지만 그녀의 얼굴에 나타난 표정으로 보아 이미 부아의 재발이 심각한 상태라는 사실을 알고 있었던 것 같았다. 그리고 그녀는 내가 이런 말을 할까봐 두려워하고 있었던 모양이다. "유감스럽지만 더 이상 아무 것도 할 수 없군요."

우리는 부아에게 4빈의 수술을 시도했다. 4번 모두 기형 부분의 통로를 막는 일이었다. 마지막 수술에서 나는 최후의 커다란 통로를 막는 일을 침착하게 해냈다. 나는 밖으로 나와 쏘먀 여사를 보고 이렇게 말했다. "확신할 수 없지만 이번에는 성공할 것 같습니다."

쏘먀 여사는 하루 종일 참을성 있게 병원에 남아 모든 시간을 딸과 함께 보냈다. 그녀는 피로에 지쳐 눈이 푹 파였음에도 불구하고 미소 띤 얼굴로 이렇게 속삭였다. "고마워요."

정상적인 수술 절차를 따라 부아는 중환자실로 옮겨졌다. 그러나 1시간 후, 부아는 갑자기 발작을 일으켰다. 이것을 몇 번 되풀이 하더니 잠시 무산소중(산소 결핍상태) 증세를 보였다. 몇 번의 발작이 더 있은 후, 그 증세는 다시 나타나지 않았다. 부아는 생명은 잃지 않았지만 그 이후로는 가만히 누워서 주위를 둘러보는 것 이외에 아무것도 할 수 없었다. 부아의 수술을 담당한 우리들로서는 이 일로 인해 며칠 동안 낙심하여 우울할 수밖에 없었다.

그러나 나는 그 상황의 복잡함이나 결국에는 실패했다는 사실을 떠나 부아의 어머니에게 초점을 맞추기 위해 이 이야기를 하기로 결심한 것이다. 나는 오랫동안 헌신적인 많은 부모들을 지켜보았다. 그러나 아무도 쏘먀 여사와 비교할만한 사람은 없었다. 그녀는 시련을 겪는 동안 내내 아이의 옆을 떠나지 않았다. 그녀는 딸에게 최선을 다했던 것이다.

그녀는 우리가 소위 희생정신이라고 부르는 것을 초월하여 어린 부아와 정신적인 연합을 이루었다. 이것은 지금까지 어떤 부모에게서도 보지 못한 것이었다. 쏘먀 여사는 우리가 전혀 이해할 수 없는 방식으로 자신의 딸을 완벽하게 알고 있었다. 그들은 마음속으로 보이지 않는 신비한 의사소통을 하는 것 같았다. 예를 들자면 쏘먀 여사는 부아가 언제 토할 것이며, 언제 괜찮은지 그리고 언제 아픈지를 정확히 알고 있었다.

쏘먀 여사가 두 번째로 딸을 미국에 데리고 왔을 때, 부아는 6개월 동안 병원생활을 했다. 부아의 어머니는 딸의 침상 곁을 떠나지 않았다. "제 아이인걸요." 그녀는 단호하게 말하곤 했다. 그것은 그녀 입장에서 할 수 있는 유일한 설명이었다.

그들은 태국에서 왔으므로 보험의 혜택을 받지 못했다. 그래서 직접 그 엄청난 치료비를 지불해야 했다. 부아의 발병 초기만 해도 부유한 가정이었다. 그러나 딸의 치료가 끝날쯤에 이르러 그들은 가난을 피할 수 없었다. 그런데도 쏘먀 여사는 딸의 치료를 포기하지 않았다 그녀와 남편은 자식을 위하여 모든 재산을 기꺼이 사용한 것이다.

내 생각에는 그녀보다 더 희생적으로 지극하게 헌신하는 어머니를 본 적이 없다. 그녀는 남편과 다른 자녀들 그리고 집과 떨어져 살아야 했다. 그 누구도 부아의 건강을 위해 그 이상 헌신할 수 없을 것이다. 한번은 그녀가 몹시 보고 싶어 하는 다른 자녀들에 대해 이렇게 말한 적이 있다. "그들에게는 아버지와 할아버지 그리고 할머니가 있어요. 그러나 부아에게는 저 말고는 아무도 없지요."

몇 달이 지난 후에도 쏘먀 여사는 조금도 주저하거나 불평하지 않고 필요한 일이면 무슨 일이든지 다 했다.

나는 그들의 재산이 고갈되어가는 것을 보고, 쏘먀 여사와 가족들이 몹시 불쌍히 여겨졌다. 나는 재정적으로 여러 번 그들을 도와주고 싶었다. 내가 할 수 있는 한 치료비를 삭감해 주고, 병원 측에서 비용의 일부를 부담한다고 해도 미국의 생활비와 값비싼 장비, 의약품 그리고 일상용품에 드는 엄청난 경비를 감당할 수는 없었다. 그러나 생사가 불분명한, 즉 치료를 한다 해도 단지 생명이 연장되는 것에 불과한 자식일지라도 그녀의 사랑은 결코 시들지 않았다.

나는 일이 잘될 때는 기뻐하고, 그렇지 않을 때는 슬픔을 이길 수 없었지만, 쏘먀 여사는 몇 달 동안 긴장이 맴도는 상황 속에서도 줄곧 즐겁고 낙관적인 자세를 잃지 않았다.

"당신은 최선을 다할 수 있어요. 그것은 하나님께서 우리에게 전적으로 요구하시는 것이지요." 그녀가 내게 한 말이었다.

나는 지금도 쏘먀와 연락하고 있다. 1990년 초, 그녀는 새로 태어난 아이의 사진을 우리에게 보내왔다. 그녀는 여전히 잘 지내고 있으며, 가족을 위해 헌신하고 있다. 특히 부아를 소홀히 하지 않는다. 쏘먀 여사는 아이가 죽을 때까지 계속 돌봐 줄 것이다.

그 누구도 쏘먀 여사 만큼 자신을 희생할 수는 없을 것이다.

두 번째 생각나는 가족은 필랜츠(Pylants) 일가이다. 닐(Neil)과 캐롤(Carol)의 필랜츠 부부는 아들을 간절히 원했다. 독실한 크리스천인 그들은 자식을 달라고 하나님께 열심히 기도했다. 결국 하나님이 그들을 축복하셔서 아들을 주셨고, 그들은 그 아들을 크리스토퍼(Christoher)라고 이름 지었다.

크리스토퍼는 어릴 때부터 예수님과 성경의 영웅 이야기를 좋아했다. 단어를 모아서 문장을 만들 수 있게 되자, 그는 성경구절을 암송하기 시작했다. 마치 소설에나 나오는 듯한 가족 이야기 같았으나 그런 상황은 오래 가지 못했다. 비극이 시작된 것이다.

크리스토퍼가 4살이 되던 해, 그는 몸을 가누지 못하고 비틀거리며 걷기 시작했다. 그때 그의 부모는 그가 입속의 침을 다루지 못해 입안 가득 거품을 물게 되는 비정상적인 행동을 하고 있다는 사실을 알아 차렸다. 그리고 복시의 징후가 나타났다.

그들의 거주지인 애틀랜타 시의 의사들이 처음으로 크리스토퍼를 진단하였는데, 그들은 아이가 일본뇌염이나 그 밖의 다른 형태의 뇌염에 감염된 것으로 생각했다. 여러 의사들은 정밀검사를 실시한 후, 에모리(Emory)대학병원에 검사를 의뢰했다. 그 곳 의사들은 뇌간악성종양으로 최종결론을 내렸다. 그 의사들은 컴퓨터엑스선체축단층촬영술(CAT)을 이용해서도 뇌간을 볼 수 없었기 때문에 "최종진단을 내렸다." 그들은 단지 뇌간을 둘러싸고 있는 그 끔직한 악성종양 밖에는 볼 수 없었다.

"수술이 불가능한 상태입니다." 라고 한 의사가 필랜츠 부부에게 말했다.

"무슨 뜻이죠?' 라고 닐이 물었다. 하지만 닐은 이미 사실을 알고 있었던 것 같다.

"당신의 아들을 집으로 데려가라고 충고하고 싶습니다. 가능한 한 아이를 편하게 해 주고 기다리십시오."

"기다리라고요? 아이가 죽을 때까지 기다리라고요?'

"유감스럽지만 그렇게 하십시오."

"안 됩니다. 하나님은 우리 아들을 치료하실 수 있습니다." 닐 필랜츠가 말했다.

"이해를 못하시는군요. 글쎄, 아이... 아이는 더 이상 살 수 없습니다." 의사가 말했다.

"어떤 진단법이든 개의치 않겠습니다. 하나님께서 이 아들을 주셨어요. 그래서 치료해 주시리라 믿습니다." 닐이 강한 어조로 말했다.

필랜츠 부부는 어린 크리스토퍼를 데리고 에모리대학병원을 시작으로 여러 의학센터를 다녀보았지만 모두가 같은 결론을 내렸다. 그리고 이렇게 충고할 뿐이었다. "아이에게 잘 해 주십시오. 집에서 편히 죽게 해 주세요."

캐롤과 닐은 그런 운명론적인 발언에 동의하지 않았다. 그들은 미국 전역을 돌아다니며 신실한 치료자들을 찾아다녔다. 병을 고칠 수 있는 사람이 있다는 소식을 들으면 그가 누구든지 간에 편지를 쓰거나 전화를 하고 또한 직접 방문하기도 했다. 그러나 크리스토퍼는 계속 악화되어 갔다.

지난 1984년, 그들이 홉킨스병원에 왔을 때, 나는 처음 그들을 만났다. "이 곳으로 아이를 데려와야 한다고 생각했습니다. 우리는 아이를 도울 수 있는 크리스천 신경외과의사를 보내달라고 하나님께 기도했습니다." 닐이 부드러운 남부 사투리로 말했다(닐은 나에 관한 이야기를 들어본 적이 없었다).

크리스토퍼는 침대 위에 길게 누워 거의 숨도 쉬지 못할 뿐만 아니라 움직이지도 못했다. 금발의 크리스토퍼는 얼굴이 창백한 채, 너무 여위어서 뼈만 앙상했고 눈은 사시였다. 그리고 매우 고통스러워 보였다.

"여기 엑스레이 사진들이 있습니다." 닐이 내게 커다란 봉투 하나를 건네주며 말했다.

"우리가 직접 가져왔습니다."

나는 엑스레이 사진을 건네받아 빛에 비추어 보았다. 그리고 이렇게 말했다.

"산화뇌간종양 같군요." 나는 잠시 멈추어 부모들을 쳐다보았다.

"뇌간에 종양이 여기저기 흩어져 있어서 수술을 해도 치료가 불가능합니다. 죄송하지만 손을 쓸 수 없군요."

"카슨 박사님, 하나님께서 우리 아들을 치료해 주실 겁니다. 홉킨스병원에 오기 전에 많은 기도를 했습니다. 아들을 여기에 데리고 오면 크리스천 신경외과의사를 만날 수 있다는 확신이 있었습니다. 당신이 크리스천이라는 사실을 알고 우리가 제대로 찾아왔다고 생각했습니다." 닐이 말했다.

"우리는 치료되리라 믿고 있습니다." 라고 캐롤이 말했다. 사실 그녀는 거의 말이 없는 편이었다. 그러나 그녀의 조용한 목소리는 확신으로 가득 차 있었다.

솔직히 말해서 나는 그 부모의 태도로 인해 굉장히 놀랐다. 그렇게 확신 있게 말하는 부모를 만난 적이 없었기 때문이다. 나는 그들에게 어떤 희망도 줄 수 없었지만, 그들을 위해 무언가 하고 싶다는 생각이 들었다.

"그렇다면 내가 할 수 있는 일을 찾아보죠. 우선 방사선과 의사들에게 엑스레이 사진을 보여 줘야겠군요. 내가 알아내지 못한 것을 그들이 알아낼 수도 있으니까요." 결국 나는 이렇게 말했다.

"어떤 일이든 좋습니다. 하나님께서는 확실히 당신을 사용하실 것입니다." 닐이 말했다. 방사선과 의사들은 엑스레이 사진을 자세히 살펴보고 나서 이렇게 말했다.

"산화뇌간종양 같군요."

"단층촬영을 더 해볼 수 있을까요? 자기공명영상촬영술(MRI)이 좋을 것 같군요. 산화뇌간종양이 아닌 다른 것일 가능성이 있는지 알아봅시다." 내가 말했다.

"좋습니다. 왜 안 되겠습니까?" 그는 어깨를 들썩이며 말했다. 우리는 크리스토퍼에게 MRI을 시행하였다. 잠시 후에 그것은 산화뇌간종양이 틀림없다고 판명되었다. 전에 내가 그 부모에게 말했던 그대로였다.

"카슨 박사님, 하나님께서는 당신을 사용하셔서 아이를 치료하시려고 합니다." 닐이 말했다.

"하나님께서 어떻게 그 일을 하실지 모르겠습니다." 나는 그들에게 고통을 주지 않도록 하면서 되도록이면 솔직한 말을 하려고 애썼다.

"더 이상 일을 진행시킬 만한 합리적인 근거가 없기 때문입니다. 우리가 행한 모든 테스트 결과 확실히 수술이 불가능하다고 생각됩니다. 이 사실을 인정하십시오."

"제발, 박사님. 당신은 그 이상의 일을 하실 수 있습니다. 하나님께서 우리 아들을 치료하기 위해 당신을 사용하실 것입니다." 닐이 강력하게 주장했다. 나머지 대화를 다 기억해낼 수는 없지만, 나는 몹시 부담스러워 더 이상 무슨 일을 해야 할지 확신이 서지 않았다.

"당신의 믿음에 깊은 감명을 받았습니다. 그렇지만 저도 어쩔 도리가 없습니다."

"하나님께서 우리 아들을 치료해 주실 것입니다. 우리는 의심치 않아요. 그렇게 되리라고 믿습니다." 닐은 허세를 부리거나 소리치지도 않았다. 그저 조용히 아주 확신 있게 말할 뿐이었다.

"좋습니다. 그럼 생각해 보죠." 나는 닐의 강요에 어느 정도 굴복했던 것 같다. 그렇지만 치료책을 강구해야 되겠다고 결심하게 된 데는 그 이상의 이유가 있었다. 그것은 다름 아닌 그 부모의 의심 없는 믿음이었다.

"어떻게 할 것인지 말씀드리겠습니다. 먼저 손상 부분의 생체조직 검사를 하겠습니다. 그렇게 함으로써 정확한 종양의 형태를 알아낼 수가 있습니다. 그 다음 방사선요법이나 화학요법을 사용한다면 아마 아들의 생명을 연장시킬 수 있을 것입니다."

"당신 생각대로 해 주십시오."

"그럼 다음 사항을 양해해 주시기 바랍니다. 크리스토퍼가 수술을 받게 되면, 살 수는 있지만 온전하게 살 수 있다고 말할 수는 없습니다. 당신은 아이가 어떻게 되든 상관하지 않겠다는 말씀이신 것 같군요. 내 말이 맞습니까? 기꺼이 그렇게 하시겠습니까? 어떤 결과가 나오든 허락하시겠습니까?"

"물론입니다. 우리는 당신이 어떤 일이든 시도해 보길 원합니다. 당신이 수술할 때, 하나님께서 당신을 통해 아들을 치료해 주실 것을 알고 있기 때문입니다." 닐이 말했다.

"당신도 알다시피 최악의 결과가 예상되지만, 생체조직검사를 해 보겠습니다."

나는 좀처럼 낙관할 수가 없었다. 그들에게 집으로 돌아가서 그것으로 만족하라고 권하고 싶었다. 며칠 후, 나는 크리스토퍼를 수술하게 되었다. 소뇌를 들어내고 뇌간 부분에 이르자 회색빛의 끔찍한 악성종양이 눈에 들어왔다. 나는 표본(절단한 부분을 냉동시킨 것)을 떠서 실험실로 보냈다. 곧 병리학과 의사가 최악성 뇌종양이라는 예비 보고서를 보내왔다.

"여하튼 되도록 많이 제거해 봅시다." 내가 수술팀에게 말했다.

나는 종양을 제거하기 시작했다. 잠시 후에 많은 주요 조직들과 뇌 신경 그리고 대동맥이 보이기 시작했다. 그 순간 나는 "수술 중지!"라고 소리쳤다. 계속 수술을 진행한다면 뇌간의 뇌 섬유를 손상시켜 크리스토퍼에게 더욱 해를 줄 수 있었다. 그렇지 않아도 이미 형편없는 꼴이 되어 있는 그에게 더 이상의 문제를 안겨주고 싶지 않았다. 수술을 끝내자마자 나는 필랜츠에게로 갔다. 슬프기도 하고 괴롭기도 했다. 그러나 상투적인 말을 반복할 수밖에 없었다. 그밖에 무슨 말을 해야 할지 몰랐기 때문이었다. 다만 그들의 확신이 너무도 강했기 때문에 종양수술을 할 수 있었던 것이다. 나는 수술 상황을 설명한 후 이렇게 말했다.

"당신 아들에게 이렇게 끔찍한 악성종양이 생긴 이유를 모르겠습니다. 도저히 제거할 수가 없습니다. 아마도 당신 아들은 인생의 목적을 이미 이룬 것 같군요. 하나님만이 시작과 끝을 아십니다. 이유는 묻지 마십시오."

"감사합니다. 카슨 박사님. 당신이 신실한 분이시라는 것을 압니다." 닐이 말했다.

"그렇지만 하나님은 나의 아들을 고쳐주실 것입니다. 단지 나는 그 사실을 알고 있을 뿐입니다."

"당신의 믿음은 정말로 대단하십니다."

나는 여전히 하나님께서 아들을 치료해 주실 것이라고 너무도 확실하게 선언하는 그들의 말을 믿을 수 없었다. 그들의 얼굴에는 의심의 표정이 조금도 없었다. '이 사람들은 광신자들인 것 같군. 지금은 이해하지 못하지만 곧 알게 되겠지.' 라고 그들과 헤어지면서 생각했다. 사실 나는 크리스토퍼가 계속 악화되어 병원에서 사망할 것이라고 생각했다.

그러나 크리스토퍼는 점점 회복되어 갔다. 그 누구보다도 놀란 사람은 바로 나 자신이었다. 크리스토퍼는 감각도 좋아졌고, 두 눈도 같은 방향으로 초점을 맞추기 시작했으며, 침을 흘리지도 않았다. 그리고 침대 위에서의 몸의 움직임이 보다 좋아졌다. '도대체 어떻게 된 일인가?' 나는 이렇게 자문해 보았다. 며칠 후, 나는 그 아이가 엄청나게 달라진 모습을 보고 의아해 하지 않을 수 없었다. 나는 간호사를 향해 이렇게 말했다.

"단층촬영을 다시 해봅시다." 우리는 다시 CAT과 MRI를 해보았다. 여전히 그 끔찍한 종양이 뇌간에 많이 남아있는 것을 볼 수 있었다. 그러나 더 자세히 조사해 본 결과, 한쪽 구석에 조그만 응대(띠 모양의 다발로 된 세포조직)가 보였다. 뇌간이 그 곳에 자리 잡는 것이 가능한 일인가? 종양이 뇌간 바깥쪽에 위치할 수도 있단 말인가?

종양에 밀리면서도 뇌간이 그 곳에 자리 잡을 수 있단 말인가? 수술 전에는 종양이 너무 많아서 뇌간을 볼 수 없었다. 과연 뇌간을 볼 수 있을 정도로 종양의 세력이 약화되는 일이 가능한가? 나는 그 해답을 찾을 수 있는 유일한 방법을 알고 있었다.

"다시 들어가 보는 것이 좋겠습니다." 내가 부모에게 말했다.

"할렐루야!" 닐이 너무 조용하게 속삭였으므로 나는 간신히 그 말을 알아들을 수 있었다. 캐롤의 눈에는 눈물이 고였다. "오, 감사합니다. 정말 감사합니다." 그녀가 말했다.

나는 뇌간의 응대가 있다는 확신으로 수술실로 되돌아와서 종양세포를 빨아내기 시작했다. 점점 그 양이 줄어드는 것을 알 수 있었다. 종양은 여러 틈 사이로 교묘히 파고 들어가 있었다. 마침내 나는 뇌간의 응대를 발견했다. "여기 있다!" 나는 큰소리로 외쳤다. 나는 그것이 전에 본 뇌간이라는 사실을 발견하고 기쁨을 감출 수 없었다. 뇌간은 손상되지 않았다. 처음엔 거의 납작한 모습이었으나, 종양을 제거하자 다시 원래 모습으로 부풀었다. 나는 일을 계속하면서도 이 사실을 좀처럼 믿을 수 없었다.

다음 5주 동안 아이는 계속 건강해져 갔다. 그 사이에 신경종양학과의사는 물론 방사선과의사도 최악성 종양이라는 병리학 보고서를 받았다. 그들이 최악성 뇌종양이라고 생각한 이유를 충분히 이해할 수 있었다. "분명히 이 환자에게 방사선치료나 화학치료, 혹은 이 두 가지를 병행해 볼 필요가 있습니다." 그들이 내게 한 말이었다. 나는 이것을 닐과 캐롤에게 설명하면서 이렇게 덧붙였다.

"그것은 정상적인 의학치료 절차..."

"안 됩니다." 닐이 말했다.

"저도 반대예요." 캐롤이 말했다.

"하나님이 우리 아들을 치료해 주셨어요. 크리스토퍼는 치료되었고, 더 이상의 치료가 필요 없습니다."

"그렇다면 저는 기꺼이 당신의 말씀을 따르겠습니다. 당신도 잘 아시다시피, 당신이 주장하지 않았다면, 저는 이 수술을 행하지 못했을 테니까요." 라고 말했다.

"주장이 아니라 요구였죠." 닐이 웃으며 말했다.

며칠 후, 크리스토퍼는 병원을 떠났다. 그는 4살짜리 다른 아이들과 마찬가지로 얌전하게 자동차로 걸어 나갔다. 그 수술 후 6년이 지난 지금까지 크리스토퍼는 신경학적으로 정상적인 상태를 유지하고 있다.

그 일이 있은 지 몇 달 후, 신경종양학과의사로 근무하던 한 사람이 내게 이렇게 말했다. "벤, 제게 일어난 변화를 이해하실 수 있겠어요? 당신도 알다시피 나는 오랫동안 무신론자였어요. 하나님의 필요성을 느끼지 못했었죠. 그러나 크리스토퍼 사건이 제 생각을 변화시켰지요. 그분들의 믿음과 아이의 완쾌는 제게 많은 영향을 끼쳤어요." 그는 솔직하게 고백했고, 나는 그의 말에 감동을 받았다. "저는 당신이 많은 영향을 받았다는 말을 이해할 수 있습니다." 라고 내가 말했다.

"신앙에는 실제적인 어떤 것이 있어야만 해요. 사실 그 이상이지요. 솔직히 말해서 그 회복 사건 때문에 신자가 되었습니다." 라고 그가 말했다.

지금까지 크리스토퍼에 관한 특별한 이야기와 나의 동료가 하나님을 믿기로 했다는 이야기를 했지만, 이것 이외에도 우선 내 자신이 깊은 감명을 받지 않을 수 없었다. 그때까지 나는 내 자신을 크리스천 의사라고 생각했었다. 나는 규칙적으로 기도하고, 교회도 나갔다. 틀림없이 하나님은 내 삶 가운데 계셨다. 어쨌든 나는 그동안 훈련을 잘 받았었고, 꽤 똑똑하게 행동했으며, 나 자신이 특별한 능력이 있다고 생각했다. 즉, 누가 어떤 일을 할 수 있다고 한다면 바로 내가 그 일을 할 수 있는 사람일 것이라고 믿고 있었던 것이다. 어머니께서는 여러 번 내게 이런 말씀을 하셨다. "벤, 너는 그들이 할 수 있는 일은 다 해낼 수 있어. 너는 그들보다 더 잘 해낼 수 있을 거야!"

나는 나 자신의 훈련과 어머니를 통해 어린 시절부터 교육을 받았기 때문에 자신감을 느끼고 있었다. 아마도 좀 우쭐한 상태였는지도 모른다. 그러나 필랜츠 가족의 일이 있은 후, 나는 세상을 다른 시각으로 보게 되었다. 나는 여전히 내 자신을 잘 훈련되고 능력 있는 사람이라고 생각하고 있었지만, 한편으론 내 삶 속에 하나님의 크신 역사가 있었음을 인정하지 않을 수 없었다. 그때부터 하나님의 역사를 인정하기만 하면, 하나님께서 내가 하는 일에 큰 역할을 담당해 주실 것이라는 강한 확신을 갖게 되었다.

이러한 경험을 이해할 수는 있는 사람도 적지는 않겠지만, 이번 일은 내게 있어서 하나의 계시였다. 나는 지금까지 하나님의 도움을 요청하고서도 기대는 하지 않았으며, 실제로 기도가 이루어졌을지라도 감사하지 않았다. 아마 무의식적으로 하나님의 간섭을 거절했던 것 같다.

「재능 있는 손」에 수록된 대부분의 사례들은 필랜츠 가족의 일이 있은 후에 일어난 일들이다. 예를 들면, 1985년에 미란다(Miranda)라는 여자 아이를 치료하게 되었는데, 그 아이는 매일 백번 정도의 발작을 일으켰다. 미란다는 4살이었다.

홉킨스병원의 소아신경학과장인 존 프리만(John Freeman) 박사와 나는 뇌반구 절제수술(뇌의 반을 제거하는 외과수술 절차)에 대해 토론했다. 이 수술은 10여년 먼저 개척된 분야이지만, 거의 포기 상태였다. 수술하지 않으면 아이는 분명히 사망할 것이라는 사실을 알고 있었기 때문에 우리는 이 수술을 시행하기로 결심했다. 다행히 미란다는 수술 후 회복되었다. 적응력 배양이라고 불리는 과정을 통해 뇌의 나머지 반이 잃어버린 부분의 기능을 담당하게 되었다.

1986년, 나는 카일(Kyle) 쌍둥이를 수술했다. 물론 가장 유명한 수술은 뒷머리가 붙은 샴쌍둥이 빈델(Vindel)의 분리수술이었다. 크리스토퍼의 경험을 통해, 나는 하나님께서 나와 함께 계시므로 내가 요청만 하면 도와 주신다는 사실을 분명히 깨닫게 되었다. 나는 그 일이 있은 후, 더욱 자주 하나님을 찾게 되었다.

위험을 무릅쓰고

젊은이들이 억제되게 행동하거나 자신의 장기를 마음껏 뽐내
보기도 전에 좌절되는 일이 없도록 하라.

바첼 린지(Vachel Lindsay)

크게 생각하고 최선을 다하기 위해서는 때때로 위험을 무릅써야 할 경우도 있다. 특히 우리가 활동하고 있는 의학 분야에서는 분명한 사실이다. 위험을 무릅쓴다는 것은 그 결과를 확신할 수 없다할지라도 옳다고 생각하는 바를 행하는 것이라고 생각한다. 내가 취한 조치가 당장 죽어가고 있는 사람을 살릴 수도 있다는 일말의 가능성을 제공할 수도 있기 때문에 나는 모험을 감행한다.

본 장에서 나는 경우에 따라서는 치명적일 수도 있는 매우 위험한 수술을 받은 세 사람을 소개하고자 한다.

첫 번째로 더스티 필립스(Dusty Phillips)라는 남자 어린아이에 대한 이야기이다. 더스티는 1985년에 원시신경 외세포 종양, 즉 뇌반구에 생긴 최악성 뇌종양 때문에 웨스트버지니아를 떠나 우리를 찾아 왔다. 이 종양은 대체로 치명적이고 매우 빨리 자란다.

당시 종양의 생체조직검사를 담당했던 웨스트버지니아의 신경외과의사들은 아이에게 화학요법을 행했으나 종양은 계속 진행되었다. 생체조직검사나 부분절제수술을 하고 나서도 활성 악성종양으로 분류되면, 의사들은 보통 화학요법으로 치료하게 된다. 그래도 종양이 쇠퇴하지 않으면, 의사들은 대체로 이렇게 말한다. "가능한 모든 방법을 다 해보았습니다. 환자를 편하게 해 주십시오."

물론 "환자를 편하게 해 주십시오." 라는 말의 진의는 환자가 곧 사망하게 된다는 뜻이다. 의사들은 상황을 반전시키기 위해 알고 있는 모든 기술을 다 사용해 보았지만, 아무 소용이 없었다. 더스티의 경우 단지 그들이 해 줄 수 있었던 유일한 충고는 가족들에게 너무 큰 기대는 하지 말라고 하면서 "존스홉킨스병원에 가 보세요. 거기에 가면 어떤 방법이 있을지도 모르겠습니다. 그들은 새로운 외과수술을 하고 있거든요." 라고 일러 준 것이 전부였다. 그 말은 환자에게 필요한 희망의 말이었다. 그들은 아이를 홉킨스병원으로 데리고 왔다. 나는 더스티를 검사 해 보고 웨스트버지니아 의사들의 진단에 동의했다. 하지만 나는 이렇게 덧붙였다.

"그러나 당신 아들이 살 수 있는 희망이 조금은 있습니다. 크게 기대하는 바는 아니지만…"

"제발, 카슨 박사님. 할 수만 있다면 무엇이든지 해 보세요." 아이의 아버지인 피터 필립스가 말했다.

나는 한참동안 그 부모와 조용히 대화를 나누었다. 그들에게 엉뚱한 희망을 심어주고 싶지는 않았기 때문이다. 나는 내가 할 수 있는 것들을 설명해 주면서 위험을 무릅쓴 수술이라는 것을 확인시켜 주고자 했다. "악성종양을 충분히 절제해 내도록 하겠습니다." 당시 더스티는 태어난 지 만 1살이 되어가고 있었다. 오래 기다리면 기다릴수록 위험은 점점 더 커지고 있었다. 나는 그들이 마음의 결심을 굳히기 전에 이렇게 말했다.

"문제는 치명적인 출혈입니다. 그리고 더스티의 경우에는 감염될 가능성도 배제할 수 없습니다. 화학치료를 받아 이미 쇠약해져 있으므로 전염병을 이겨낼 수는 없을 것입니다. 그리고 신경이 약해질 위험성도 고려해야 합니다."

"무슨 뜻이죠?" 필립스 여사가 물었다.

"마비 증세를 뜻합니다. 부분적으로 마비될 가능성이 큽니다만, 전신마비도 예상됩니다. 혹은 그 이상일지도 모릅니다. 또한 감각이 변할 가능성도 있습니다. 당신도 알다시피 더스티는 심한 장애를 일으키거나, 혹은 더 심각한 상태가 될지도 모릅니다. 심지어 혼수상태가 될 수도 있습니다."

"우리가 할 수 있는 일은 다 해보겠습니다." 아버지가 말했다. 그는 당황하고 걱정스러워 하면서도 최선을 다하려는 것 같았다.

그때, 어머니가 나를 똑바로 쳐다보며 이렇게 질문했다. "그렇지만 당신이 이 일을 하지 않는다면 어떻게 되겠습니까? 위험을 무릅쓰지 않는다면 말입니다."

그 말을 듣는 순간, 오래 전에 타렌 박사가 한 말이 떠올랐다. "확실히 위험한 수술입니다. 그렇지만 어차피 아무 것도 하지 않으려거든 한 가지라도 선택해야지요." 나는 그녀를 쳐다보면서 이 말을 반복했다. 그녀의 남편은 서서히 고개를 끄덕였다. 그러자 그녀가 말했다. "그렇다면 그 일을 하세요."

더스티의 감염 부위는 뇌반구의 많은 부분을 차지하고 있었다. 그때까지 나는 여러 번 뇌반구 절제수술(뇌의 절반을 제거하는 수술)을 시행해 보았기 때문에 거의 완벽에 가까운 수술을 할 수 있으리라고 생각했다. 사실 근치수술(혹은 실험수술)이라고 불리는 그런 수술 절차를 시행해 본 외과의사는 거의 없었다. 나는 그런 사실을 잘 알고 있었으나, 내겐 이미 수술에 성공해 본 경험이 있었다. 불과 몇 차례의 수술이었지만 실패해본 적이 없었다. 나는 어떤 방식으로든 종양으로 손상된 뇌의 모든 부분을 제거할 생각이었다.

우리는 뇌경막(뇌를 덮고 있는 부분) 절단수술도 했다. 이어서 종양학과 의사는 우리가 생각해낸 치료법과 더불어 또다시 화학치료법으로 아이를 치료했다. 종양은 다시 생기지 않았다.

5년이 지난 지금, 더스티는 정상이다. 또한 신경학적으로도 이상이 없으며, 더 이상 종양이 생기지 않을 것이라는 확증도 받았다.

우리는 위험을 무릅쓰고 더스티를 수술했으며, 나는 미리 이런 상황을 그 부모에게 설명해 주었다. 우리는 최선을 다했고, 위험을 무릅쓴 보람이 있었다. 그 일이 있은 이후로 비슷한 처지에 있는 아이를 만나게 되면 주저하지 않고 수술을 시행하게 되었다. 더스티의 뇌에 근치수술을 해서 얻은 지식과 경험을 십분 활용할 수 있다는 분명한 확신이 생겼기 때문이다.

두 번째 이야기는 데이비드 트라우트만(David Troutman)에 관한 이야기이다. 나는 그를 크게 생각하고 최선을 다하는 사람의 본보기로 삼는다. 그는 전문직 의사들도 자신을 포기하지 않게 한 대단한 의지의 화신이었기 때문이다. 그 일에 관여한 우리 모두는 위험을 무릅쓰고 기꺼이 그의 치료를 맡았다. 데이비드를 처음 담당했던 신경외과의사와 신경종양학과의사도 지속적인 노력을 기울였다. 우리 세 사람은 그가 최악의 처방을 받아야 한다는 사실을 알고 있었다. 데이비드 역시 자신의 상태가 계속 악화되는 상황에서도 생명을 위해 싸우기로 결심했다. 그에게는 초기 단계의 뇌간종양이 있었다.

홉킨스병원의 한 신경외과의사가 데이비드의 종양에 대한 생체조직검사와 진단을 한 후, 방사선 치료를 실시했다. 그러나 2년이 지난 후에도 종양이 계속 자라났으므로 그 의사는 화학치료법으로 방법을 바꿨다. 그 의사는 최소한 종양의 성장을 억제시키려고 했던 것이다. 1988년에 데이비드는 스테로이드(스테롤, 담즙산, 성호르몬 등 지방 용해성 화합물의 총칭)가 계속 증가하는 단계에 이르렀다. 종양도 계속 성장하는 것 같았다.

나는 1988년에 데이비드를 처음 만났다. 당시 그의 모습은 말로 표현할 수 없었다. 그는 그때 22살로서 내가 담당한 대부분의 환자 보다 나이가 많았다. 투병 전 그는 외모가 수려한 활동적인 사람으로서 기계 엔지니어로 일했다. 그러나 1984년에 병을 얻은 후, 모든 상황이 변했다. 스테로이드로 인해 몸 전체가 부어올라 휠체어 신세를 지지 않을 수 없었다.

담당 의사와 나는 신경종양외과팀과 더불어 MRI로 여러 번 살펴보았던 손상 부분이 뇌간과 맞닿아 있는 것 같다고 결론 내렸다. 종양이 뇌간 속으로 파고 들어갔음이 분명했다.

모든 검사와 테스트를 마친 후, 나는 이렇게 요청했다.

"일을 계속 진행시킵시다."

"당신은 이미 뇌간수술에 성공해서 환자들을 살린 경험이 있습니다. 따라서 나는 이 수술에 동의합니다." 동료 중 한 사람이 말했다.

"환자에게 돌아갈 피해를 최소한으로 줄이고, 종양을 제거할 수 있는 기회입니다." 다른 사람이 말했다. 그래서 우리는 수술을 하기로 결심했다. 예상했던 대로 우리는 어려운 수술을 해야 했다.

데이비드의 뇌간까지 진입하는 것도 간단한 문제는 아니었다. 오랫동안 방사선치료와 화학치료로 생긴 흉터와 수술 자국으로 인해 세포조직이 단단해지고 혈흔이 남아 있었다. 세포가 교체 되면서 그 가장자리에 분명한 흔적이 남은 것으로 생각되었다. 그것은 마치 니트로글리세린(기름모양의 폭발성 액체, 다이너마이트나 발사약의 원료)이 꽉 차있는 대리석을 찾기 위해 엄청난 양의 모래를 파들어 가는 것과 같았다. 그렇다고 무조건 헤집고 들어갈 수는 없었다. 잘못 하다간 폭발을 일으켜 회복할 수 없는 치명적인 손상을 입힐 수 있기 때문이다.

마침내 뇌간에서 세포조직을 추출해 냈다. 데이비드는 혹독한 후유증을 앓고 있었다. 각종 폐질환과 여러 번에 걸쳐 발병한 폐렴, 내장 기능의 문제, 반복되는 고열, 심지어 합병증 등등 그러나 그는 포기하지 않았다. 그의 용기로 인해 그 수술에 관여한 모든 이들이 힘을 얻었다. 데이비드가 최악의 상태였을 때, 다른 부서의 한 의사가 그를 진찰하러 왔던 것으로 기억된다. 그 의사는 그에게 그릇된 희망을 갖지 않도록 다음과 같이 말했다.

"당신은 음식을 다시는 삼킬 수 없을 것입니다. 항상 위에 튜브를 꽂아서 음식을 섭취해야 할 것입니다."

"글쎄요. 잘못 생각하셨군요." 데이비드는 이미 약해진 목소리로 힘주어 말했다.

"저는 다시 음식을 삼킬 수 있을 것입니다. 그리고 그밖에 제가 하고 싶은 일은 모두 다 할 것입니다."

그가 어디에서 그런 용기가 났는지 알 수 없지만, 그는 회복될 것이라는 신념을 결코 버리지 않았다. 그의 확신 때문에 우리들도 계속 일을 진행할 수 있었다. 그가 계속 병과 싸우기로 한 이상, 우리도 포기할 수 없었던 것이다. 그는 넉달 동안 입원해 있었다. 이제 그는 음식물을 삼킬 수 있을 뿐만 아니라 걸을 수도 있다는 사실을 독자 여러분에게 전한다. 스테로이드의 과다로 인해 불었던 몸이 줄어들었다. 목소리도 강해졌다. 대체로 그는 매우 건강해진 것이다. "결코 포기하지 않겠습니다." 그는 여러 번 이렇게 말했다. 나는 그의 말이 뜻하는 바를 알고 있었다.

데이비드의 이야기는 최선을 다하고 크게 생각하라는 나의 철학을 극명하게 보여주었다. 최소한 생명이 붙어있는 한, 치료를 받고서도 병이 계속 악화된다하더라도, 무슨 일이든 그에게 필요한 도움을 주는 것은 가치 있는 일이다. 이런 경우엔 위험하지만 근본적인 치료를 해야 한다고 생각한다. 결국 대안이 없다면 환자는 병이 악화되어 죽게 될 것이다.

데이비드의 경우 어쩌면 포기하는 것이 더 수월했을지도 모른다. 그러나 나는 그렇게 할 수 없었다. 담당 내과의사나 다른 신경외과 의사도 마찬가지였다. "애써봐야죠." 우리들 중 한 사람이 한 말이었다. 이 간단한 말이 우리 모두의 느낌을 표현한 말이었다.

데이비드가 처음 병원에 왔을 때, 그는 죽어가고 있었다. 그것은 곧 우리가 도와줄 수 있는 기회였던 것이다. 기회가 있을 때는 그것이 아무리 사소한 것일지라도 위험을 무릅쓰고 환자가 온전한 삶을 살 수 있도록 가능한 모든 일을 해야 한다고 생각한다.

세 번째는 앰버 카일(Amber Kyle)에 관한 이야기이다. 내가 그 일에 관여하게 된 것은 한 통의 전화 때문이었다. "벤, 이 일에 당신의 조언이 정말 필요해요. 우리는 지금 쌍둥이 여자아이를 곧 해산하게 될 환자를 돌보고 있어요." 볼티모어의 산부인과 의사인 필 골드스타인(Phil Goldstein)이 전화로 말했다.

"초음파 진단 결과, 쌍둥이 중 한 명이 수두증에 걸려 머리 부분이 급속히 팽창하고 있다는 사실을 알아냈어요." 그는 자신들의 문제를 알려왔다.

1986년 여름이었다. 필과 그의 동료들이 걱정한 것은 한 아기의 머리가 너무 빨리 팽창하기 때문에 그 아기들이 자궁 밖으로 나오기도 전에 산모가 진통을 겪는다는 것이었다.

"어떻게 하겠습니까? 우리가 그 일에 개입할까요?" 그가 내게 물어보았다.

"그렇게 합시다. 다시는 이런 기회도 없을 테니까요." 라고 나는 말했다.

조기진통을 막을 수 있는 유일한 방법은 아기들이 아직 자궁 속에 있을 동안에 수두 증세를 약화시키는 수술을 시행하는 것이다. 문제는 외과의사들이 그런 수술을 해 본 경험이 없다는 것이었다. 그럼에도 불구하고 나는 할 수 있다고 믿었고, 필도 동의하는 것 같았다.

더 많은 배경 지식과 정보를 얻기 위해 우리는 당시 플로리다에서 개업 중인 로버트 브로드너(Robert Broadner)라는 신경외과의사와 이야기를 나누었다. 우리는 그가 필라델피아에 거주할 때, 이 분야를 연구했다는 사실을 알고 있었다. 브로드너는 양이나 기타 동물들을 대상으로 수술을 시도했었다. 즉, 새끼들이 아직 자궁 내부에 있을 때, 치료제를 삽입하는 특별한 형태의 측로수술을 고안해 냈던 것이다. 이 수술은 성공적으로 시행되었지만, 아직 사람에게 시도해본 적이 없었다.

필과 나는 비행기로 플로리다에 가서 브로드너 박사를 만났다. 우리는 세 사람 모두가 느끼기에 안전하다고 생각된 가장 효과적인 기술을 공동 개발했다. 나는 처음에 이 기술을 홉킨스병원에서 사용해 볼 생각이있다. 그렇지만 그 수술이 여전히 실험수술로 간주되었기 때문에 승인을 얻으려면 매우 복잡한 질치를 겪어야 했다. 그리고 이번 수술에는 시간적 여유가 없었다. 다행히 필이 이미 윤

리위원회와 시나이(Sinai)위원회 그리고 볼티모어의 다른 병원과 교섭 중에 있었다. 그러므로 그들은 모두 그 문제를 알고 있었다.

"시나이위원회에서 이 수술을 허락할까요?" 내가 물었다.

"물론이죠. 우리는 이미 그 수술을 위한 준비를 완료해 놓았으니까요." 필이 대답했다.

내가 시나이위원회에서 이 수술을 행하기 위해서는 단 1회의 수술 기회를 허용한다는 특별 승인을 받아야 했다. 그렇게 되면 존스홉킨스병원은 나의 보증이 되어야 했다. 나는 돈 롱 박사에게 가서 어차피 한 번은 시행해야 할 그 수술 절차에 대해 이야기했다. 역시 그는 기대했던 대로 반응을 보였다.

"이론적 근거가 무엇이지요?" 그는 수사학적 질문을 했다. 그러나 나는 준비가 되어 있었다.

나는 간단히 대답했다. "손을 쓰지 않으면 두 아이를 다 잃어버립니다. 그러나 손을 쓴다면, 최악의 경우일지라도 머리에 구멍을 낸 아이만 잃게 될 것입니다. 최소한 한 아이는 살릴 수 있습니다."

나는 간단하게 설명을 마쳤다. 필과 내가 아무 조처도 취하지 않는다면, 아마 두 아이들은 모두 죽을 수도 있었다. 그러나 측로수술을 이용한다면, 적어도 한 아이는 살릴 수 있었다. 물론 내심으론 둘 다 살리고 싶었다.

"나는 늘 자네를 지지한다네." 돈 박사는 예상했던 대로 반응을 보였다. "수술은 인정이 있는 자비로운 행동이라고 생각하네." 그는 그 수술이 논란의 대상이 되는 수술이라는 사실을 알면서도 이렇게 말했다(논란의 대상이 된다는 측면은 바로 인간에게 실험적인 수술을 하는 것이 비윤리적이라고 생각된다는 점 때문이다. 그런데 이 수술이 그러한 실험적 수술이었던 것이다).

 두 아이를 다 살려내려고 했던 우리 모두는 앞으로 할 일에 대하여 침묵을 지키기로 했다. 공연히 공개되어 언론의 압력을 받고 싶지 않았기 때문이다. 우리는 비밀리에 브로드너 박사가 개발한 측로수술을 시행하기로 했다.

 필은 양수검사(산부인과 의사들이 산모의 자궁 속에서 태아를 둘러싸고 있는 양수를 실험할 때에 이용하는 검사)를 할 때에 사용하는 속이 빈 커다란 관을 주입시켰다. 그 다음 수두증에 걸린 아이의 뇌실에 훨씬 더 작은 일련의 관들을 통과시켰다. 우리는 초음파를 이용해서 TV 스크린으로 우리가 하고 있는 행동을 볼 수 있었다.

 그 다음 우리는 모두 순간적으로 하던 일을 멈췄다. 참으로 긴장된 몇 초가 지나고 나서야 비로소 필이 긴 안도의 한숨을 쉬었다. 우리는 서로 고개를 끄덕였다. 우리는 모니터의 스크린으로 그 아이의 머리가 수축되는 것을 볼 수 있었다.

 "이제 됐어요. 이제 됐어!' 내가 필에게 말했다.

 수술 마스크 때문에 그녀의 눈밖에는 볼 수가 없었지만, 그들의 성공은 소중하게 간직될 기쁨의 순간이었다. 우리는 흥분되었지만, 여전히 아무 말도 다른 사람에게 할 수 없었다. 그리고 아무런 차질이 없음을 분명히 확신할 때까지 이 사건을 기사거리로 내놓고 싶지 않았다.

 산모는 수술 중에나 수술이 끝난 후에도 아무런 어려움을 겪지 않았다. 3주가 지나자 우리는 두 아이의 폐가 충분히 발달했을 것으로 생각했다. 그래서 제왕절개수술로 아이들을 해산시켰다. 그때 우리는 정상적인 아이는 물론 수두증에 걸린 아이도 신경의학적으로 기능과 동작에 이상이 없음을 알았다. 나는 즉시 앰버라는 이름의 그 쌍둥이에게 정상적인 측로수술을 시행했다.

쌍둥이가 태어난 날, 필과 나는 그 수술에 대한 공식적인 발표를 허락했다. 시나이위원회는 사무실에서 기자회견을 가졌다. 그 방은 여러 신문사와 TV 방송국에서 온 기자들로 꽉 들어찼다. 사실 나의 아내 캔디는 그날 밤, CBS 저녁뉴스 시간에 내가 인터뷰하는 모습을 보고 굉장히 놀랐다고 한다.

그러나 불행히도 그 성공적인 결과에 대해 모든 사람이 다 만족해한 것은 아니었다. 뉴스가 나간 다음날, 조금씩 비평이 나오기 시작했다. 두 아이는 모두 살았지만, 대부분의 사람들은 이번 일의 상세한 내막을 알지 못했다. 비평가들은 우리가 불안전하고 실험적인 수술을 했다고 비난했다. 그래서 우리는 이 수술을 행하지 않았더라면 최소한 한 아이는 사망했을 수도 있었다는 사실을 알려주려고 애썼지만 모두가 귀를 기울이지는 않았다.

설상가상으로 이 일이 있기 얼마 전, 뉴잉글랜드 잡지 「메디신」(Medicine)은 "매우 실험적인" 수술에 반대하는 기사를 실었었다. 그 기사에는 실험적인 수술은 대부분 비참할 뿐만 아니라 우리는 의학적인 게임의 단계에 있는 그런 실험을 할 준비가 되어 있지 않다는 내용이 실려 있었다.

그런데 존스홉킨스병원 측은 나를 비평하지 않았다. 그때까지 나는 최소한 여섯 차례의 뇌반구 절제수술의 경험이 있었다. 그 수술에 대한 언론 활동이 활발했기 때문에 사람들은 생명이 위급할 경우에는 그런 모험적인 수술도 하게 된다는 사실을 받아들였다.

 한 달 후, 두 아이가 모두 매우 건강한 상태라는 사실이 알려지자, 비평가들은 태도를 바꾸어 숙연해졌다. 마침내 그들은 "그런 상황에서는 올바른 조처였다."라고 말하기에 이르렀다. 한 비평가는 "그런 상황이라면 저도 같은 행동을 취했을 것이 분명합니다."라고 말했다.

 물론 나는 비평가들이 우리를 옹호해 주어 기뻤다. 그러나 솔직히 말해서 그들의 비난은 별로 중요하지 않았다. 우리는 올바른 일을 했다는 것을 알고 있었다.

 이것이 이 이야기의 핵심 부분이다. 같이 일했던 모든 사람과 필과 브로드너 박사 그리고 나는 최선을 다했을 뿐만 아니라 우리가 옳다고 믿는 바를 행했다. 올바른 일이 대중적이지 못하거나 여러 사람의 지지를 얻지 못할 때, 그 일을 진행시키는 것은 쉬운 일이 아니다. 그러나 우리가 진정으로 다른 사람들을 걱정한다면, 어떤 위험도 무릅써야 할 것이라고 생각한다.

 두 아이는 모두 다 건강하게 성장했다. 우리는 앰버에게 후속 수술(두 차례의 수정 측로수술)을 해야 했다. 그리고 앰버의 머리가 너무 커져서 머리 크기를 줄이고 그 모양을 바로 잡기 위해 두개골 형성술을 시행했다. 가끔 발작을 일으키기는 하지만, 앰버는 이제 예쁘고 건강한 4살짜리 소녀가 되었다.

8
더욱 최선을 다하라

태양을 향해 쏜다면, 별을 맞출 수도 있다.

바넘(P. T. Barnum)

그 수술은 10시간에 걸친 어려운 수술이었지만, 무사히 잘 진행되었다. 그날 밤, 나는 피곤에 지쳐 집으로 돌아왔다. 그런데 새벽 2시경 전화벨이 울렸다.

"프레스만이 재채기를 합니다." 한 레지던트가 다급하게 말했다.

"오, 안 돼." 나는 수화기를 내려놓고 옷을 입으며 중얼거렸다.

나는 존스홉킨스병원의 종양학과 간호사로 근무하는 로버트 프레스만(Robert Pressman)을 치료하면서 예상과는 달리 매우 귀중한 경험을 하게 되었다. 로버트는 부비강(비강에 잇달아 여러 뼈의 내부에 뻗쳐있는 4쌍의 빈 곳, 보통 축농증은 이 곳에 생기는 염증임)에 악성종양이 생겨 뇌의 기저 부분까지 확장되었다는 사실을 알게 되었다. 나는 유능한 외과의사이자 이비인후과 전문의사인 홉킨스병원의 존 프라이스(John Price)와 함께 로버트에게 두개골 안면절제술을 시행했다. 대개 이런 수술은 머리의 전면과 코를 통해서 내부로 들어가야 하기 때문에 8시간에서 12시간 정도 걸린다.

뇌의 기저 부분을 따라 깊숙이 자리 잡고 있는 종양을 수술하기 위해서는 안면과 머리 부분을 들어내야 한다. 아마도 샹들리에의 이미지를 떠올리면 이해에 도움을 줄 것이다(사실 나는 그 수술을 샹들리에수술이라고 부른다).

즉, 이런 식으로 설명 할 수 있다. 어떤 낡은 집에 샹들리에가 있는데, 그 샹들리에를 제거하기 위해 그 집안으로 들어간다면, 우선 샹들리에를 받을 사람들을 대기시켜야 할 것이다. 그 다음 샹들리에에 붙어있는 전선을 떼고 사람들을 2층에 데리고 가서 샹들리에 고정판 주변에 구멍을 낸다. 일단 이 일을 하고 나서 아래 있는 사람들에게 샹들리에를 내려줄 수 있을 것이다.

이러한 유추 방법을 이용해 신경외과의사가 위에서 뇌를 들어올려 두개골의 기저를 따라 자리 잡은 종양을 분리시켜 밑으로 내려보내는 동안, 아래층을 담당한 의사는 밑에 있는 종양을 떼어낸다. 그런 다음 안면을 통해 떼어낸 종양을 끄집어 낼 수 있다.

로버트는 재채기를 하게 된 이후로 신체 상태가 급격히 저하되기 시작했다. "그는 정신적으로 매우 불안해하는 것 같아요." 레지던트가 말했다. 내가 병원으로 돌아가기 전에 그들은 엑스레이 검사를 했다. 그 결과 로버트의 두개골에 엄청난 양의 공기가 들어간 것으로 확인되었다. 그가 재채기를 할 때, 두개골 안으로 공기가 들어간 것이다. 이것은 뇌를 손상시키는 원인이 되었다. 그는 계속해서 악화되었다.

 우리는 두개골의 압력과 공기의 양을 줄이기 위해 할 수 있는 모든 조치는 다 취해 보았다. 일반적으로 두개골의 공동에는 공기가 없는데, 재채기로 인해 공기가 그 안으로 밀려들어간 것이다. 이렇게 되면 두개골의 공간이 꽉 차게 될 뿐만 아니라 많은 압력을 받게 되어 결국 뇌는 그 충격으로 손상을 입게 된다.

 그 다음 주 내내 그는 계속 악화되어 더 이상 어떤 지시에도 반응할 수 없는 지경이 되었다. 그래서 우리는 그에게 호흡관을 설치하게 되었다. 그러나 그의 동공은 전혀 반응하지 않았으며, 그는 인형의 눈(Doll's eyes, 사람의 머리가 돌아가게 되면, 눈이 머리의 움직임을 따라가는 것이 일반적인 현상인데 이것을 소위 인형의 눈이라고 부른다. 눈이 머리에 고정된 채로 있으면 불길한 징조이다)도 잃어버렸다.

 로버트에게는 상당히 불길한 징조였다. 그가 계속 악화됨에 따라 우리들 중 대부분은 이제 마지막 단계까지 왔다고 생각했다. 나는 홉킨스병원의 같은 간호사인 그의 아내 돌로스(Dolores)와 그를 어떻게 처방할 것인지를 의논했다. 돌로스는 중환자실과 신경외과에서 많은 훈련과 경험을 쌓았기 때문에 그녀가 모르고 있는 부분을 쉽게 설명해 줄 수 있었다. 그녀는 조용히 내가 하는 말을 경청했다. 그녀는 잠시 침묵을 지키다가 이렇게 말했다.

 "이해해요."
 "유감입니다…"
 "저는 며칠 전에 남편이 회복되지 못할 것이라고 단정 내렸어요.

이제 한계 상황에 왔군요."

그녀는 전문 간호사답게 감정을 드러내지 않았다. 우리는 계속 대화를 나눴다. 그녀는 분명히 당면한 고통을 극복하려고 애를 쓰고 있었다. 그녀의 최대 걱정은 자녀들에게 이런 비극을 어떻게 설명하느냐 하는 것이었다. 그녀의 아이들은 나의 세 아이들과 거의 비슷한 또래였다. 대화를 나누면서 나는 캔디가 그 상황을 어떻게 헤쳐 나갈지 궁금했다.

"어떻게 생각하세요?" 돌로스가 생각에 빠진 내게 물었다. "아이들을 병원에 데려와서 이런 상태에 있는 아빠를 보여줘야 할까요? 아니면 평소 아빠의 모습을 간직하도록 놔둘까요? 그들에게 아빠가 집에 돌아오지 않을 것이라고 어떻게 말해야 하나요?"

그녀는 여러 가지로 나의 생각을 물어보았다. 우리는 오랫동안 그 상황에 대해 의논했다. 물론 결정은 그녀가 해야 할 일이었기 때문에 그 이상은 요청하지 않았다. 나는 그녀가 단순히 그런 질문을 필요로 한다고 생각했다. 결국 그녀는 아이들을 중환자실의 로버트에게 데려오지 않기로 결정했다. 무엇보다도 그녀는 이런 상황에 매우 잘 대처했다. 그녀는 모든 실제적인 질문을 해 보고 가장 현명한 결정을 찾아내려고 애썼다. 그녀는 겉으로는 피곤에 지쳐보였지만, 마음이 강한 여자였다. 반면에 나는 두려움을 느끼고 있었다.

첫째로, 나는 로버트가 병에 걸리기 전에는 그를 잘 알지 못했지만, 어쨌든 내 마음에 든 사람이었다. 그가 죽는다면 나로서는 귀중한 사람을 잃게 되는 것이다. 또한 그를 치료하고 수술하는 동안, 나는 이 친구가 나와 상당 부분 비슷한 사람이라고 생각하기 시작했다. 즉, 우리는 동갑이고, 세 자녀의 아버지라는 점, 그리고 그의 큰 아들이 나의 큰 아들보다 2살 많은 8살이라는 점이었다.

둘째로, 로버트가 죽음에 직면하게 되자, 나는 내 자신과 가족을 생각하면서 착잡한 기분이 들었다. 그리고 내 어린 시절의 기억이 되살아났다.

특히 8살 때의 어린 시절의 고통 어린 추억이 밀물처럼 밀려왔다. 부모님이 이혼하셨을 때, 나는 8살이었다. 그때 나는 아버지가 밤에 더 이상 귀가하지 않을 것이라는 사실을 받아들였다. 이제는 아버지가 직장에서 돌아오실 때, 거리에 뛰쳐나가 아버지를 만나는 기쁨도 없겠지. 이제는 아버지가 디트로이트 거리를 운전할 때, 아버지의 옆에 앉을 수도 없겠지. 아버지 없는 아이로서 내가 느끼는 고독감은 뼈에 사무치도록 절실 했다.

그리고 다음과 같은 사실들이 궁금했다. 누군가 내 아이들에게 아버지가 더 이상 집에 돌아오지 않을 것이라고 말한다면, 내 아이들은 어떻게 느끼게 될까? 아버지가 다시는 자신들과 놀아줄 수 없다면, 아버지가 더 이상 책을 읽어주지 못한다면, 같이 산책할 수 없다면, 누군가 "네 아빠는 다시 돌아오지 않을 거야." 라고 말한다면, 내 아이들은 어떻게 반응할까?

나는 로버트와 동일시 되어 밀려오는 격한 감정을 떨쳐 버릴 수 없었다. 의료진들은 내 마음의 생각을 읽을 수는 없었겠지만, 틀림없이 내가 이 문제를 몹시 걱정한다는 사실은 알아차렸을 것이다. 의료진들은 돌로스에게 했던 것처럼 내게도 많은 도움 을 주었다.

그날 오후, 나는 겨우 생각을 바꾸고 어둡기 전에 그 곳을 니왔다.

병원을 나와 생각해 보고 감정을 정리할 시간이 필요했던 것이다. 주차장으로 걸어가면서 로버트의 죽음이 어린 세 자녀에게 미칠 영향을 생각하니 끊임없이 솟구치는 감정을 지울 수 없었다.

집으로 차를 몰고 가면서도 다른 차량이나 도로가 눈에 들어오지 않았다. "하나님, 한 번 더 기적을 허락하셔서 이 상황에서 구해 주소서." 기도를 할 때, 입술이 떨렸다. "그 불쌍한 아이들 그리고 돌로스. 하나님! 오! 하나님! 제발 도와주세요."

나는 볼티모어로 운전해 가면서 시골의 경치를 훑어보았다. 불과 몇 달 전만해도 로버트와 돌로스는 자신들이 세운 계획에 흥분했었다는 사실이 기억났다. 그들은 좋은 땅을 샀다. 로버트가 병을 진단받을 당시, 그들은 집을 지을 만반의 준비가 되어 있었다. 그런데 이제 모든 것이 사라져가고 있었다.

나는 운전을 계속해 가면서 아이들이 아버지 없이 살아갈 것을 생각하니 슬픔을 이길 수 없었다. 돌로스의 상실감은 얼마나 클까? 그녀도 내 어머니처럼 한꺼번에 여러 가지 일을 하면서 살아갈 수 있을까? 아이들은 그녀가 밤늦게 지친 몸을 이끌고 집에 돌아오는 모습을 꼭 보아야만 할까?

"제발, 제발, 하나님! 비극이 일어나지 않게 해 주세요."

정말 이상한 일이었다. 대처하기 힘들만큼, 모든 상황이 악화되었다. 외과의 관점에서 보면 그 수술은 성공적이었다. 그가 재채기만 하지 않았다면…

"안 돼, 그가 재채기를 하다니. 그는 이제… 끝장이야." 라고 이런 소리를 한 것이 후회스러웠다.

다음 날, 나는 모어하우스(Morehouse)의과대학원의 졸업식 연설을 하기 위해 애틀랜타로 떠날 예정이었다. 연설의 마무리 준비를 하는데 집중하려고 애를 썼지만, 로버트와 돌로스 그리고 그 아이들에 대한 생각이 계속 나옴을 무겁게 짓눌렀다. 그때 이런 기도를 했던 기억이 난다.

"하나님, 여기 도움이 필요합니다. 지금 당장 제 믿음을 의심하셔도 좋습니다. 어쨌든 로버트를 이 상황에서 구해 주세요." 하나님께서 기도를 들어주실 것을 믿었는지 믿지 않았는지는 모르지만, 이런 기도를 해야만 한다는 사실은 알고 있었다.

병원을 떠나 공항으로 가기 직전에 어떤 간호사가 나를 불렀다.

"벤, 로버트의 부모님과 이야기 좀 나눠보시겠어요? 당신과 통화하고 싶어 하십니다."

"안 돼요. 그러면 비행기를 놓치게 돼요. 5분만 더 지연해도 비행기를 탈 수 없어요." 라고 말했다.

그것은 사실이었으나, 그들을 만나 당시의 로버트의 상태를 설명할 자신이 없었다. 그때 나는 이미 정서적으로 너무나 지쳐 있었기 때문에 아마 그들은 나를 위로하고자 했던 것 같다.

로버트의 부모님은 담당자로부터 직접 설명을 듣고 위로를 받을 필요가 있었으나 단지 내게는 시간이 없었던 것이다. 사실 나는 그 전화로 인해 마음이 혼란스러워 계획 했던 것보다 조금 늦게 출발했다. 결국 나는 비행기를 타기 위해 뛰지 않을 수 없었고, 기내에 들어갔을 때는 한층 더 죄의식이 느껴졌다.

나는 주말 내내 연설을 했다. 내가 볼티모어에서 돌아왔을 때도 로버트는 여전히 내 마음속에 깊이 자리 잡고 있었다. 나는 집으로 가기 전에 중환자실로 가서 그의 병실에 들어가 보았다. 그에게는 아무 변화도 없이 여전히 인공호흡기를 하고 있었다. 그는 전혀 움직이지 않았고, 눈은 감겨 있었다.

나는 마음을 진정시키고 그를 살펴보기 시작했다. 로버트의 가슴을 만져보았다. 바로 그때, 그가 손을 내밀어 내 손을 잡는 것이 아닌가! 나는 그의 손을 바라보았다.

"틀림없이 의식 있는 동작이야."

나는 옆에 서 있던 간호사에게 말했다. 비록 나는 조용하게 말하고 있었지만, 내 가슴은 몹시 뛰고 있었다. 이건 믿을 수 없는 사실이었다. 나는 회중전등을 움켜잡고 로버트의 눈꺼풀을 들어 올리고, 빛을 비춰보았다. 인형의 눈이 반응했다.

"어떻게 된 일이지요? 이 사실을 알고 있었나요?" 나는 간호사에게 물었다. 그리고 가볍게 로버트을 툭 쳐보았다. 다시 그의 손이 나를 향해 움직였다. 바로 그때, 주위를 둘러보자 중환자실 의료진의 절반 정도가 나를 둘러싸고 있었다.

"로버트가 움직였어. 그가 스스로 손을 움직였단 말이야."

간호사가 더 이상 웃음을 참지 못하고 이렇게 말했다.

"알고 있었어요. 로버트는 어제 밤에 깨어났어요."

"정말이야? 아무도 내게 말 한 마디 없었어…"

"우리는 당신이 이 일에 얼마나 신경을 쓰고 있는지 알고 있었기 때문에 우리 모두는 당신이 돌아왔을 때, 당신의 반응을 보고 싶었어요." 간호사가 웃으며 말했다.

그 후로 로버트는 빠르게 회복되었다. 이틀 후, 로버트는 인공호흡기를 제거했다. 얼마 지나지 않아 그는 말도 하고 걷기도 했다. 그의 아이들도 아빠를 보러 병원에 왔다. 나는 로버트가 아이들과 함께 노는 모습을 보면서 그윽한 기쁨을 체험 했다. 아버지에게는 자녀들과 함께 지내는 것보다 더 기쁜 일은 없는 것이다.

로버트는 이제 완전히 회복되었다.

며칠 후, 한 간호사가 내게 다가와 이렇게 말했다.

"카슨 박사님, 여기 곧 죽게 된 환자가 또 있습니다. 제발 그를 좀 도와주세요."

분명히 그녀의 말은 반쯤은 진지한 것 같았다.

나는 고개를 흔들었다. "이런 일을 하시는 분은 제가 아닙니다. 이 모든 일을 행하시는 분은 하나님이십니다. 그분은 제가 없어도 이런 일들을 계속해서 행하실 수 있습니다. 만약 하나님께서 기적을 행하려고 하신다면, 그 일을 위해 나를 반드시 필요로 하지는 않을 겁니다."

당시 나는 정말로 그 사실을 믿었다. 그리고 지금도 믿고 있다.

로버트가 퇴원한 지 며칠 후, 흥미 있는 일이 일어났다. 내가 의학 분야에 발을 들여놓은 이래, 나는 설명 할 수 없는 상황을 다루는데 애를 먹는 의사들을 많이 만났다. 결국 그들은 이렇게 시인하곤 했다. "글쎄요, 설명할 수 있을 것도 같은데, 도무지 이해할 수가 없습니다."

그 중 하나님을 인정하지 않는 매우 뛰어난 신경외과의사 한 사람이 며칠 동안 로버트의 문제를 심사숙고하고 있었다. 그는 어떻게든 탐문하여 이 사건의 해답을 얻어내려고 결심했다. 그러나 로버트의 회복에 대해 설명할 수 있는 사람은 아무도 없었다.

"설명이 불가능합니다." 내가 말했다.

"저는 알고 있습니다. 결국 그 문제를 풀었다고 생각합니다." 그가 말했다.

"정말입니까?"

"확실합니다. 하부세포층에 있는 미토론드리아 때문입니다. 그것들이 충격을 준 것이죠."(이것은 중앙신경조직을 구성하고 있는 일부 세포에 의해 만들어진 에너지의 일부가 평상시의 수준으로 다시 작용하기 시작했다는 것이다. 즉, 근본적으로 빛의 밝기를 낮춘 것과 같은 상태로서 완전히 꺼진 상태는 아니었다는 것이다.)

나는 그의 설명을 듣고 나서 이런 질문을 했다.

"전에도 이런 경우를 본 적이 있으십니까?"

"아니요. 없습니다. 그렇지만..."

"이것은 기적입니다. 왜 있는 그대로의 사실을 받아들이지 않습니까? 로버트는 죽었다가 다시 의식을 회복한 것입니다. 성인이 그런 최악의 신경 상태에서 회복된 경우는 처음 보았습니다." 라고 내가 그에게 말했다.

그리고 나는 마지막으로 이렇게 말했다.

"우리는 기적을 설명할 필요가 없습니다. 그저 받아들이기만 하면 됩니다."

로버트 프레스만의 일화는 내게 엄청난 영향을 미쳤을 뿐만 아니라, 최선을 다하는 일의 또다른 면을 이해하는데 많은 도움이 되었다. 사실 그때 우리는 진료실에서 최선을 다했었다. 그때의 상황을 아무리 돌이켜보아도 소홀히 한 일은 아무 것도 없었다. 우리는 최선을 다한 것이었다.

그러나 최선을 다하면서도 여전히 하나님을 의지할 필요가 있음을 알아야 한다. 아무리 최선을 다하더라도 그 마음이 하나님을 떠나 있다면, 그것은 최선을 다한 것이라고 할 수가 없다.

지금도 나는 로버트의 회복에 대해 설명할 수가 없다. 그러나 나는 그 해답을 안다. 내가 기도했다는 것 그리고 다른 사람들도 기도했다는 것이 그 해답이다. 우리가 아무리 최선을 다 해도 그를 치료할 수 없다는 것을 알았을 때, 하나님이 유일한 도움이 되셨던 것이다.

"하나님, 우리에게 기적을 베푸심으로 우리가 행한 최선이 헛되지 않게 하심을 감사드립니다."

PART 2
너는 할 수 있다, 크게 생각하고 최선을 다하라

세상에서 쓸모 있게 되는 것은 행복을 위한 최선책이다

한스 앤더슨(Hans C. Anderson)

9
크게 생각하라

교육은 노년을 위한 최고의 준비이다

아리스토텔레스(Aristotle)

긍정적으로 생각하라! "긍정적인 정신 자세를 견지하라!" "신념을 가지라!" "사람은 생각하는 대로 된다!" "내가 그 일을 해냈으니 여러분도 해낼 수 있다!" 우리들은 오랫동안 이런 슬로건들을 많이 들어왔다. 그러나 흔히 들을 수 있는 말이라고 해서 그 진실성을 무시할 수는 없다. 오히려 더욱 심오한 진리가 담겨져 있음을 알아야 한다.

의학 분야에 종사하고 있는 많은 사람들은 병을 이겨내기 위해서는 몸의 상태나 치료 경과에 대한 예측보다 마음가짐이 더 중요하다는 사실을 깨닫고 있다. 실제로 긍정적인 사고방식은 예상 밖의 결과를 낳는다.

나는 이제껏 만난 환자 중에 토니(Tony)라고 하는 환자를 통하여 이 사실을 가장 절실하게 깨달았다.

이제 막 10대를 벗어난 청년 토니는 이탈리아계 후손으로 뉴욕사람이었다. 그는 1985년 처음으로 악성 뇌종양 수술을 받았으나 이듬해 재발되어 토니의 가족은 그를 홉킨스병원으로 데려왔다. 나는 새로 자라나고 있는 종양을 제거하기 위한 근치수술을 실시했다. 처음에는 괜찮은 것 같았으나 재 감염되어 어쩔 수 없이 나머지 종양뿐만 아니라 뼈의 일부까지도 제거해야만 했다.

그러나 토니는 놀랍게도 건강을 완전히 회복하였다. 그는 곧 퇴원할 수 있었고, 몸의 기능도 완전히 회복되어 다시 차를 운전할 수도 있었다. 우리는 홉킨스병원에서 토니의 경우를 연구해 보았다. 솔직히 말해서 토니가 왜 그렇게 건강해졌는지 - 토니는 통계학상 예외적으로 훨씬 오래 살았다 - 를 이해할 수 없었다. 그러나 우리는 토니가 아주 강인하고 긍정적인 태도로 이렇게 말하곤 했다는 사실에 주목했다. "나는 이겨낼 거예요!"

토니에게는 병고를 겪는 중에 간호를 해 주던 여자친구가 있었다. 그들은 결혼을 계획하고 있었다. 그러나 토니가 수술을 받고 회복된 지 1년 남짓 지난 뒤, 알 수 없는 이유로 그 여자친구와 헤어지게 되었다. 그 이후로 토니는 충격을 받아 낙천적인 기질을 잃어버리고 의기소침한 사람이 되었고, 결국 몇 주 지나지 않아 다시 종양이 자라나 마침내 토니는 죽고 말았다.

이 사건과 관련해 나는 마음가짐이 투병 능력뿐만 아니라 건강에 얼마나 엄청난 역할을 하는지 지적하고자 한다. 요즘은 감정 상태가 신체 내부의 호르몬에 영향을 끼친다는 사실을 문제시하는 사람들이 거의 없는 것 같다. 호르몬은 백색세포와 신체의 투병 능력에 지대한 영향력을 행사한다. 이 사실은 의기소침한 사람들은 병에서 회복되기가 어렵다는 사실을 이제는 과학적으로 설명할 수 있다는 의미이다.

잠언에는 이렇게 기록되어 있다. "대저 그 마음의 생각이 어떠하면 그 위인도 그러한즉" (23:7), "마음의 즐거움은 양약이라도 심령의 근심은 뼈로 마르게 하느니라" (17:22) 만일 우리가 긍정적인 자세로 생각한다면, 실제로 자신의 건강 및 정신자세와 대인관계에 좋은 영향을 미치게 될 것이다.

그렇다고 종일 얼굴에 미소를 띠고, "나는 긍정적으로 생각한다."라는 말을 하루에도 수없이 반복하라는 말은 아니다. 그러나 살펴본 바처럼 자신이 행복할 때, 올바른 사고도 하게 된다. 만일 부정적인 일과 상처받고 학대받은 일에 마음을 빼앗긴다면 비관적인 사람이 되고 말 것이다.

우리는 생각하는 방법을 자유롭게 선택할 수 있다. 나는 사람들이 "긍정적으로 생각하라!"는 말에 반대할 경우, 때때로 이렇게 말하곤 한다. "그러면, 크게 **생각하라!**"

크게 생각한다는 것은 우리의 시야를 열어 우리의 삶의 새로운 가능성을 확인하고, 하나님께서 우리의 앞길에 예비해 놓으신 것을 기꺼이 받아들인다는 뜻이다.

크게 생각한다는 말은 나의 어머니께서 좋아하시던 다음과 같은 말씀을 고쳐 쓴 것이다.

"다른 사람들이 할 수 있는 일은 무엇이든지 너도 할 수 있다 - 단지 그것을 더 잘 할 수 있도록 애써야 한다." 그것이 크게 생각하는 것이다. 나는 오랫동안 다른 사람들을 격려해서 그들이 최선을 다하고 완벽을 추구하며 크게 생각하도록 해왔다.

어느 날, 나는 그 두 단어(Think Big란 두 단어)에 대해 곰곰이 생각하다가 이 단어에 맞는 아크로스틱(Acrostic 각 행의 처음 글자를 맞추어 어구가 되도록 하는 시)을 애써 완성하였다. 크게 생각하라(THINK BIG)의 여덟 글자가 나의 모든 생각을 표현해 준다거나 어떤 특정한 순서를 갖는 건 아니지만, 그 아크로스틱은 내 인생의 성공은 물론 다른 사람을 위해 최선을 다하는 것에 관해 하나의 방법을 제공해 주고 있다.

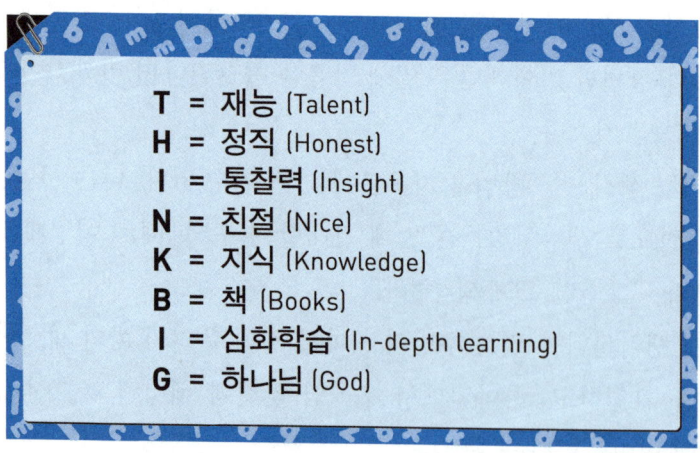

T = 재능 (Talent)
H = 정직 (Honest)
I = 통찰력 (Insight)
N = 친절 (Nice)
K = 지식 (Knowledge)
B = 책 (Books)
I = 심화학습 (In-depth learning)
G = 하나님 (God)

크게 생각하라는 말의 철자에서 "T"는 재능(Talent)을 나타낸다.

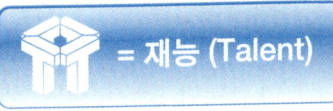
= 재능 (Talent)

"저 말인가요? 오, 아니에요. 하나님이 그 부분에 대해서는 그냥 지나치신 것 같아요."

재능에 대해서 이야기할 때 사람들로부터 종종 듣는 말이다.

그러나 사실은 그렇지 않다. 우리 모두에게는 재능이 있지만, 계발되지 않은 채로 있거나 무시되거나 하나님의 선물이라는 사실을 까마득히 잊고 지내기 쉽다. 능력이 있다는 것만으로는 충분치 않다. 그것들을 인식하고 적절하게 활용할 수 있어야 한다. 나는 이 사실을 전적으로 믿고 있기 때문에 크게 생각한다는 것이 참으로 중요하다는 사실을 강력하게 주장하는 바이다.

이 말은 누구든지 탁월한 외과의사나 변호사, 또는 연예인이 될 수 있다는 뜻인가? 사실은 그렇지 않다. 이 원칙은 하나님이 우리들 각자에게 일정한 유형의 능력을 부여해 주셨다는 사실에 입각한 것이다. 만약 우리가 그 능력을 십분 활용한다면, 자기 분야에서 뛰어난 사람이 될 수 있을 것이다.

예를 들면, 편집자인 셜리(Shirley)는 다른 편집부원이나 독자들이 그냥 지나치기 쉬운 조그마한 실수도 모두 발견해 내는 뛰어난 능력의 소유자이다. 성공적이라는 말은 무슨 일에든지 뛰어난 실력을

9. 크게 생각하라

위해 애쓴다는 뜻이다. 그것이 내가 주장하고자 하는 요점이다. 그녀는 문법을 검토한다든가 구두점을 붙이거나 빼는 일을 좋아한다. 그 일에 워낙 숙달되어 있는지라 소속 출판사에서의 승진 기회가 여러 번 있었으나 그녀는 이렇게 말한다. "아닙니다. 제가 제일 잘 할 수 있는 일은 원고 편집입니다. 제가 머물고 싶은 곳이지요."

다음으로는 교육학 박사학위 소지자로서 매우 지성적인 친구인 빌 코스비(Bill Cosby)에 대해 살펴보면, 그는 재미있는 일이 무엇인지를 매우 잘 아는 사람인 것 같다. 그것은 아마도 자신이 인정하는 재능, 즉 상황에 적절한 유머를 끄집어 낼 줄 아는 능력일 것이다. 그에게는 학술적인 배경도 있었지만 그는 이렇게 결심한 것 같다. "유머를 추구하는 일에 아주 능숙하기 때문에 그 길로 출세할 예정입니다." 그는 미국 최고의 코미디언 중 한 사람이 되었다.

나는 그가 명성을 누리는 중에도 다른 사람들에 대한 관심을 갖고 있다는 사실을 높이 평가한다. 그는 교육의 필요성을 강조하며, 여러 가지 교육 프로그램에 참여해 왔고, 실제로 시간과 물질을 투자하여 젊은이들을 격려하고 있다. 그는 젊은이들에게 연예인이 되라고 권하는 것이 아니라 지능을 계발하라고 권하고 있다.

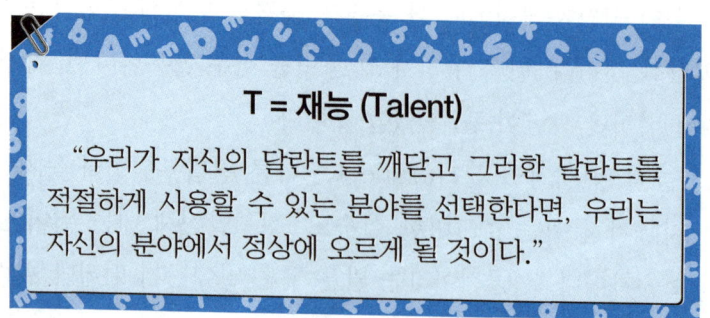

T = 재능 (Talent)

"우리가 자신의 달란트를 깨닫고 그러한 달란트를 적절하게 사용할 수 있는 분야를 선택한다면, 우리는 자신의 분야에서 정상에 오르게 될 것이다."

스포츠계나 연예계에 종사하고 있는 사람들에게 가장 큰 불만거리가 있다면 그들 대부분이 지능개발을 등한시한다는 점이다. 나는 그들의 인터뷰를 많이 들어보았는데 흔하게 듣는 이야기는 다음과 같은 것이었다. "제가 이런 식으로 그 일을 했으니 여러분도 할 수 있습니다." 혹은 다음과 같이 허풍떠는 이야기도 있다. "만약 당신이 나 정도만 된다면 유명해질 수 있습니다."

　불행히도 그것은 사실이 아니다. 누군가 NBA 농구스타가 될 것이라는 이야기는 적어도 NBA 농구를 시작한 백만 명의 사람 중에서 뽑힌 일곱 명 정도의 젊은이들을 보고 하는 말일 것이다. 그리고 일단 NBA에 발을 들여 놓았다 해도 평균 2년 반에서 3년 반의 직업경력 - 모든 프로 스포츠계의 평균임 - 을 또한 고려해야 할 것이다.

　많은 젊은이들이 NBA에 들어가기 위해 밤낮을 가리지 않고 슈팅연습을 하고 있다는 말이 나를 슬프게 한다. 아마도 NBA 스타들 중에서 이렇게 말할 사람은 없을 것이다. "그렇습니다. 제게는 많은 재능이 있습니다만 우연히도 적절한 시간과 적절한 장소를 만나게 되었습니다. 여하튼 용케도 적절한 사람들과도 만날 수 있었습니다. 정말이지 믿을 수 없을 정도의 행운이었죠. 제가 유명해진 것과 저의 재능과는 그다지 깊은 관계가 있는 것 같지 않습니다."

　만약 많은 사람들이 똑같은 행운을 갖게 된다면 NBA에서 뛸 수 있는 사람들은 더욱더 많아질 것이다. 그러나 인생에서 누구에게나 균등한 행운의 기회가 주어진다고 그 누가 보장할 수 있는가? 그럼에도 불구하고 우리는 우리가 가진 전부, 특히 지적인 능력과 하나님이 주신 재능을 계발함으로써 스스로 의미 있고 긍정적인 일들을

9. 크게 생각하라　**173**

할 수 있는 것이다. 그것이 또한 기회를 만드는 방법인 것이다.

몇 달 전, 나는 앨라배마 주 버밍햄 출신의 한 사람이 직접 출판한 「청춘의 힘」(Green Power)이라는 자서전을 읽어보았다. 현재 90대의 나이인 아더 게스턴(Arther Gaston - 본인은 A. G. 라고 부르는 것을 더 좋아함)은 어릴 적에 이미 자신이 사업에 재능이 있다는 것을 알았다. 게스턴은 1920년대에 많은 흑인들이 부당하게 대우받는 모습을 보고 흑인 소유의 매장보험회사를 시작했다. 그는 무일푼으로 시작해서 미국의 대부호 중의 한 사람이 된 것이다.

나는 게스턴을 만나 이런 질문을 해보았다.

"흑인이라는 이유만으로도 모든 기회를 박탈당하던 그때, 특별히 딥 사우스(Deep South 미국의 서남부 지방)의 흑인으로서 어떻게 그렇게 부자가 될 수 있었습니까?"

"모든 기회를 박탈당한 건 아니죠. 처음에 나는 사람들이 꼭 필요로 하는 것들을 살펴보았습니다. 사람들이 자신이나 사랑하는 사람이 사망할 경우, 매장 절차에 상당한 관심을 갖고 있다는 사실을 알고 나서 그 일을 하기로 결심했습니다."

게스턴은 사람들에게 계약을 체결하고, 일주일에 25센트만 내면 사망 시에 모든 매장 절차를 책임지겠다고 약속했던 것이다. 사실 일주일에 25센트로는 충분치 않았다. 어떤 이들은 충분한 돈을 내기도 전에 사망하기도 했지만, 반면에 어떤 이들은 더 많은 돈을 내기도 했다. 그래서 게스턴은 이윤을 얻어 투자를 했던 것이다.

그 당시 모든 은행들이 과다한 이자로 돈을 대여해 주던 상황이었으므로 게스턴은 흑인들에게도 대여의 기회를 넓혀 줄 은행이 버밍

햄에 필요하다는 사실을 깨닫게 되었다.

"나는 사람들에게 필요한 것들을 보면, 그것들을 충족시켜 줄 것입니다." 라는 동일한 철학을 이용하여 그는 그 일에 착수했고, 다른 흑인 지도자들로부터 금융 업무를 위임받은 후, 은행을 개설했다.

딕시(Dixie)에 살고 있는 이 흑인은 소수 민족들에 대한 배려나 후원이 전혀 고려되지 않고 있는 이 편파적인 사회에서도 재능만 있다면 무엇이든지 할 수 있다는 사실을 입증해 주었다. 「청춘의 힘」에서 게스턴은 무엇이든지 할 수 있고, 어디든지 갈 수 있을 정도의 엄청난 양의 돈을 모았다고 고백하고 있다.

게스턴은 자신이 돈 버는 능력이 있다는 사실을 인정했기 때문에 나에게도 이런 말을 할 수 있었다. "그것은 백인의 힘도 아니요, 흑인의 힘도 아닌 바로 청춘의 힘이었습니다." 그 말은 그가 하나님이 주신 돈 버는 재능을 맘껏 활용했다는 뜻이다. 재산을 모으면서 더 많은 문이 열리고 훨씬 더 많은 기회를 만들 수 있었던 것이다.

몇 가지 이유들로서 게스턴의 이야기를 인용해 보고자 한다.

> 1. 그는 결코 변명거리를 찾지 않았다. 그 또래의 대부분의 젊은이들처럼 쉽사리 후회 혹은 포기를 한다거나 또는 탄광으로 일하러 갈 수도 있었을 것이다. 그러나 그는 실패에 대한 모든 변명을 거부했다.
>
> 2. 게스턴은 자신의 재능을 발견하여 그것을 잘 활용했다. 그에게는 선천적으로 돈버는 재능이 있었으므로 아무도, 어떤 장벽도, 자신을 가로막을 수 없다고 결론 내

렸던 것이다.

　　3. 그는 이웃들을 도와주면서도 자신의 재능을 계발시켰다. 세 번째 항목에다 놓았지만 이 점은 매우 중요하다.

　게스턴은 부를 축적하면서 자신만을 살펴보지 않았다. 주변의 필요한 것들을 살피면서 양심 없는 사업가들이 앨라배마의 가난하고 무지한 흑인들을 착취하는 모습을 볼 때마다 게스턴은 화가 났고, 그런 상황을 변화시키기 위한 조치를 취해야 한다고 생각했다. "나는 사람들에게 필요한 것들을 보면, 그것들을 충족시켜줄 것입니다."
　보다 많은 사람들이 할 일을 못했다는 변명 대신 이런 태도를 취한다면 그 무슨 일인들 성취할 수 없겠는가?

　나는 젊은이들과 대화할 때, 특별히 재능에 관해 많은 이야기를 하는 편이다. 일대 일 대화나 소규모 그룹 단위로 대화할 경우에 나는 주로 이렇게 질문을 하곤 한다. "당신에게는 무슨 재능이 있습니까?" 이런 질문을 많이 해 보았기 때문에 어떤 반응을 보일 것인지 매우 잘 안다. 그들의 대답은 대체로 이러하다.

　　"저는 노래를 잘 해요."
　　"저는 농구를 잘 해요."
　　"저는 스포츠에 소질이 있어요."
　　"저는 악기를 연주할 줄 압니다."

그들은 연주자나 유명한 가수, 또는 대성한 운동선수가 되겠다는 견지에서 이렇게 생각하는 경향이 있는 것 같다. 그렇지만 이렇게 대답하는 경우는 매우 드물다. "저는 수학에 소질이 있어요." 혹은 "저는 독서를 잘 해요." 그러나 다음과 같이 대답한 사람은 이제껏 아무도 없었다. "저에게는 글을 보고 복잡한 개념들을 추출해 낼 수 있는 능력이 있어요." 혹은 "저는 컴퓨터 과학에 매우 능숙하죠." 이러한 능력들도 모든 사람이 다 갖고 있지 않은 독특한 재능이다. 그와 같은 재능 덕분에 우리들 각자는 독특해질 수 있으며, 필요한 것을 찾아 그것을 충족시키는 일을 할 수 있는 것이다.

내가 재능이라든가 동기부여에 관한 이야기를 할 때면 사람들은 내게 변명을 늘어놓곤 한다. 그러나 내가 이런 이야기를 하는 것은 하나님께서 우리 모두에게 140억 개 이상의 복잡한 뇌세포와 연결 조직을 주셨다는 생각을 떨쳐버릴 수 없기 때문이다. 하나님께서 우리가 그 복잡한 조직기관을 사용하지 않을 것이라고 예상하셨다면, 무슨 이유로 그런 것을 우리에게 주셨겠는가?

나는 내 삶에서 많은 목표를 달성해 왔다고 생각한다. 그렇지만 초등학교 5학년 때 반에서 꼴찌를 했을 때도 나는 똑같은 두뇌를 가진 똑같은 사람이었다. 그리고 중학교 1학년 때, 1등을 했을 때도 역시 다른 사람의 뇌를 이식한 것이 아니었다. 갑작스레 더 좋은 기회가 내 앞에 굴러 들어온 것도 아니었다.

그렇다면 초등학교 5학년과 중학교 1학년 사이에 어떤 차이점이 있었을까? 이것은 어머니가 나의 이려운 등반을 출발시켜 주신 것이다. 어머니는 내게 여러 번 이렇게 말씀 하셨다.

"벤, 넌 아주 총명한 아이야. 네가 그 총명함을 잘 사용하길 바란다."
"벤, 네가 하려고만 한다면 어떤 인물이든지 될 수 있어."
"엄마는 부유하고 교육을 잘 받은 사람들 가운데서 일하고 있단다. 난 그들이 어떻게 행동하는지를 지켜보고 있어. 그들이 할 수 있는 일을 너도 해낼 수 있으리라고 생각해. 벤, 넌 그들이 할 수 있는 일을 해낼 수 있어. 그러므로 더 잘하기 위해 노력해야 한다."

아마도 모든 사람이 다 잘 할 수는 없을 것이다. 그것은 다른 사람과의 경쟁의 문제가 아니다. 본질적으로 그것은 자신의 독특한 능력을 인정하고 그것을 계발시키는 것이다.

우리들 중 대부분은 삶의 어떤 영역에 풍부한 능력을 지니고 있다. 그것을 이해하게 될 때, 재능을 발견하기 시작하는 것이다. 모든 사람이 모든 일을 할 수 있는 것은 아니다. 모든 사람이 다 신경외과의사가 될 수 있는 것은 아니다. 예컨대 아무리 머리가 좋아도 신체조정능력이 없는 사람은 훌륭한 외과의사가 될 수가 없는 것이다.

어떤 사물의 유형을 알아 볼 수 없거나 미묘한 차이점들을 구별할 수 없어서 모든 것을 매우 구체적으로 펼쳐 놓아야만 하는 사람들이 있다. 그런 사람들은 훌륭한 방사선과의사가 될 수 없다. 왜냐하면 방사선과의사는 아주 미묘한 변화라도 눈치 챌 수 있어야 하기 때문이다.

적당한 말로 표현하는 능력이 부족한 사람들도 있다. 그들은 하고 싶은 말이 무엇인지는 알지만 적절한 말로 표현할 수 없다. 그들이 계속 매달려 마침내 자신이 의미하는 바를 말했다 해도 꽤 오랜 시간과 정력을 낭비하고 말 것이다. 오히려 그들에게는 다른 분야인

전자공학 같은 곳에 재능이 있을 수도 있다. 그들은 법조계의 직업에는 적합지 않지만 환상적인 컴퓨터 프로그래머는 될 수도 있다.

내 자신과 나의 재능을 평가해 볼 때, 내가 부여받은 한 가지 특별한 재능은 3차원적으로 생각하는 능력과 아울러 눈과 손의 조정능력이라는 사실을 깨닫는다. 그런 재능과 뇌에 대한 관심 덕분에 나는 이렇게 말할 수 있었다. "나는 뇌 전문외과의사가 되어야만 해."

나는 변호사나 기술자가 될 수도 있었다. 그러나 만약 내가 그런 분야에 종사했더라면 신경외과 분야에서처럼 뛰어나진 못했을 것이다. 나의 재능과 관심을 이용하지 않았을 것이기 때문이다. 즉, 보통의 두뇌를 가진 사람이면 누구나 다 거의 모든 일을 할 수 있는 능력이 있지만, 어떤 특별한 재능을 가진 자가 그 재능을 이용하고 계발한다면 그 분야에서 탁월한 사람이 될 수 있는 것이다.

예를 들어, 요한 세바스찬 바하(Johann Sebastian Bach)는 의사가 될 수도 있었다. 만약 그랬더라면 음악가로서의 재능을 마음껏 발휘하지도 못한 채, 오늘날 유명한 음악가로 남아있지 못했을 것이다. 우리 모두는 자신의 재능을 발견해서 그 재능을 극대화 할 수 있는 직업과 진로를 선택할 필요가 있다.

젊은이들에게서 지적인 재능을 발견하는 간단한 방법 - 단지 젊은이들뿐만 아니라 나이든 자들에게도 유용할 것이다 - 을 다음과 같이 소개한다. 우선 삼시 동인 조용히 생각해 볼 수 있는 장소를 찾아라. 그 후에는 다음의 실습을 해 보라.

9. 크게 생각하라 **179**

||||||| 실 습 |||||||

  1. 아래의 질문들을 자문해 보라. 그리고 답안을 작성해 두는 것이 바람직하다. 언제든지 그 답안을 연구하고 생각해 볼 수 있기 때문이다.

  2. 답안을 작성할 때는 정직하고 자세하게 기술하라. 어떤 일에 능숙하다는 것은 그 일을 완벽하게 해야만 한다는 의미는 아니다. 그것은 곧 여러분이 어떤 일을 잘 해냄으로써 결과가 그 사실을 입증해 준다는 의미이다. 학급에서 꼴찌를 하는 학생들에게도 이 질문들은 여전히 유효하다. 우리 모두에게는 무언가를 할 수 있는 능력이 있다.

   a. 지금까지 살아오면서 능숙하게 할 수 있었던 일은 무엇인가?
   b. 가장 자신이 있는 과목은 어떤 과목인가?
   c. 왜 그 과목을 선택했는가?
   d. 내가 좋아하는 행동으로서 다른 사람들에게도 칭찬을 듣는 행동은 무엇인가?
   e. 친구들은 따분한 활동이나 일이라고 생각하지만, 나 자신에게는 재미있을 뿐만 아니라 멋지게 해낼 수 있는 것은 무엇인가?

  3. 여러분 자신과 여러분이 처한 상황을 분석하라. 시험이나 외부의 충고에 의존하지 말고 가능한 한 스스로 문제들을 분석하라. 그러나 내가 알기로는 자기반성에 익

숙하지 않아 다른 사람과의 교제가 더 효과적인 사람도 있다(무엇보다도 사람을 중요하게 여기는 사람은 다른 사람들과의 교제에도 재능이 있다).

4. 본 질문에 대한 답안들을 여러분이 완전히 파악하고 있는지 알아보기 위해 이런 문제들을 의논할 수 있는 존경할만한 판단력을 소유한 사람을 찾아보라. 여러분의 부모님이나 선생님, 목사님, 가족 중 연장자 또는 가장 친한 친구도 가능하다.

5. 여러분이 신뢰하고 있는 사람들의 견해를 기록해 두라.

6. 그분들의 견해와 여러분이 자신에 대해 기록해 놓은 것을 비교해 보라. 견해가 일치 하는가? 여러분 자신에 관해 전에는 생각해 보지 못했던 것으로서 새롭게 알게 된 것이 있는가? 한 주간 동안 매일 시간을 내어 이 답안들에 대하여 스스로 생각해 보라.

불행히도 시간을 내어 생각하며 분석해 보지 않고서는 아무 일도 성취할 수 없다는 사실을 깨닫지 못하는 사람들이 많이 있다. 대부분의 사람들은 분석을 위해 멈춰서는 것을 꺼려한다. 심지어 분석하는 방법도 모르는 사람이 있다(자기분석에 곤란을 느끼는 사람은 자기를 도와 줄 믿을 만한 사람을 구할 필요가 있다).

이제 나는 특히 중·상층의 가정들에서 발견되는 커다란 실수를 지적하고자 한다. 자아실현을 하지 못한 부모들은 대개 자기 자녀들의 인생을 장악하여 그들의 미래를 결정하려고 애쓰는 경향이 있다. 또한 자신이 성공한 분야로 자녀를 억지로 밀어 넣어 같은 직업을 갖도록 하는 경우도 있다. 이 두 가지 경우 부모들이 자녀들을 그들의 재능과는 상관없는 분야로 밀어 넣어 자신들이 원하는 방향으로만 끌어가고 있다고 할 수 있다.

자녀들이 그러한 압박을 견뎌내기란 그리 쉬운 일은 아니다. 갑자기 나의 친구인 해밀턴 모세 3세(Hamilton Moses III) - 우리는 그를 칩 모세(Chip Moses)라고 불렀다 - 가 생각난다. 칩의 가족은 당연히 그가 하버드 로스쿨에서 변호사 교육을 받을 것이라고 기대하고 있었다.

그러나 결국 그는 법학 대신에 의학을 선택했고, 그의 가족은 그의 선택을 몹시 못마땅하게 생각했다. 가족의 기대에 역행했던 그는 오늘날 대단히 재능 있는 내과의사가 되었다. 그는 또한 "공교롭게도" 존스홉킨스병원의 부원장이 되기도 했다. 칩은 자신이 내과 분야에 재능이 있다는 것을 인정했기에 그 분야에서 탁월한 사람이 될 수 있었던 것이다.

"나는 시대의 조류나 가족의 압력 때문에 어떤 분야로 끌려가지는 않을 것입니다. 나는 잠시 멈춰 서서 내 재능을 인정하고 그것을 적절하게 사용할 것입니다." 칩은 이러한 선언을 한 사람이었다.

모든 사람은 자신의 사회적, 경제적 배경을 떠나 이와 같이 해야 한다. 우리의 삶에서 최고의 것을 끌어내길 원한다면, 잠시 멈춰 서서 하나님이 주신 재능에 대하여 생각하고 분석하여 그것을 잘 활용해야 한다. 그리하여 풍성한 삶을 누리기 시작한다면 우리 자신도 더욱 최선을 다할 수 있을 뿐만 아니라 다른 사람도 최선을 다하도록 도울 수 있는 것이다.

19 90년 늦은 봄, 나는 워싱턴 주에 있는 한 중학교로부터 강연 요청을 받았다. 그 학교는 인디언 보호구역에 있지는 않았지만, 그 학교 학생들 중 대부분은 그 곳에 사는 인디언들이거나 혹은 곡물을 추수하는 이주민 노동자 집안 학생들이었다. 그 학교 선생님 중 한 분은 나를 환영하면서도 앞으로 일어날 일을 예상해 내게 경고해 줄 필요가 있다고 느꼈음인지 이렇게 말했다.

"카슨 박사님, 이 학교는 마약 문제가 매우 심각합니다."

"다른 학교들도 많이 그러는 것으로 알고 있습니다. 그런데..."

"마약뿐만 아니라 이 지역은 범죄와 폭력이 난무하고 있습니다."

"알고 있습니다." 그러자 교장 선생님이 다음과 같이 말씀하셨다.

"기대에 미치지 못하더라도 실망하거나 화를 내지 말아 주십시오. 학생들의 소양으로 보아 당신의 연설에 그다지 관심이 없을지도 모르겠습니다. 좀 무례하다거나..."

"그 이상일 거예요." 다른 선생님이 끼어들었다.

"당신에게 어떤 물건을 던질지도 모르겠어요."

"최근에 일어난 살인 사건에 대해 알고 계시리라 생각합니다." 다른 한 선생님이 말했다.

"예, 알고 있습니다. 누군가가 그 사건을 다룬 신문기사를 오려서 우편으로 보내주었더군요." 라고 내가 대답했다.

9. 크게 생각하라

"그렇다면 살인자들이 살인뿐만 아니라 시체를 토막 냈다는 것도 아시겠군요?"

"예, 알고 있습니다. 제가 정말 곰곰이 생각했던 문제들이죠."

그들은 내가 그 모임에 흥미를 갖도록 도와주는 것이 아니라, 나를 어떤 최악의 사태에 대비시키는 것 같은 생각이 들었다. 시간이 되어 나는 교장 선생님을 따라 체육관으로 들어섰다. 체육관 안은 정말 아수라장이었다. 학생들마다 서로 밀치고 고함치는 꼴이 마치 야구 관람객들을 모아 놓은 것 같았다.

그러나 이상스럽게도 그들을 지켜보면서 마음속으로 평안함을 느낄 수 있었다. 이것은 아마 초대받기 전에 기도했기 때문이 아닌가 생각된다. 또다른 중요한 이유로는 그들과 공유할만한 어떤 것이 내게 있다고 생각했기 때문인 것 같았다.

교장 선생님의 소개가 끝나자 나는 일어나서 단상 앞으로 갔다. 말할 것도 없이 학생들은 여전히 소란스러웠다. 나는 몇 번이고 학생들이 떠드는 소리 때문에 목소리를 높여야 했다. 나는 나의 경험들을 이야기하기 시작했다.

"나는 5학년 때까지 반의 꼴찌로서 경쟁 상대가 없을 정도였습니다. 아무도 내가 총명하다고 생각하지 않았고, 나 역시 그렇게 생각했습니다. 나는 늘 최저 점수를 받을 것이라고 생각했고, 철자시험이 있을 때면 손 한 번 못 들고 계속 앉아 있어야만 하는 그런 사람이라고 생각했습니다. 어떤 나라의 수도 이름이나 그와 유사한 종류의 문제들에 대해서도 당연히 모르는 것으로 생각했습니다."

나는 학생들이 갑자기 쥐죽은 듯 조용해진 것을 알고 잠시 연설을 멈추었다. 그리고 계속해서 미소 지으며 수학시간에 있었던 이야기를 해 주었다.

"한번은 수학시간에 D학점을 받은 적이 있었습니다. 무슨 일이 있었는지 아십니까? 글쎄 수학 선생님이 저를 칭찬 해주시는 거예요. '오, 벤, 많이 향상되었구나!' 여러분도 잘 알겠지만, D는 즐거운 (Delightful)의 D를 의미하지 않습니다. 그러나 나는 변변치 못한 학생이었으므로 D가 F학점과 거의 맞먹는 좋은 것인 줄 알았습니다. 중간고사 성적표가 나왔을 때, 나는 최고 점수인 D학점 한 과목과 아울러 F학점인 나머지 전 과목의 성적표를 어머니께 보여드려야 했습니다. 어머니는 정상적인 교육을 받지 못하셨으므로 당신이 직접 나서서 가르칠 수는 없었지만, 그 일을 할 수 있는 어떤 분을 알고 계셨습니다. 어머니는 저에게 지혜를 달라고 하나님께 기도하셨던 것입니다."

교장 선생님과 선생님들은 미리 내게 경고까지 했었지만, 학생들은 그 누구보다도 더 주의 깊게 나의 말을 경청했다. 특히 반에서 꼴찌 한 것에 대해 당황하며 자학했던 이야기를 해줄 때, 학생들의 얼굴에 나타난 진지한 표정으로 보아 그들이 내 말을 이해하고 있다는 것을 알 수 있었다. "나의 상황이 더 나아지리라고는 꿈에도 생각지 못했습니다." 넋을 잃고 내 말을 경청하고 있는 학생들은 아마 속으로 이렇게 생각했을 것이다. '아니, 나와 똑같은 상황 아냐?'

일주일에 두 권의 책을 읽도록 어머니께서 어떻게 나를 지도하셨는지, 나의 시력 때문에 학교에서 어떻게 안경을 제공해 주었는지 그리고 학급 꼴찌에서 일등으로 어떻게 오를 수 있었는지를 이야기

9. 크게 생각하라

하자 학생들은 계속해서 열심히 경청했다.

다음으로 나는 내가 어떤 교육을 받아서 지금의 외과의사가 되었는지를 이야기해 주었다. 뇌반구 절제술이라든가 빈델의 쌍둥이 분리수술, 그리고 몇 차례의 뇌종양수술에 관한 이야기를 하자, 학생들은 매우 놀라워하는 것 같았다. 그리고 병원을 찾아오는 환자들의 심각한 상황을 이야기 할 때는 많은 학생들이 몸을 앞으로 구부린 채 열심히 경청했다. 특히 다음과 같은 말을 했던 것이 기억난다.

"사람들이 건강을 회복할 수 있도록 도와주는 일은 얼마나 훌륭한 일입니까? 나는 그런 일에 가치를 느낄 뿐만 아니라 유익한 일을 하고 있다는 생각을 하게 됩니다."

나는 학생들에게 인간의 두뇌에 대한 개요를 설명한 후에 인간의 두뇌가 실제로 수행할 수 있는 기능을 설명해 주고, 그것이 매우 복잡하다는 사실을 이야기하기 시작했다. 다시 한 번 학생들의 놀라워하는 표정들을 볼 수 있었다. 강연이 끝나고 자리를 뜨려고 하는 순간, 제일 뒷줄에 앉아 있던 덩치 큰 남학생들 몇 명이 눈에 들어왔다. 그들이 박수를 치기 시작했던 것이다. 순식간에 학생들은 내게 우뢰와 같은 기립박수를 힘차게 보내 주었다. 교장 선생님이 모임을 해산하자 학생들은 내게 몰려와 질문도 하고 사인도 요구하며 같이 기념촬영을 하자고 조르기도 했다. 나도 놀랐지만, 교직원들도 놀란 것 같았다.

그때 일을 곰곰이 생각해 보면, 학생들이 주어진 환경 속에서 자신들의 가난과 암울한 미래를 그대로 받아들이고 있다는 것이 그 학교 선생님들의 지배적인 생각이었던 것 같다. 선생님들의 호의적인 경고들을 고려해 보건대, 그들은 학생들에게 희망이 없다는 이유로 거의 격려해 주지 않았다는 생각이 든다. 선생님들에 대한 나의 인상이 잘못된 것이었기를 바란다. 나는 그 학교의 선생님들이 학생들의 장래를 내다보고 그들에게 희망을 심어주길 바란다.

사실 내가 언급하는 어떤 집단의 사람들이든지 간에 모든 사람은 다 희망을 심어주는 말을 듣기 원할 뿐더러 그런 말을 들어야만 한다. 즉, 우리 모두에게는 이렇게 말해줄 사람이 필요한 것이다. "여러분은 그 일을 할 수 있습니다. 그 일을 이루어 낼 수 있습니다."

5학년 때의 경험을 회고해 보건대, 나는 목적을 달성하고 싶은 마음만 있었지 행동은 하지 않았던 것 같다. 아마 대다수의 학급 친구들은 내가 그 일에 관심이 없다고 생각했을 것이다. 그러나 그것은 전혀 잘못된 생각이었다.

때때로 사람들은 목적을 이루고 싶지 않은 것처럼 행동하거나, 혹은 호전적인 것처럼 행동하는 것은 그들이 어떤 일을 시도했을 경우에 혹시 일이 잘못될까봐 미리 겁을 먹기 때문이다. 그들은 실패를 두려워한다. 그리고 성공에 대한 꿈도 없다. "그밖에 무엇을 기대할 수 있겠습니까?" 라고 그들은 조용히 질문할 것이다. 나는 그들의 외관상의 무관심은 진정한 감정을 들키지 않기 위한 구실이라고 생각한다. 확실히 나의 경우에는 그랬다.

젊은이들의 정신을 일깨워 줄 때, 우리는 그들을 보호해 주고 그들에게도 시적인 능력이 있다는 것을 깨닫도록 도와줄 책임이 있다고 생각한다. 소수민족이나 하층민 출신이라는 것은 타고난 능력과는 하등의 관계가 없다. 인디안 보호구역이나 이주민 지역에 살고 있는 사람들도(설령 교육을 받지 못했다 해도) 비버리 힐스나 하이드 파크에 사는 사람들 못지않게 총명하다.

특히 우리 젊은이들은 학문적이고, 지적인 성취 대신에 "남자다운 기상(Macho)"을 본받으려고 애쓰고 있는 것 같다. 젊은이들은 람보(Rambo) 또는 터미네이터(Terminator) 같은 사람들을 본보기로 삼는 것이 더 쉬울 것이다. 왜냐하면 주위에서 항상 그런 사람들을 접할 수 있으며, 커트 쉬모크(Kurt Schmoke, 볼티모어 시장)나 엔리코 페르미(Enrico Fermi, 유명한 물리학자), 콜린 파웰(Colin Powell, 최초 흑인 국무장관) 같은 사람들을 본보기로 삼는 것보다 지적인 노력이 덜 필요로 하기 때문이다.

나는 몇 년 동안, 존스홉킨스병원에 근무하면서 많은 레지던트들을 만날 수 있었다. 그들 중에는 매우 훌륭한 사람들도 많았으며, 전에 언급한 바 있는 아트 웡 같은 탁월한 재능의 소유자들도 소수 있었다.

지금은 라파엘 타마고(Raphael Tamargo)라는 뛰어난 재능을 지닌 레지던트가 있다. 스페인 사람인 라파엘은 의학 분야에서는 드물게 소수민족 출신이다. 마른 몸매에 키가 작고 스페인 사투리가 매우 강하다. 이런 이유들 때문에 사람들은 그를 지나치기 쉽다. 그러나 라파엘은 매우 훌륭한 사람일 뿐 아니라 정말로 똑똑한 사람이다.

그는 뉴욕에 소재한 콜롬비아대학교의 콜롬비아장로교병원(Columbia Presbyterian Hospital) 의과대학원을 졸업했다. 학생시절에는 뛰어난 연구 실적도 남겼다. 후에 우리는 그를 우리의 교육 프로그램에 받아들였다. 라파엘은 3년 동안 실험실 작업을 했다. 결국 그는 뇌종양연구협회(Brain Tumor Research)로부터 승인을 받았고, 악성뇌종양 치료에 대한 연구로 포상을 받기도 했다.

라파엘은 지금 실험실을 그만두었지만, 의료진들과 간호사들이 가장 선호하는 사람이 되었다. 그는 모든 일에 철저하기 때문이다. 그가 모든 일을 정확하게 한다는 이유로 어떤 이들은 그를 강박관념에 사로잡힌 사람이라고 생각할지 모른다. 만약 다른 사람을 위해 최선을 다하는 사람이 있다면, 아마도 그것은 그를 두고 하는 말일 것이다.

나는 라파엘이 계속 신경외과 분야에 머물러 있을 것이라고 확신한다. 그는 이미 이 분야에 크게 기여함으로써 자신의 재능을 입증했다. 많은 사람들이 신경외과 같은 분야에서는 지적으로 많은 기여를 할 수 없다고 생각하는 소수민족 출신인 이 사람과 교제할 수 있다는 것이 얼마나 자랑스러운지 모르겠다. 이로 인해 사람들의 잘못된 생각이 입증된 것이다.

이상의 이야기를 종합해 보면, 만약 우리가 우리의 재능을 인정하고 그것을 적절히 사용해서 그 재능을 잘 활용할 수 있는 분야를 선택한다면, 우리는 그 분야의 최고가 될 것이다.

10 정직한 삶

> 정직한 사람은 가장 고상한 하나님의 작품이다.
>
> 로버트 번즈(Robert Burns)

나에게는 예일대학교 의과대학 예과를 2등 - 미국 아이비리그 대학에서는 대단한 일임 - 으로 졸업한 급우가 있었다. 그러나 나는 이 친구에게서 근본적인 어떤 기질이 흐르고 있음을 알았다. 그는 학생으로서 지켜야 할 규칙과 규정을 함부로 무시했다. 빈번히 야간 통행금지 규정을 어기고, 금지된 시간에도 종종 여자들을 방으로 끌어들여 밤새도록 함께 지냈다.

우리는 많은 시험들을 신사도에 근거하여 무감독 시험으로 치루고 있었다. 그래서 교수님은 시험문제를 제시해 주고 자주 교실을 비우셨다. 그럴 때는 다른 학생들이 하는 것처럼 이 친구도 책을 펴 놓고 보는 것이 자주 눈에 뛰었다. 하지만 그는 발각될 수도 있다는 사실에는 전혀 개의치 않는 것 같았다.

그가 그렇게 무례하게 불순종적인 태도를 취하는 것도 옳지 못한 일이었지만, 더욱 슬픈 일은 자신의 행동에 아무런 죄책감도 느끼지 않을 뿐더러 마치 그런 것이 일종의 게임인 것처럼 행동했다는 점이다.

그러나 마침내 마땅한 보응의 날이 왔다. 내가 아는 예일대학교의 의과대학 예과에 다니는 전체 학생들 중에서 오직 그 학생만이 유일하게 모든 의과대학 본과로부터 거절당하는 신세가 되고 말았던 것이다.

자신의 부정행위를 폭로할 사람은 없다고 생각할 뿐만 아니라 자신이 여러 사람들 속에 묻혀 있기 때문에 자신의 소행이 드러나지 않을 것이라고 생각하고 자신을 속이는 행위는 어리석은 짓이다. 나는 어떤 행위도 반드시 그 대가를 치르게 된다고 확신한다. 하지만 우리가 행한 모든 부정직한 행위에 대한 대가를 반드시 이 세상에서 받게 되는지는 잘 모른다. 그러나 우리가 행한 일에 대한 열매는 반드시 거두게 된다고 확신한다.

여기에 이러한 문제에 관한 또 하나의 관점을 소개한다.

"스스로 속이지 말라 하나님은 만홀히 여김을 받지 아니하시나니 사람이 무엇으로 심든지 그대로 거두리라 자기의 육체를 위하여 심는 자는 육체로부터 썩어진 것을 거두고 성령을 위하여 심는 자는 성령으로부터 영생을 거두리라 우리가 선을 행하되 낙심하지 말지니 피곤하지 아니하면 때가 이르매 거두리라" (갈라디아서 6:7-9)

사람들은 자신이 드러나지 않게 군중 속에 숨을 수 있다고 생각할 수 있지만, 그것은 단지 자신을 속이는 행위에 불과하다. 사람들은 누구나 늘 실수하고 실패한다. 그러므로 반성하고 돌이켜야 함에도 불구하고 나의 급우는 자신이 모든 것을 숨길 수 있으며, 자신의 인생에서 아무런 해도 받지 않을 것이라고 생각했다. 그러나 그의 생각은 옳지 않았다.

우리들 대부분은 그가 어떤 류의 사람인지를 알고 있었다. 그러나 놀랍게도 교수님들도 역시 알고 계셨다. 바로 이러한 사실은 우리가 인생을 살아가면서 정직하지 못한 일을 하게 되면 결국은 그에 따른 보응을 결코 피할 수 없음을 보여 준다.

반면에 이 세상에는 정직한 사람도 있다. 내가 아는 사람 중에 가장 도덕적이고, 순수한 사람으로서 나의 삼촌인 윌리엄(William)이 생각난다. 윌리엄 삼촌은 매우 정직하고 진실된 사람이었다. 삼촌은 늘 진실만을 말해야 한다고 생각했다(때때로 삼촌이 생각하는 진실에 대한 인식에는 약간 왜곡된 면도 없잖아 있었던 것 같다. 공식적인 교육을 전혀 받지 못했기 때문이다). 비록 삼촌이 세련된 인물은 아니라고 할지라도 나는 삼촌의 정직에 대한 날카로운 감성을 마음 속 깊이 감탄해 마지않는다.

삼촌이 첫 사업에 착수했을 때, 삼촌은 단순히 물건을 사서 되파는 일을 시작했다. 그러나 때때로 삼촌의 정직한 심성이 사업에 방해가 되었다. 삼촌은 물건을 사려는 듯한 고객들이 "이것은 얼마에 가져온 물건인가요?" 그러면 삼촌은 언제나 사실대로 알려주었다.

그러면 그들은 꼭 이렇게 되물었다. "그 정도 가격에 가져온 물건을 왜 나에게는 이렇게 비싸게 받지요?"

윌리엄 삼촌은 이렇게 대답하곤 했다. "당신 말이 옳습니다."

삼촌의 경우에는 정직이 사업에 방해가 되었다. 삼촌은 지혜가 좀 부족했지만 무슨 일에든지 정직하려고 애를 썼다. 또한 공식적인 교육도 받지 못하고 재원이 될만한 것도 별로 가지지 못했지만, 아름다운 가정을 가꾸고 멋진 생활을 누렸을 뿐만 아니라 실제로 좋은 사업의 기틀도 마련했다. 게다가 신체 장애인인 동생을 돌보는 데도 헌신적이었다. 나는 삼촌이 정직하게 살아왔기 때문에 여러 가지 좋은 일들이 삼촌에게 생겼다고 믿는다. 정직은 크게 생각하라는 말을 실천하며 살아가고자 할 때 절대적인 필수 요소이다.

크게 생각하라는 말의 철자에서 "H"는 정직(Honest)을 나타낸다.

= 정직 (Honest)

나는 사소한 실수는 감출 수 있다고 생각하는 사람들을 끊임없이 만난다. 그러나 바늘 도둑이 소 도둑 된다는 사실을 알아야 한다. 지난 20년 동안 미국의 여러 가지 대형 스캔들을 살펴보라. 그들이 정직하게 행동했었더라면 아마 그들의 미래는 달라졌을 것이다.

- 리처드 닉슨(Richard Nixon)은 백악관에서 쫓겨난 유일한 미국 대통령으로서 역사 속으로 사라져 갈 것이다.
- 지미 베이커(Jimmy Bakker)는 수천만 달러를 들여

종교 TV방송을 세웠지만 결국 40년형을 선고받고 말았다.

또한 술을 마시고 여자와 놀아났음을 국회에서 극구 부인했던 미국 상원의원 존 타워(John Tower), 그리고 스캔들을 일으켜 상원의원 답지 않은 행동을 함으로써 중도하차한 대통령 후보 게리 하트(Gary Hart) 등을 지적할 수 있다.

이 사람들은 빠르게 출세 길로 나아가고 있었다. 그러나 이들이 깊은 밤, 컴컴한 다락에 조심스럽게 숨겨 두었던 잔해들이 세상에 드러나 그들에게 치명타를 가하고 그들의 정치 생명을 끝나게 했다. 그들은 정직하지 못했던 것이다.

만약 처음부터 정직하고 도덕적이며, 청렴하기로 굳게 결심하고, 그러한 잔해들을 숨겨두지 않았다면 자신이 하는 일에 집중할 수 있었을 것이다. 그리고 밤중에 누가 문을 두드리거나 전화벨이 울릴 때, 또는 기자 회견에서 그러한 실수들이 세상에 보도될 때도 걱정할 필요가 없었을 것이다.

나는 젊은이들과 이야기할 때, 다음과 같이 행동하라고 강요한다. "진실을 말하시오. 여러분이 언제나 그렇게 한다면 여러분은 자신이 한 말에 대해 조금도 걱정할 필요가 없습니다. 진실은 언제나 진실이기 때문입니다. 자신이 행한 일을 숨기려고 애씀으로써 여러분의 삶을 혼란스럽게 할 필요가 없습니다."

나는 4가지 점에서 정직에 대해 이야기하고 싶다.

1. 정직하게 행하지 않을 때, 우리는 자신을 속이는 것

이다. 예일대학교에 다니던 나의 급우는 이 사실을 알게 되었을 것이다.

2. 정직하게 행하지 않았을 때, 우리는 그것을 오래도록 숨길 수 없다. 놀랍게도 우리들 대부분은 정직하지 못한 사람들을 알아보는 신비한 능력을 소유하고 있다. 우리는 증거나 분명한 사실을 모를 수도 있다. 그러나 신실하지 못한 사람들은 알아본다.

이러한 점들을 잘 설명해 주는 경우로 이라크의 독재자 사담 후세인(Sadaam Hussein)을 예로 들 수 있다. 쿠웨이트가 위기에 처해 있는 동안 그는 쿠웨이트를 침략할 의도가 전혀 없노라고 말했다. 그러나 그는 며칠 후, 쿠웨이트를 침략하고 말았다. 여러 연구 조사에 의하면 국가의 오일 수익금에서 그가 착복한 돈은 어마어마한 금액이라고 한다. 결과적으로 그의 부정직한 거래로 말미암아 이라크는 참혹한 지경에 이르게 되었다.

더군다나 쿠웨이트 침공으로 후세인의 부정직한 심사가 천하에 폭로되었기 때문에 그는 대중들을 더 이상 속일 수 없게 되었다. 사람들은 그의 행동들을 보고 그를 신임할 수 없었을 뿐만 아니라, 그와 거래하고 싶어 하지도 않았다. 결국 사담 후세인은 이 세상의 불신과 경멸을 받고 끝내는 파멸하고 말았다. 우리는 사람이 아무리 힘이 있고, 유명하며 요직에 있다고 할지라도 부정직으로 인해 자신의 신세를 망칠 수도 있음을 알아야 한다.

3. 부정직한 사람은 부정직한 대우를 받는다. 남을 속이는 자는 결국 남에게 속게 된다는 보편적인 법칙이

존재하는 것 같다. 또는 성경적 원리인 황금률은 다음과 같이 언급하고 있다.

"무엇이든지 남에게 대접을 받고자 하는 대로 너희도 남을 대접하라 이것이 율법이요 선지자니라"(마 7:12)

4. 정직하게 사고하는 사람들은 크게 생각할 수 있다. 정직하게 사고하지 않는 사람들은 옹졸한 마음의 소유자들이다. 하지만 정직하지 못한 사람들도 웅대한 사고 형태를 취할 수 있고, 혁명적인 생각을 가질 수 있다. 그러나 그들의 정직하지 못한 심성은 그것들을 자기중심적인 것으로 만들어 버린다. 우리는 자신과 다른 사람에게 정직함으로써 크게 생각하는 세계로 들어설 수 있다.

정직에 대해 이야기할 때마다 생각나는 한 부부가 있다. 나는 그들을 캘리포니아에서 만났는데, 이름은 클리프(Cliff)와 프레디 해리스(Freddie Harris)다. 그들은 DAP(마약 대체 프로그램)라고 불리는 빈곤자 단체의 원조 계획을 수립하고 꾸준히 운영하고 있다.

클리프는 많은 전과 기록이 있는 사람이었다. 물론 그러한 과실의 대부분은 헤로인과 코카인에 중독 되어 저지른 것이었다. 그로 인해 그는 여러 해 감옥생활을 했다. 그의 과거는 폭력과 범죄로 얼룩진 인생이있다. 그러나 그는 이제 자신과 사회에 정직한 사람이 되었다.

그는 지금 다른 사람들이 올바르게 살아가고 삶을 개척해 갈 수 있도록 힘껏 돕고 있다. 그는 아내 프레디와 함께 사람이 어떻게 공허하고 파괴적인 삶으로 빠져 들어갈 수 있는지, 자신의 경험에 비추어 젊은이들에게 경고한다. 그리고 특별히 마약이 만연하고 있는 환경 속에서의 좌절과 고통의 삶에 대해 이야기해 준다.

내가 클리프에게서 느낀 가장 인상적인 점은 그의 순수한 정직이다. 어떤 사람들은 이것을 그의 약점이라거나 혹은 너그러운 마음이라고 말할지 모른다. 어쨌든 그는 사람들과 대화할 때, 아무 것도 숨기지 않는다.

그는 마약과 범죄가 자신의 삶에 어떤 영향을 미쳤는지 듣고 싶어 하는 사람들에게는 누구에게나 이야기해 준다. 그는 새 사람이 된 후, 다른 사람들이 자신과 같은 과오를 범하지 않도록 헌신적으로 도와주고 있다. 그리고 이미 마약에 중독된 사람들에 대해서는 그들이 그런 상황에서 벗어나도록 지도하기 위한 만반의 준비를 하고 있다.

나는 클리프와의 대화에서 그가 했던 말을 잊을 수 없다. "사람들은 자신의 문제들을 정직하게 살펴보려고 하지 않으며, 자신이 여러 가지 문제에 봉착해 있다는 사실도 인정하지 않습니다."

나는 해리스 부부의 프로그램 중 하나에 참석해서 어떤 부부의 증언을 듣게 되었다. 그들은 이런 이야기를 했다. "우리는 매주 교회에 출석했습니다. 그리고 모든 교회 활동에 참여했습니다. 그러나 우리는 귀가 하자마자 곧장 침실에 들어가 신속히 마약을 복용하기 시작했습니다." 그들은 이런 행위가 그들의 인생을 어떻게 파괴 했으며, 특히 10대 소녀인 딸에게 어떤 영향을 미쳤는지 자세하게 이야기 했다. 그들은 자신들의 여러 가지 문제점들을 간과함으로써 결국 처참한 지경으로 빠져들었던 것이다.

그러나 그들은 다행히도 해리스 부부를 알게 되었다. 처음에 해리스 부부는 그들이 자신들의 힘으로 대처해 갈 수 없는 문제 - 그들이 몰래 마약을 복용하고 있는 문제 - 에 직면해 있음을 인정하도록 압력을 가하지 않을 수 없었다.

"그것은 단지 사소한 문제나 일시적인 일이 아니었습니다. 우리의 삶은 마약의 지배를 받고 있었습니다." 아내가 말했다.

마침내 그들은 DAP에 가입을 했고, 그 후 마약을 복용하는 습관에서 벗어날 수 있게 되었다. 그들의 가정은 다시 정상을 되찾게 되었다.

그들 부부가 이야기를 마치자마자 눈물을 흘리고 있던 딸이 단상으로 올라왔다. 그녀는 마음을 진정시키고 나서 이렇게 말했다. "저는 부모님의 위선적인 삶과 마약 상습복용 사실을 알았을 때, 부모님에 대한 존경심은 사라지고 내 자신이 고아처럼 버려진 느낌을 받았습니다." 그리고 그녀는 미소를 지으며, 그녀의 부모를 껴안았다. "부모님이 옛 모습을 되찾게 되어 너무나 행복해요."

바로 이와 같은 상황에서 그 가족의 갈등을 해결하는 열쇠는 기꺼이 그런 상황을 - 혹은 어떤 상황이든지 - 정직하게 다루어 보는 것이다. 우리는 누구나 인생을 살아가며 실수를 하게 된다. 그러나 그러한 실수를 통해 자신은 물론 다른 사람들이 무언가를 배울 수 있도록 하지 않고 오히려 숨기려고만 할 때, 문제는 발생한다. 우리는 그러한 실수들을 정직하게 다루는 것을 배워야 한다. 우리는 실수를 하거나 실패를 할 때도 그것들을 극복해 내고, 우리의 생을 개척해 갈 수 있다.

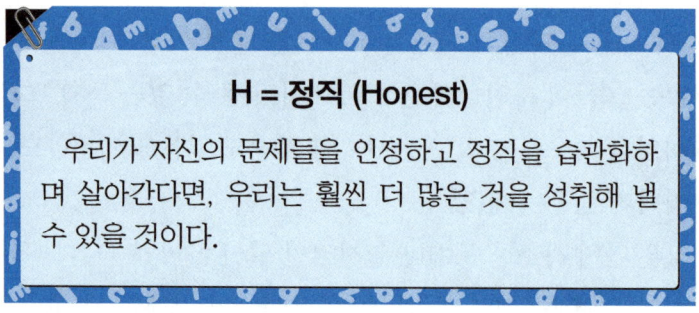

H = 정직 (Honest)

우리가 자신의 문제들을 인정하고 정직을 습관화하며 살아간다면, 우리는 훨씬 더 많은 것을 성취해 낼 수 있을 것이다.

11 통찰력 있는 사고

> 우리가 허락하지 않는 한 아무도 우리에게 열등감을 느끼게 할 수 없다.
>
> 엘리너 루즈벨트(Eleanor Roosevelt)

앞에서도 언급 했다시피 어머니는 나의 성장기 동안에 부유한 여러 가정에서 일을 하셨다. 때때로 기관차에서 3-4일 동안 일하기도 하셨다. 어머니는 교육을 거의 받지 못하셨기 때문에 청소나 아기 돌보는 일과 같은 단순 작업들을 하셨다.

그러나 어머니는 모든 고용 기회를 단순한 일을 하는 것 이상의 의미로 생각하셨다. 어머니는 무슨 일을 하든지 주위 사람들로부터 "소냐 카슨은 지금까지 우리가 고용했던 사람들 중 가장 일을 잘하는 사람이야." 라는 말을 들을 수 있도록 하겠다는 것이 어머니의 결심이었다.

어머니는 최선을 다해 일을 하면서도 이 사람들이 어떻게 성공하게 되었는지 알아보려고 애를 쓰셨다. 또한 이들이 성공한 이후에 어떻게 살아가는지 알고 싶어 하셨다. 어머니는 열심히 일을 하면서도 많은 질문을 통해 그들이 어떤 책을 읽는지, 여가 시간은 어떻게 활용하는지, 어떤 부류의 친구들을 사귀며, 어떤 활동들을 수행하고 있는지 알아보셨다.

얼마의 시간이 지나자 어머니는 매우 귀중한 **통찰력** - 어머니가 고용되어 일하고 있는 지역의 부요한 사람들과 어머니가 거주하고 있는 지역의 사람들이 서로 다른 점이 무엇인지 - 을 얻게 되셨다. 어머니가 즉시 감지한 것 중의 하나는 TV에 대한 그들의 태도였다. 그들 역시 TV를 소유하고 있었지만, 그것에 그리 많은 시간을 소비하지는 않았다. 대신에 그들은 독서와 여러 가지 자료를 분석하는 일에 많은 시간을 할애했다.

어머니는 그들의 의복을 관찰하고 또다른 통찰력을 얻으셨다. 그들은 일시적인 유행이나 스타일 혹은 가격을 보는 것이 아니라 옷감의 질을 보고 옷을 선택한다는 사실을 깨달으셨던 것이다. 어머니는 나에게 "투자한 것만큼 거두게 된단다." 라고 여러 차례 말씀하셨다. 어머니는 이러한 말들을 고용주들로부터 듣고 그 의미를 깨달으셨던 것이다. 종종 그들은 가난한 사람들이 사는 옷보다 훨씬 더 비싼 옷을 구입하지만 반면에 훨씬 더 오래 입을 수 있었다.

어머니는 이러한 사실들을 깨달으셨던 것이다. 우리가 디트로이트로 돌아온 이후, 처음 몇 해 동안은 여러 개의 새 옷을 구입할 여유가 없었음에도 불구하고 우리에게 계속해서 양질의 옷을 입게 하셨다. 나는 어머니가 나를 중고시장에 데려갔을 때, 혹시 그 곳에서 반 아이들을 만나게 될까봐 걱정되었지만 어머니는 아무렇지도 않은 것 같았다. 어머니는 양질의 옷을 고르는 법을 터득하고 계셨다. 때때로 재봉틀로 옷을 고쳐야 할 때도 있었지만 우리는 대부분의 이웃사람들이 입는 옷보다 훨씬 고급스런 옷을 입을 수 있었다.

우리의 거주지인 디콘 가(Deacon Street)에서 살고 있는 사람 중에 우리가 알고 있는 일부 사람들은 더 좋은 시장에서 값비싼 옷(꼭 고급품인 것만은 아니다)을 사는 일이 자주 있었다. 그러나 종종 그 옷들은 불과 몇 달 만에 헤어지고 말았다.

어머니의 통찰력 있는 생활태도 덕분에 우리는 매우 적은 생활비로도 살아갈 수 있었다. 이웃들은 아무도 우리가 얼마나 가난한지 알지 못했다. 어머니는 그들에게 우리 가정의 재정 상태에 대해서 아무런 말도 하지 않았기 때문이었다.

한번은 어머니가 이렇게 말씀하셨다. "사람들은 우리 가정의 모든 일에 대해 이상하게 생각할 수도 있단다." 어머니는 무엇이든 적어도 두 배 이상으로 가치 있게 만드는 법을 알고 계셨다. 하지만 이웃들은 온통 낭비 투성이임을 알 수 있었다.

어머니의 이러한 능력은 이웃에 사는 일부 가정들의 험담 때문에 어려운 점을 안고 있었다. 그들 중에는 어머니가 틀림없이 몸을 파는 사람일 것이라고 생각하는 사람도 있었고, 마약을 거래하는 사람일 것이라고 넌지시 말하는 사람도 있었다. 나는 사람들 옆을 지나쳐 가다가 다음과 같은 말을 자주 들었다. "그렇지 않으면 어떻게 그렇게 잘 살 수 있겠어요? 그 여자는 어떤 일에 연루되어 있을 거에

11. 통찰력 있는 사고 **203**

요. 틀림없어요."

디트로이트로 돌아온 후, 5년 만에 어머니는 새 차를 한대 장만했다. 하지만 어머니는 여전히 가정부로서 일하셨다. 어떤 이웃은 어머니의 크라이슬러(미국제 고급 자동차의 이름)를 보고 감탄하면서 이렇게 물었다. "어떻게 이런 차를 장만할 수 있었나요?" 어머니는 이웃 사람들이 어머니에게 협박조로 말하는 것을 용인하지 않는 분이셨기 때문에 여느 때와 같이 막연한 대답을 하셨다. "쉽죠. 저는 다만 차량 전시장에 가서 현금을 지불했습니다. 그러자 그들은 나에게 이 차를 팔았습니다."

나는 그 후에도 이웃 여인이 어머니에게 이렇게 물었던 것을 기억하고 있다. "이것은 또 새로 산 옷인가 보군요!" "그래요." 어머니는 걸어가면서 대답하셨다. 그리고 나를 향해 미소를 지으며, "이 옷은 분명 내겐 새 옷입니다." 라고 말씀하셨다. 나는 어머니가 그 옷을 중고시장에서 구입해 고치느라 하루 밤을 꼬박 새우셨다는 사실을 알고 있었다.

나는 어머니의 지혜로운 삶에 감탄하기 때문에 여기에서 다시 한 번 상세히 언급했다. 어머니는 초등학교도 마칠 기회를 얻지 못하셨고, 겨우 15살에 결혼을 하셨으며, 아버지는 어머니를 고향 테네시에서 디트로이트로 데려 가셨다. 그러나 어머니는 결코 이런 일들에 개의치 않았다.

어머니는 단지 하나님께서 어머니에게 주신 능력만을 사용했다. 어머니는 거의 독서를 할 수 없었지만 다른 사람들을 관찰하고, 질문하며, 그들의 답변을 숙고해 봄으로써 통찰력을 얻었다.

어머니의 통찰력에 대한 또다른 예가 있다. 그것은 어떤 일의 이치를 깨닫도록 하는 것이다. 고등학교 1학년 때, 나는 또래들과 보조를 맞추어야 한다는 중압감에 눌려 있었다. 학업 성적은 거의 한 학기 내내 내리막길을 걷고 있었음에도 불구하고 나의 가장 큰 관심사는 또래 집단의 아이들이 입는 종류의 옷을 입어야만 한다는 생각을 떨쳐 버리지 못하고 있었다. 그 당시 인기 있는 스타일은 이탈리아 풍의 옷이나 가죽옷이었는데, 특히 이탈리아 풍의 니트나 셔츠, 바지 그리고 가죽 재킷은 가장 유행하는 옷이었다.

나의 또래 집단의 아이들이 이러한 옷들을 입고 다녔기 때문에 나 역시 그런 옷이 있어야 한다고 생각했다. 그래서 어머니에게 이렇게 간청했던 것이 기억난다.

"엄마, 부탁이에요. 제발 그런 옷 한 벌만 사 주세요. 친구들하고 다른 복장을 하기가 싫어요."

"그들이 정말 네 친구들이라면 네가 옷을 어떻게 입든 그것은 별로 중요한 문제가 되진 않아."

"하지만 엄마, 모두들 어떤 옷을 입는지 엄마도 아시잖아요." 나는 나보다도 더 가난한 집 아이들 중 네다섯 명의 이름을 대었다. 그러나 어머니는 이렇게 말씀하셨다.

"그럴 돈이 없단다."

"하지만 전 꼭 이탈리아 풍의 니트나 셔츠가 있어야만 해요. 안 입고 있는 애들이 없단 말이에요!"

"다른 모든 아이들과 똑같을 수만은 없어."

"하지만 나에겐 그런 옷들이 이 세상에서 제일 중요한 것이에요. 많이도 필요 없어요. 단지 조금, 아니 한 벌만 있으면 돼요."

마침내 어머니는 몹시 화가 나셔서 입을 다물라고 명령하셨다. 나는 더 이상 말하는 것은 아무런 도움이 되지 못할 것이라는 것을 알았다. 그러나 나는 다음날 저녁 또다시 어머니를 조를 생각이었다.

내가 그렇게 유행하는 옷에 집착해 있는 동안 나의 성적은 A학점에서 B학점으로 금방 곤두박질했고, 빠르게 C학점으로 향하고 있었다. 학교수업은 그다지 중요하게 여겨지지 않았다. 나의 주요 관심사는 바로 그 옷이었고, 친구들과 어울려 농구하는 것이었다.

어느 날, 나는 또다시 어머니께 간청했다.

"이탈리아 풍 니트를 딱 한 벌만 사 주세요."

어머니는 깊게 한숨을 쉬시더니 이렇게 말씀하셨다.

"벤, 네게 할말이 있다. 나는 생활비 운영을 네게 맡기려고 한다. 네가 그것으로 식비는 물론 다른 모든 청구서를 지급하도록 해라. 그리고 남은 금액은 네가 가져도 좋다. 모든 돈은 현금으로 집에 가져와서 너에게 넘겨주겠다."

"좋아요! 기꺼이 받아들이겠어요."

"하지만 제일 먼저 청구서부터 지급해야 한다. 내가 가져다주는 모든 돈을 계산해 보고 나서 기본적으로 필요한 모든 것에 대해 금액을 할당해 두어라. 탁자 위 여기에 그것들을 정리해 두고 해당 금액을 표시해라. 알아들었니?"

"언제부터 시작할까요? 전 지금 준비가 되어 있어요."

"월요일 아침부터 시작해라. 먼저 모든 청구서부터 지급하고 남은 금액은 얼마든지 네가 가져도 좋다는 점을 기억해라. 그리고 시내에 가서 네가 원하는 모든 이탈리아 풍 니트나 셔츠를 사도 된다."

결국 내가 이겼다. 이젠 더 이상 이탈리아 풍 니트와 가죽 재킷을 사달라고 더 졸라대거나 군말을 할 필요가 없었다. 내가 직접 그것을 살 수 있게 되었다.

월요일 아침, 어머니는 약속하신 대로 전 주간에 벌어 온 모든 돈을 나에게 넘겨주셨다. 그리고 식품, 자동차 연료 그리고 각종 필요한 청구서들에 대한 비용 명단을 나에게 건네주셨다. 나는 열심히 돈을 할당해 보았다. 물론 돈은 순식간에 바닥이 났고, 옷을 산다는 것은 꿈도 꾸지 못할 일이었다.

"한 푼도 남지 않아요." 나는 어머니를 바라보면서 말했다. 정말 낙담이 되었다. 모든 돈을 다 사용하고도 점심과 전화비를 낼 돈이 부족했다.

"그래, 아들아. 너도 알다시피 난 한 푼도 뒤로 빼놓지 않았다. 이것이 매주 내가 벌어오는 금액이란다."

"저도 알아요." 나는 어머니를 바라보면서 처음으로 이탈리아 풍 니트를 사달라고 졸랐던 것에 대해 부끄러움을 느꼈다.

"그렇지만... 이 일을 어떻게 하실 거예요?" 내가 물었다.

"단지 하나님의 도움 밖에는 없단다." 어머니는 말씀하셨다.

이 일로 인해 나는 하나의 통찰력을 얻게 되었다. 내 생애 처음으로 어머니께서 처한 곤경의 의미를 진정으로 이해하게 된 것이다. 아무리 수입과 지출 금액을 맞추어 보아도 그동안 어머니께서 형과 나를 길러오신 것이 놀랍기만 했다. 더군다나 어머니는 우리의 이웃들이 우리가 재정적으로 넉넉한 가정인 것으로 확신할 만큼 잘 운용해 오셨던 것이다.

"엄마는 재정관리의 천재예요!"

"나를 인도하시는 하나님과 함께라면 분명 그렇지!" 어머니는 웃으면서 말씀하셨다.

나는 다시는 이탈리아 풍의 옷을 사달라고 어머니에게 조르지 않았다. 이 통찰력으로 인해 나는 훨씬 더 깊은 것들을 깨닫게 되었다. 나는 어머니가 그렇게 적은 돈으로 수많은 일들을 행하셨다는 사실을 깨달았을 때, 어머니가 내게 말씀 하셨던 기억 가능한 다른 여러 가지 것들에 대해서 생각해 보기 시작했다. 어머니는 그렇게 적은 생활비를 가지고서도 당신이 처한 일들을 처리해 낼 수 있었다면, 아마 나에게 말씀하셨던 다른 어떤 것들도 역시 사실일 것이었다.

이러한 일들을 이해하기 위해서는 나의 어머니가 일터에서의 관찰과 경험을 통해 통찰력을 얻으셨다는 점에 유념해야 한다. 어머니는 그러한 통찰력을 적용할 때마다 그것은 곧 어머니의 지혜가 되었던 것이다. 나는 어머니의 지혜를 통해 내가 인생을 살아가면서 만날 수도 있었던 또다른 재난들에서 피할 수 있었다고 확신한다.

나는 통찰력에 대해 생각할 때마다 필라델피아 지역에서 내과의사로 근무하고 있는 나의 친구 왈터 로맥스(Walter Lomax)를 언급하길 좋아한다. 왈터는 무일푼으로 시작해 백만장자가 된 사람으로서 수많은 업적을 남겼다. 그는 7개의 전문병원들을 소유하여 운영하고 있다. 또한 다섯 자녀를 두고 그들 모두를 책임감 있고 정직한 인물들로 길러내었다. 자녀들은 지금 그 전문병원들을 운영하고 있다. 그러므로 그는 부정직, 절도 그리고 착복의 문제에 대해 전혀 걱정할 필요가 없다. 그가 그렇게 빠르게 성공할 수 있었던 이유 중 하나도 바로 자녀들의 도움이 컸기 때문이었다.

왈터는 자신의 전문병원과 의료 분야에서 이루어 낸 훌륭한 일 외에도 사업이 어떻게 진행될지 예측할 수 있는 놀라운 통찰력을 소유하고 있다. 그는 수많은 회사들과 정부 기관의 고문역을 맡고 있다. 이는 그가 사람들을 사업에 끌어들이기 위해 필요한 것이 무엇이며, 어떻게 고객들을 다루어야 하고, 어떻게 그들이 만족감을 느끼도록 할 수 있는지를 알고 있기 때문이다. 왈터는 사업을 통해서는 좀처럼 이루어내기 어려운 일들을 성취해 내었다.

왈터는 뛰어난 능력과 근면한 자질들을 서로 결합시킨다. 혹자는 이런 것을 가리켜 통찰력 있는 행동이라고 말할지도 모른다. 옳은 말이다. 그것은 우리가 최선을 다하는데 필요한 자질이다.

크게 생각하라는 말의 철자에서 "I"는 통찰력(Insight)을 나타낸다. 이제 나는 통찰력을 설명하는 한 가지 방법으로 헤르만 헬름홀츠

(Herman Helmholtz)의 연구에 대해 살펴보겠다. 이 사람은 독일의 생리학자며, 물리학자이다. 그는 이미 100년 전에 점검해 보아야 할

3가지 단계를 언급함으로써 과학적인 전개에 대해서 기술했다.

> 1. 집중연구(Saturation)
> 그는 연구를 통하여 당해 주제에 관해 학습할 수 있는 모든 것을 찾아내었다.
>
> 2. 심사숙고(Incubation)
> 이번에는 깊이 숙고해 보는 시간으로서 연구를 통해 그가 학습했던 것에 대해 생각하고 곰곰이 살펴보았다.
>
> 3. 조명(Illumination)
> 헬름홀츠는 집중연구와 심사숙고에 온 힘을 쏟았다. 그리고나서 그는 자신이 돌연 해답을 발견하게 되었다고 말한다.

수년 후, 프랑스의 수학자 앙리 뽀앵까레(Henry Poincaré)는 네 번째 단계를 추가했는데 그는 그것을 검증(Verification)이라고 불렀다. 오늘날 우리는 이것을 우리의 통찰력이 올바른 것인지를 점검, 증명, 확인하는 과정이라고 생각할 수 있다.

통찰력은 여러 가지 방법으로 형성될 수 있다. 그것은 즉각적인 순간에 이루어질 필요는 없지만 그것은 가꾸고 개발할 수 있는 성질의 것이다. 일부 사람들은 무의식적으로 그들 자신의 통찰력에 의존하기 때문에 때때로 자신들이 그것을 소유하고 있다는 사실 조차도 인식하지 못한다. 통찰력은 "아하!" 혹은 "알았다 (Eureka)!"라고 소리칠 때에 얻게 된다. 통찰력은 다음과 같은 일을 할 때, 여러 가지 경로를 통해 얻을 수 있다.

- 이미 어떤 일을 성취해 낸 사람의 말을 듣고 자신도 그와 같이 할 수 있다고 생각할 때
- 성취는 일부 선택받은 사람들에게만 가능한 일이 아님을 깨달을 때
- 우리에게 배움의 기회를 줄 수 있는 모든 자료에 대한 학습 기회를 이용할 때
- 다른 사람의 성취는 물론 실수로부터 무언가를 배울 때

나는 사람들에게 자신을 살펴볼 것을 요구한다. 그래서 과거에 잘 했던 일을 생각해 보고 앞으로 하고 싶은 일들 - 통찰력에 이룰 수 있는 집중연구와 심사숙고의 분야 - 에 대해 깊이 조명해 볼 것을 강력하게 권한다.

빈델의 샴쌍둥이 분리수술 사건은 통찰력을 어떻게 얻을 수 있는가를 보여준 좋은 예라고 할 수 있다. 나는 이 일이 있기 오래 전부터 머리 뒤가 붙은 샴쌍둥이 생각에 골똘해 있었기 때문에 역사상 그러한 쌍둥이 분리 수술을 시도했던 여러 가지 경우들을 연구하느라 독서에 많은 시간을 할애했다.

나는 과거의 쌍둥이 분리수술들(모두가 다 실패로 끝났음)을 살펴보면서 중요한 문제는 방혈, 즉 피를 흘림으로 인해서 죽게 된다는 것을 알았다. 나는 심장혈관 전문의들과 상의하고 그들이 사용하는 체온저하법(심장이 멈추고 피가 다 빠져 나갈 때까지 체온을 낮춘 후 심장을 수술하는 법)같은 일부 기술들을 탐독한 후, "아하!" 라고 소리치게 되었다. 나는 그러한 매우 섬세한 부분의 수술이 진행되는 동안 방혈의 위험을 제거하거나 크게 감소시키기 위해서 혈관재생이나 복잡한 안면두개수술에 그러한 기술들을 병합 사용할 수도 있을 것이라는 통찰력을 갖게 되었다.

그 당시 빈델의 샴쌍둥이에 대해서는 아무 것도 아는 것이 없었지만 이러한 통찰력은 기회가 주어졌을 때, 나의 경력을 발전시키는 데 분명히 중요한 역할을 했다.

나는 잠언을 통해서 통찰력에 대한 매우 중요하고도 균형 있는 자료들을 얻는다. 솔로몬에 대해 잘 알고 있는 사람들은 그가 생을 살아가면서 - 특히 나이 들어서 - 많은 실수를 했다는 사실을 알고 있다. 그러나 그는 그러한 실수들을 다른 사람들에게 숨기지 않고 수많은 잠언들을 기록했다.

나는 전문가들과 성공한 사람들의 의견을 들으며, 그들에게 배워야 한다고 생각한다. 그러나 자문이나 조언은 개인적인 준비를 대신할 수 없다. 나의 견해로는 개인적인 준비의 기초는 다른 사람들보다도 독서를 통해서 얻을 수 있다고 생각한다. 혹자는 책을 별로 읽고 싶지 않다고 말할지도 모른다. 그러나 사실 그런 말은 전혀 실제적인 이유가 되지 못한다. 책은 많이 읽으면 읽을수록 그만큼 더 잘 읽을 수 있게 되고, 독서를 더 즐길 수 있게 되기 때문이다. 독서는 아무리 많이 한다 해도 지나치지 않다. 그리고 우리들 대부분은 충분한 독서를 하지 못하고 있다.

내가 지금까지 계속해서 지적해 왔던 것처럼 나는 잠언을 읽는 것을 가장 중요한 일로 생각한다. 나는 여러분에게 잠언을 반복해서 거듭 거듭 읽어보기를 권장한다. 물론 성경 전체 내용 및 그 밖의 훌륭한 양서들과 더불어 말이다.

독서가 끝나면 다음 단계 - 그 내용을 감상해 보는 것 - 가 기다린다. 우리는 자신이 읽은 것들에 대해 반드시 생각해 보아야 한다. 우리가 선택을 하고 어떤 일을 수행할 때는 이미 그것들에 대해서 생각해 보았기 때문이다.

삶을 좀 더 알차게 살아보고 싶을 때, 우리가 할 수 있는 일이 있다. 우리는 우리 자신이 생각하기에 성공했다고 여겨지는 사람들이나 우리가 달성하고자 애썼던 어떤 목표를 이미 성취해 낸 사람들을 찾아가 볼 수 있다. 그리고 그 사람들이 우리 자신과 유사한 배경을 가졌다고 생각될 때, 이러한 만남은 특별히 중요한 의미를 띤다. 우리는 그들에게 다음과 같은 질문들을 해 볼 수 있다.

- 무슨 일 때문에 당신이 오늘날 이 자리에 설 수 있게 되었습니까?
- 가장 큰 도움을 준 사람은 누구입니까?

11. 통찰력 있는 사고   213

- 당신에게 방해가 된 사람은 누구이며, 또한 방해가 된 요소는 무엇입니까?
- 과거에 행한 일 중 지금 후회하는 일은 무엇입니까?

우리는 또한 우리가 성공한 사람이라고 생각하는 사람들만큼 우리 자신도 능력 있는 사람이라는 사실을 깨달아야 한다. 성공한 사람들이 인생을 살아가면서 견지했던 몇 가지 통찰력 있는 생각들은 다음과 같다.

- 그들은 자신들의 힘과 마음을 다해 꼭 성공하겠노라고 결심 했다.
- 그들은 문제점들을 살펴보고 논의했다.
- 그들은 더 쉬운 방법을 찾아내거나 불필요한 노력을 배제함으로써 일을 보다 재치 있게 수행하는 방법을 생각해내었다.

우리는 누구나 다른 사람들에게서 무언가를 배울 수 있다. 만약 달리 배울 만한 것이 없다면, 우리는 자신을 준비하여 다시는 같은 실수의 반복을 피할 수 있다. 세상에는 무슨 일에든지 실패하는 사람이 있다. 그들은 혼자서 온갖 실수를 저지르고 게임과 같은 인생을 헤쳐 나가는 방법이나 능력의 부재 문제를 해결하기 위해 수많은 시간을 소비 한다. 그러므로 다른 사람들의 경험에서 많은 도움을 얻을 수 있다면, 그것은 우리에게 대단한 유익이 된다.

나는 의료 업무를 수행할 때, 특히 빈델의 샴쌍둥이 수술과 같이 많은 논란의 대상이 되고 있는 일들을 수행할 때, 다음과 같은 4가지 사항을 늘 점검했다.

> 1. 어떤 새로운 활동이든지 그것의 가능성, 중요성, 필요성에 대해 살펴본다. 그래서 시간과 노력을 기울일 만한 가치가 있다고 판단될 때, 그것을 시행한다.
> 2. 보다 경험 많은 신경외과의사들과 폭넓게 토론한다. 돈 롱 박사는 내가 자주 자문을 구하는 분이다. 그는 우리 부서의 책임자일 뿐만 아니라 풍부한 경험과 고도의 기술을 지닌 신경외과의사이기 때문에 나는 그를 찾아간다.
> 3. 신경외과의 여러 가지 모험적 시술 및 실패했던 시술들에 관한 기록들을 읽어본다. 이것은 전문 잡지들을 참고하면서 최근의 연구보고서들을 탐독하는 것을 의미한다.
> 4. 수집한 정보에서 내가 선택한 것들을 평가해 본다.

나는 다른 방법을 시도하면서 나를 돕고자 하는 사람들에게 다음과 같은 말들을 할 수도 있었다. "저 혼자 있게 내버려 두세요. 많은 시행착오를 통해 이 수술들을 완전히 익힐 때까지 충분히 행해 볼 수 있도록 말이에요. 그렇게 되면 나는 내가 무엇을 해야 하고 무엇을 하지 말아야 할 것인지 알 수 있지 않겠습니까?" 불행하게도 그러한 시행착오의 방법을 사용하면 많은 환자들이 고통을 당하거나 심지어 죽게 될 수도 있다.

또한 나보다 앞서간 사람들의 연구를 무시해 버릴 수도 있었기 때문에 신속하게 일을 처리할 수 없었을 것이다. 이러한 태도는 의료 분야뿐만이 아니라 다른 모든 분야에 적용된다. 나는 자연스럽게 다른 사람에게 배우면서 통찰력(혹은 이해력)을 얻는 사람들을 다수 알고 있다. 그들은 어떤 일이 왜 일어나며 어떻게 작용하는지를 이해한다. 이와는 대조적으로 단지 아는 척만 하는 사람들도 있다. 이런 부류의 사람들은 어디에나 있다. 그들은 모르는 것이 없는 체하며 자신을 완벽한 전문가라고 말하지만 실제로는 아는 것이 거의 없는 사람들이다.

짐 스미스(Jim Smith)는 통찰력 있는 사람으로 필라델피아 지역에서 두개의 TV 프로그램을 담당하고 있다. 그는 1985년 워싱턴 볼티모어 지역을 방문했을 때, 행한 나의 TV 대담프로를 보게 되었다. 그때 나는 뇌반구 절제수술에 대해 설명했다. 그 당시는 우리가 매우 어려운 수술을 성공적으로 마쳤던 때였다.

나중에 짐은 자신이 보고 들은 것에 큰 감명을 받았고, 고질적인 발작을 치료하기 위해 사람의 뇌를 절반이나 절제할 수도 있다는 생각에 두려움을 느꼈다고 말했다. 그 수술이 짐에게는 무척 놀라운 일로 생각되었던 것이다. 그는 나와 인터뷰를 하기 위해 필라델피아로 나를 초대했다. 나는 그가 담당하고 있는 두개의 TV 프로그램에 출연했다. 그러나 우리의 관계는 그것으로 끝나지 않았다. 나는 짐의 주선으로 필라델피아 교육부에 있는 여러 사람들을 만나게 되었고, 많은 학생들이 크게 생각하는 사고력을 기르도록 강연을 하게 되었다. 우리는 서로의 직업에 대단한 흥미를 가진 좋은 친구가 되었다.

짐 스미스는 무한한 호기심을 가졌을 뿐만 아니라 어떤 일이 다른 사람들에게 유익이 될 수 있는 일인지 분별하는 놀라운 통찰력을 소유하고 있다. 그러므로 그는 자신의 그러한 재능을 발휘하여 여러 정보들을 대중들이 쉽게 이해할 수 있도록 재구성한다. 짐은 내가 수행했던 수술들을 단지 한 훌륭한 의사의 흥미로운 이야기로만 생각하지 않았다. 그는 즉시 그러한 수술들이 인간의 생명을 구해낸 일이었음과 의학계의 참으로 놀랄만한 혁신적인 일이었음을 알아차렸다. 짐은 그러한 통찰력 있는 이해를 했기 때문에 자신이 알고 있는 온갖 방법을 이용해 뇌반구 절제수술이라는 의학계의 획기적인 일에 대해 이야기를 전개시켰다.

짐 스미스는 여러 가지 질문들을 하면서 최선을 다했기 때문에 다방면에 통찰력을 갖게 되었다. 그리고 그는 자신이 권위자라고 생각하는 사람 - 이 경우에는 나 자신임 - 과 대화를 나눴다. 그런 다음 그는 연구하고 가능한 한 모든 것을 학습했다. 그리고 그러한 정보들을 사용하여 새로운 의료 기술로 인해 무슨 일이 일어났는지 대중들에게 이해시켰다.

짐은 여러 곳에 연락하여 내가 몇몇 학교를 방문하도록 길을 터놓았고, 영향력 있는 여러 교육자들과 만나도록 했으며, 내가 중요하게 여기는 생각들에 관해 학생들에게 강연할 기회를 마련해 주었다.

성공한 사람들 중 내가 알고 있는 대부분의 사람들은 천성적으로 예리한 관찰력을 지닌 사람들이거나 그러한 능력을 개발한 사람들이다. 그들은 연구를 통해 무엇을 주의 깊게 관찰해야 할지를 안다. 그들은 여러 가지 질문을 던지거나 발생 가능한 일들을 알아내려고 노력하면서 곰곰이 숙고한다. 어느 분야에서나 크게 생각하는 사람들은 대체로 이러한 기질을 지니고 있다. 그들은 주위의 환경이 사람이든 물질이든 주의 깊게 관찰한다.

이것이 소위 과학적 방법이라는 것이다. 과학적 방법은 관찰에 기초를 두고 있다. 그들은 처음부터 알고 있는 것이 아니라 실험 과정에서 발생한 것들을 주의 깊게 관찰한다. 그들은 관련된 것들이 어떻게 발전해 가는지 이해할 때까지 몇 번이고 반복해서 분석한다. 잠시 후에 그들은 어떤 일이 발생하면, 어떤 특별한 결과가 나타날 것인지를 알게 된다. 단편적인 과학적 지식들은 건축용 벽돌과 같다. 즉, 세부적인 지식들이 모여 보다 복잡한 지식으로 발전해 가는 것이다.

우리는 처음에 단 하나의 세포를 관찰하거나 그 세포의 구성요소들을 관찰함으로써 시작할 수도 있다. 만약 포기하지 않고 오랫동안 관찰을 계속한다면 연구가들이 어떻게 DNA나 전반적인 유전 구조에 대한 통찰력을 발전시키게 되었는지 이해할 수 있게 된다. 이러한 개념들과 이론들은 모두 신중한 관찰을 통해서 형성된다. 그리고 신중한 관찰은 결국 통찰력을 낳는다. 그렇다고 누구나 다 과학자가 되어야 한다는 뜻은 아니다. 나는 우리가 올바른 건축용 벽돌들을 얻고자 노력하면서 우리가 관찰한 것을 숙고할 때, 통찰력을 얻게 된다는 점을 지적하고자 한 것이다.

과학적 영역에 대한 통찰력은 아니지만 내가 아는 가장 통찰력 있는 두 사람은 나의 어머니와 나를 보좌하는 내과의사 캐롤 제임스(Carol James)이다. 두 분 다 매우 복잡한 상황에서도 중요한 것이 무엇인지 즉시 알아차리는 능력을 지니고 있다. 특별히 이 분들은 사람의 마음을 읽는데 특별한 재능을 가졌다.

어머니와 캐롤은 신중한 관찰에 대한 과학적인 훈련을 받은 바 없지만 그럼에도 불구하고 여러 해 동안 신중한 관찰을 해 온 사람들이다. 그들은 자신들의 통찰력을 일일이 설명할 수는 없을지라도 다른 사람의 태도와 반응을 관찰하고 신속 정확하게 그들의 정서상태를 알아내는 능력을 지녔다. 때때로 사람들은 소리를 지르거나 울음을 터뜨리는 것처럼 분명하게 자신의 감정을 나타낼 수도 있지만, 반면에 거의 알아 볼 수 없는 태도를 취할 때도 있다.

예컨대 어머니는 남을 속이려드는 사람을 단번에 알아보는 능력이 있다. 누군가 거짓 선전으로 어떤 제품을 판매하려고 하면 어머니는 그 사실을 금방 밝혀내신다.

한 번은 진공청소기를 판매하는 사람이 방문하여 물건을 팔고자 했다. 어머니는 그 상품이 마음에 들었지만 부르는 가격이 터무니없이 비쌌다. 그는 "이것은 동급 기종 중 가장 강력한 진공청소기입니다." 라고 주장했다. 그는 자신이 가지고 온 물건이 더할 나위 없이 훌륭한 제품이라며 당치 않는 주장을 계속했다.

"매우 흥미롭군요. 하지만 이 제품이 동급 기종 중 최고라면 동일 기종에는 또 어떤 것들이 있죠?" 어머니가 물었다.

"글쎄요." 그는 부드럽게 그 물건을 어루만지면서 미소를 지었다.

"사실 이 제품은 특별한 기종이라서 다른 것은 없죠. 이 제품은 독특한 것입니다. 그리고..."

"그렇다면 당신의 청소기와 같은 물건은 시장에 없다는 말이군요. 유사한 것도 없지요?"

"아, 물론 다른 진공청소기들이야 있죠."

"이 제품과는 어떻게 다르죠? 내 말은 그 제품들도 모두 똑같은 기능을 가지고 있지 않느냐 이거예요."

"예, 본질적으로는 그렇죠. 하지만..."

어머니는 그 사람에게 묻는 말에 답하게 하면서 사실대로 자백 하도록 유도했다. 결국 어머니는 이렇게 물었다.

"다른 제품들도 똑같은 기능을 수행 할 수 있다고 말해야 옳지 않은가요?"

어머니는 결국 그것과 동일한 진공청소기를 다른 곳에서 매우 저렴한 가격에 구입하셨다. 어머니는 관찰하고 생각한 후, 행동하심으로써 사람들이 숨기지 못하고 자신이 한 말에 대해 사실대로 말하게 하는 능력을 지니고 계셨다.

캐롤 제임스는 사람들이 겉으로는 아무런 표정을 짓지 않아도 화가 난 사람을 알아 볼 수 있는 능력을 지녔다. 나는 그녀가 내심 잔뜩 화가 난 사람에게 이렇게 말하는 것을 들었다. "당신이 너무나 상심해 있다는 것을 알고 있어요. 화가 날만도 하죠." 그러한 몇 마디 말은 대단한 효과를 나타낸다.

캐롤의 능력은 사람들에게 의학 전문용어나 수술 절차에 대해 설명할 때, 그 빛을 발한다. 우리는 환자들이나 그들의 가족과 함께 앉게 되면 그들에게 모든 것을 설명해 주려고 노력한다. 우리는 그들이 얼마나 많이 알고 있으며, 이해하고 있는지 모르기 때문에 그저 할 수 있는 한 최선을 다한다. 내가 어떤 것을 설명해 주었는데 완전히 이해되지 않는 경우에도 그들은 마치 이해한 것처럼 행동할 때가 있다.

"아, 그래요. 아, 그래요." 그들은 고개까지 끄덕이며 말한다. 나는 그들의 반응만으로는 늘 확신을 가질 수가 없다.

그러나 캐롤은 그들이 과연 이해한 것인지 아니면, "잘 이해가 안 돼요." 라는 말을 차마 하지 못하고 있는지를 알아차린다. 내가 나의 생각들을 분명하고 직설적인 설명으로 끝마치고 나면, 그녀는 다시 그들에게 돌아가 한 시간 더 대화를 갖는다. 그녀가 설명을 마치고 돌아오면 비로소 그들은 나의 의도를 진정으로 깨닫는다. 그녀는 모든 것을 간단명료한 말로 표현할 수 있기 때문이다.

근본적으로 캐롤의 능력은 평생 동안 사람들을 예의 관찰함으로써 얻은 것이었다. 모두가 다 사람을 유심히 관찰하는 것은 아니다. 모두가 다 과학적 자료들을 예리하게 관찰하는 것도 아니다. 우리는 누구나 재능과 한계를 지니고 있다. 우리는 자신을 다른 사람과 비교할 필요가 없다. 간호사나 변호사, 혹은 환경미화원이라고 해서 판매원이나 기술자 혹은 도서관 직원보다 낫다거나 못하다고 생각할 필요도 없다.

우리는 이렇게 말해야 한다. "저는 이런 사람입니다. 저는 전문가나 직업인답게 나의 하는 일들을 잘 해낼 수 있습니다. 제가 하는 일에 관한한 능숙합니다. 저의 일로 인해 다른 사람들이 더 잘 살 수 있습니다." 바로 이러한 태도가 사람의 성공 여부를 결정하는 요소이다. 결코 벌어 놓은 돈의 액수나 직함에 근거한 특권이 아니다.

마지막으로 통찰력 있는 친구인 로저 베네트(Roger Bennett)를 소개 한다. 그는 40대로서 볼티모어 시의 주요 법률회사 가운데 하나를 운영하는 사장이다. 나는 그의 번개 같은 감응을 보아왔기 때문에 사람들에 대한 그의 통찰력과 이해력을 신뢰하게 되었다.

나는 여러 번 인사 문제와 모험적인 사업 문제로 그와 토의 했다. 로저는 이야기를 듣고 나면 이렇게 말했다. "이것은 참으로 낙후된 것입니다. 이런 형태로 보내온 걸 보면 알 수 있죠." 혹은 다른 신청서를 살펴보고 "이건 훌륭해요. 내 생각엔 이 회사는 정직한 것 같군요. 그들이 제시한 프로그램도 우수해요. 그걸 사용해 보시죠." 라고 말했다.

이러한 통찰력을 지닌 사람을 알고 지내는 것은 매우 가치 있는 일이다. 로저는 브루클린(Brooklyn)의 가난한 유대인 지역에서 성장했다. 그는 사람 다루는 법과 사람의 생각을 이해하는 법, 사람의 생각을 꿰뚫는 법을 익혀야 했다. 이것이 가난에 찌든 환경에서 주요 법률회사의 사장으로 도약하게 된 중요한 이유 중 하나가 되었다.

나는 내 자신의 이야기를 통해 다른 사람들에게 로저 베네트를 소개함으로써 다음과 같은 사실을 밝히고 싶다. 즉, 빈민층에서 출생했다고 해서 그것을 운명적인 자신의 신세라고 생각할 필요가 없다는 것이다. 중요한 것은 어디에서 출생 했느냐가 아니라 어디를 향해 나아가느냐 하는 것이다!

  우리는 재능을 활용하며, 정직하게 행동하고, 그리고 통찰력을 이용함으로써 헌신적으로 일하고 싶은 삶의 모든 영역에서 최선을 다할 수 있다. 즉, 크게 생각할 수 있다. 통찰력은 우리가 계발할 수 있는 중요한 특성중 하나이다.

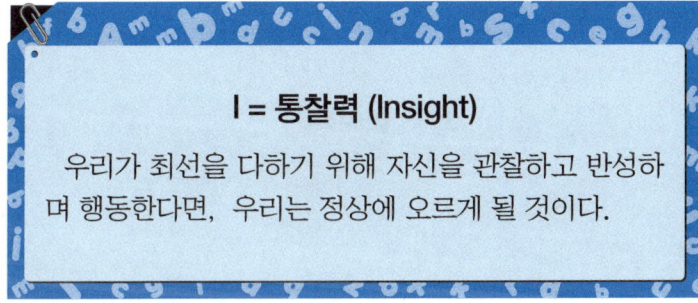

I = 통찰력 (Insight)

우리가 최선을 다하기 위해 자신을 관찰하고 반성하며 행동한다면, 우리는 정상에 오르게 될 것이다.

12
친절한 사람은 성공한다

많고 많은 신들, 많고 많은 신조들, 많고 많은 삶의 방침들이 온통 널려있지만 이 슬픈 세상에서 진정 필요한 것은 오직 친절한 행동뿐이다.

엘라 윌콕스(Ella W. Wilcox)

"**친절한** 사람은 결국 성공하게 된다." 라는 속담이 있다. 이 말은 특히 비즈니스의 세계에서 통하는 말이다. 다른 사람은 생각지도 않고 자신만을 위하겠다는 생각을 앞세우는 것은 비난 받을만한 태도이다. 나는 그러한 생각에 동의하지 않는다.

나는 친절이란 말을 다음과 같은 단어들을 포함하는 넓은 의미로 사용한다.

사려 깊은(thoughtful), 동정심 많은(considerate),

도움이 되는(helpful), 상냥한(pleasant),
인상 좋은(agreeable), 우아한(gentle), 공손한(polite),
마음이 맞는(congenial), 돌보는(caring)

나는 크게 성공한 친절한 분들을 많이 알고 있다. 그들 중 일부는 이미 내가 본서에서 언급했던 돈 롱 박사, 마이크 존스 박사 그리고 왈터 로맥스 박사와 같은 분들이다.

크게 생각하라는 말의 철자에서 "N"는 친절(Nice)을 나타낸다.

N = 친절 (Nice)

나는 어머니로부터 다른 사람들에게 - 그들이 누구이든지 혹은 그들의 성공 여부에 상관없이 - 친절하라는 교육을 받았다. 어머니는 늘 이렇게 말씀하시곤 했다. "모든 사람에게 친절하거라. 실패했던 사람도 다시 성공한 사람으로 만날 수 있단다."

나는 그러한 교육을 아주 어렸을 때 받았지만 내가 홉킨스병원에서 레지던트로 근무할 때에야 그것을 절감할 수 있었다. 당시 나는 일주일에 120시간을 병원에서 살았다. 물론 그 대부분의 시간은 내가 자원한 것이었다. 응급환자가 없는 날도 한밤중까지 병원에 남아있는 일이 빈번했었다. 그때는 대화를 나눌 수 있는 사람이 청소부, 사무원, 간호사 그리고 간호보조사들뿐이었다. 나는 그들의 한가로운 잡담 이외에도 그들의 대다수는 나보다도 훨씬 더 재미있는 인생을 살아가고 있음을 깨달았다.

건물관리인 가운데 한 사람은 야구경기를 좋아하고 있었는데, 그는 페넌트 레이스에 대한 흥미로운 이야기들을 시작했다하면 끝이 없었다. 별다른 찬사도 받지 못한 채 살아가는 이들이지만 가정이 있고, 자녀들이 있으며, 또한 내가 내 아이들을 갖게 되었을 때에 품었던 것과 동일한 꿈과 희망을 그들의 자녀들을 향해 갖고 있었다.

어느 날, 나는 그 건물관리인과 청소부 아주머니, 또 두 명의 간호보조사와 함께 참으로 즐거운 대화를 가졌다. 그리고 나는 그날 밤을 이렇게 곰곰이 생각해 보았다. '내가 존스홉킨스병원의 의사가 되었을지라도 하나님 앞에서는 괜찮은 교육의 기회가 없었음에도 불구하고 여전히 자신의 일을 열심히 하며 살아가는 저 사람들보다 더 나을게 없구나!' 이것이 대단한 통찰력이라고 할 수는 없겠지만, 나에게는 큰 영향을 주었기 때문에 이것을 꼭 기억하고 싶다.

나는 이러한 대부분의 통찰력을 위대한 결단력과 강한 자존심으로 무장한 성실한 여성인 어머니를 통해 얻었다. 그날 밤 병원에서 일하시는 분들과 대화를 나눈 이후, 나는 다른 사람들이 나의 어머니를 보고 어떤 분인지 알지 못했다면 그들은 어머니를 어떤 식으로 대했을까 하는 점이 자못 궁금했다. 만약 어머니가 병원의 청소부로서 일하셨다면 가던 길을 멈추고 어머니에게 "당신은 참으로 놀라운 여성이군요!"라고 말할 수 있는 사람이 과연 얼마나 될지 궁금했다.

그렇지 않으면 그들은 그냥 어머니를 지나쳐 갔을까? 나는 사람들이 식당의 웨이터나 원무과 접수계에서 일하는 사람들에게 대하는 태도를 지켜보았다. 나는 사람들이 이들의 책상 위에 놓여 있는 명

12. 친절한 사람은 성공한다 227

패나 이름표를 보고 이들이 누구인지 알고 있음에도 불구하고 이들이 유명인사도 아니요, 눈에도 잘 띄지 않는 사람들이라는 생각에 무시한다는 사실을 알았다. 그들은 이들에 대해 알고 지낼만한 가치도 없는 사람들이라고 생각하는 것 같았다.

나는 이렇게 교육받지 않았음을 기쁘게 생각한다. 어머니는 다른 사람들을 성급하게 판단하지 말라 - 그들을 알지도 못하면서 평가하지 말라 - 고 가르치며 형과 나를 양육시키셨다. 어머니는 모든 사람에게 친절할 것과 그들의 말을 경청할 것을 강조하셨다.

만약 우리 의사들이 다른 일꾼들을 가치 있는 존재로, 즉 서로 알고 지낼만한 가치 있는 사람으로 생각하지 않는다면, 우리는 편견을 가진 사람이라고 할 수 있을 것이다. 이것은 성경이 강력하게 주장하는 것과도 배치된다.

"내 형제들아 영광의 주 곧 우리 주 예수 그리스도를 믿는 믿음을 너희가 받았으니 사람을 외모로 취하지 말라 만일 너희 회당에 금가락지를 끼고 아름다운 옷을 입은 사람이 들어오고 또 더러운 옷을 입은 가난한 사람이 들어올 때에 너희가 아름다운 옷을 입은 자를 돌아보아 가로되 여기 좋은 자리에 앉으소서 하고 또 가난한 자에게 이르되 너는 거기 섰든지 내 발등상 아래 앉으라 하면 너희끼리 서로 구별하며 악한 생각으로 판단하는 자가 되는 것이 아니냐"
(야고보서 2:1-4)

그들은 어머니가 어떤 사람인지도 알지 못하면서 어머니를 무시했을 수도 있다. 그러나 그들이 어머니와 대화할 기회를 가졌더라면, 그들은 아마 놀랍게도 어머니가 자신이 받은 교육에 비하여 굉장한 지식과 깊은 통찰력을 지닌 지적인 분이라는 것을 알게 되었을 것이다. 게다가 그들 자신들의 여러 문제들까지도 도와 줄 수 있는 사람이라는 것을 깨달았을 것이다.

건물관리인이라 할지라도 어떤 상황들에 대해선 신경외과의사보다 훨씬 더 많은 것을 알고 있을 수 있다. 노동 일을 하는 사람도 책상에 앉아 사무 일을 보는 사람만큼 지적일 수 있다. 친절한 사람은 각 사람의 가치를 인정한다. 나는 아직도 단지 경제적 신분과 직업 혹은 학력과 출신지만을 보고 사람의 가치를 평가하는 사람들이 있다는 사실에 매우 가슴이 아프다. "사람은 누구나 가치 있는 존재다." 내가 성장할 때에 들었던 유명한 속담이 생각난다. "하나님은 결코 하찮은 것은 만들지 않으신다!"

보잘 것 없는 사람일지라도 우리에게 가르침을 주고, 용기를 심어줄 수 있으며, 중요한 협력자가 될 수 있다. 여러 해 동안 나는 그러한 사람들을 수없이 많이 알게 되었다. 나는 아직도 그들과 관계를 유지하고 있으며, 자주 대화도 나눈다. 나는 다른 의사들과 함께 근무 중에 어떤 말단 직원이 치료 받으러 들어오는 것을 보면, 그도 환자로 들어온 유명 회사의 CEO처럼 잘 대우받기를 원한다. 의료비를 보조받는 환자도 돈 많은 환자만큼 중요한 존재이다. 그들은 모두 우리의 도움을 필요로 한다. 불행하게도 대부분의 보건관리체계는 계층 구조로 되어있다. 그러므로 돈이 없는 사람들은 대개 최상의 치료를 받기가 어렵다.

내가 지금껏 만나보았던 가장 친절한 사람 중 한 사람은 로마린다(Loma Linda)대학교의 총장으로 호주인 린 버렌스(Lynn Behrens) 박사이다. 그녀는 소아과의사로 출발해 의과대학의 학장이 되었으며, 지금은 그 대학교의 총장으로 재직 중이다. 그녀는 내가 아는 가장 쾌활하고, 실제적이며, 친절한 분이다. 아직 40대 초반인데도 불구하고 그녀가 그 대학교의 총장직에 오르게 된 근본적인 이유 중 하나는 모든 사람을 진지하게 보살피는 따뜻한 마음을 지녔기 때문이다.

그녀의 남편 데이브 바사라바(Dave Basaraba)도 마찬가지로 친절한 사람이다. 그는 교육 분야에서 걸출한 업적을 세운 모범적인 사람이다. 그리고 한 가정의 가장이지만, 그의 유명한 아내가 세인의 주목을 한 몸에 받는 것을 조금도 시기하지 않는다.

나는 그렇게 겸손하고 친절한 사람들을 만나고 놀라움을 금치 못했다. 그들은 단기간에 믿기 어려운 일을 성취했는데, 그것은 곧 "성공하기 위해서는 비열한 사람이 되지 않으면 안 된다." 라는 말이 사실이 아님을 입증하는 것이었다.

나는 내가 다니는 교회에서 처음으로 린을 만났다. 그때 그녀는 한 무리의 로마린다대학교의 의과대학원 출신의 교인들과 함께 있었다. 그들 중 내가 아는 사람은 외과장 한 사람뿐이었다. 우리는 예배를 마치고 저녁 식사에 그들 모두를 초대했다. 그중에는 린도 포함되어 있었는데 그녀는 그들과 자유스럽게 교제를 나누고 있었다.

우리는 저녁 식사를 함께 하며 상당한 시간을 보냈다. 그때까지 나는 매우 겸손하고 훌륭한 린이 의사라는 것을, 아니 대학교의 총장이라는 사실을 모르고 있었다(식사가 끝나갈 무렵 손님 중 한 사람이 이 사실을 언급함으로써 비로소 알게 되었다).

그녀의 태도로 봐서는 그녀가 그렇게 특별한 직위를 가진 사람이라는 것을 도저히 알 수가 없었으므로 우리는 하루 종일 그녀와 즐겁게 지내면서도 그녀가 이룬 걸출한 업적들을 알지 못했던 것이다.

나는 수많은 여러 사례들을 직접 보고 있기 때문에 내가 병원에서 성취해야 할 일부 목표들에 대해 지속적인 연구를 계속하지 않을 수 없다. 이러한 목표를 효과적으로 달성하기 위해서는 다른 여러 사람들의 협조가 필요하다. 만약 내가 그들의 도움이 필요치 않을 때, 그들에게 잘 대해 주지 않았더라면 내가 그들의 도움이 필요했을 때, 아마 그들은 최선을 다해 나를 도와주지 않았을 것이라고 생각한다.

"다른 사람에게 친절하면 결국은 그 보상을 받게 된다!"

나는 인턴과 레지던트 3년차가 되었을 때, 내 인생의 또다른 국면에 들어서고 있음을 깨달았다. 그후에 나는 나의 이름 뒤에 내가 열심히 노력해서 얻은 감개무량한 칭호를 달고 있었다.

나는 여러 해 동안 이름 뒤에 의학박사(M.D) 혹은 박사(Ph.D)란 칭호를 달고 있는 몇몇 사람들을 관찰해 왔다. 그들은 많은 대중들보다 우위에 선 사람들이요, 보기 좋게 최고의 위치를 점유한 사람들이라는 인상을 받았다.

내가 의과대학 1학년이었을 때, 자신이 이 세상에서 가장 똑똑한 100명 중 한 사람이라고 주장했던 심리학 교수가 있었다. 그는 이 세상에는 참으로 뛰어난 사람들이 존재하는데 자신이 바로 그들 중 한 사람이라고 믿었다. 그는 특별히 소수민족 학생들에게는 지극히 깔보는 태도를 보였다. 그는 자신을 위대한 사람이라고 주장했지만, 우리들 대부분은 그를 광대 같은 사람으로 밖에 여기지 않았다. 그는 또한 주위가 산만한 사람이었다.

불행하게도 어떤 사람들은 때때로 다른 사람들에 대해 우월감을 느낀다. 그리고 특정 계층의 사람들에 대해서는 너무 과대평가한다. 나는 특별히 의학박사나 박사 학위를 받은 사람들이 자신의 이름 뒤에 그 칭호를 달자마자 이런 현상에 빠져든다는 사실을 알게 되었다. 그들은 그러한 학위와 명칭들이 자신을 다른 사람들보다 우월하게 만들어준다고 생각한다. 하지만 그들이 아무리 유명해진다고 하더라도, 혹은 그들이 아무리 많은 것을 성취해 낸다고 하더라도 우리는 그들이 자신의 이름 뒤에 그러한 칭호를 사용하기 전과 여전히 다를 바 없는 보통의 사람이라는 것을 잘 알고 있다.

나는 의학박사 학위를 취득한 이후에도 본래 나의 모습을 잃지 않기 위해 항상 노력했다. 나는 의사협회가 인정한 신경외과의사이지만 고등학교 시절의 나 자신과 다를 바 없는 사람이다. 나는 6개의 명예박사 학위를 가지고 있지만, 대학 시절 공부하는 방법을 배우느라 애를 태웠던 그때의 나 자신과 다를 바 없는 사람이다. 이러한 학위들이 결코 나를 디트로이트와 보스턴의 빈민 지역에서 성장했던 시절의 나 자신과 다른 사람으로 만들 수는 없다. 혹은 도로를 포장하며 생계를 꾸려 가는 사람이나, 매일 사무 보는 여성보다 더 잘난 사람으로 만들 수도 없다. 나의 인생의 독특한 여러 상황들이 없었더라면 나는 다른 종류의 어떤 일을 하고 있을지도 모른다.

이러한 절대적 믿음에 대한 보상의 실례가 될만한 사건이 내게 일어났다. 캔디와 내가 호주로 떠나기 바로 직전이었다. 간호사 두 사람이 나와 즐거운 시간을 마련하고자 나를 송별 만찬에 초대할 계획을 세우고 있었다. 나는 그 사실을 모르고 있었다. 그들이 계획을 세우는 것을 우연히 들은 다른 간호사가 내게 말해 주지 않았다면 나는 사전에 그들의 계획을 전혀 눈치 채지 못했을 것이다. 그녀는 이렇게 말했다. "벤, 나는 그들이 무슨 일을 하려고 하는지 당신이 알아야 한다고 생각해요." 결국 나는 그 두 간호사의 초대를 거절할 수 없었다. 만약 내가 두 간호사의 이야기를 우연히 들었던 그 다른 간호사에게 무례하게 대했더라면 아마 그녀는 나에게 일어나는 일에 대해 아무런 관심도 갖지 않았을 것이다.

나는 소아신경외과장으로 근무하고 있는 지금까지도 여전히 사람들로부터 도움이 될만한 충고를 얻고 있다. 그리고 나는 그들이 늘 자유롭게 자신의 생각을 제안하며 나와 여러 가지 대화를 나누기를 바라고 있다.

무엇보다도 환자들에 대해 직감 능력을 키워 온 간호사나 간호보조사들이 없었더라면 나는 아무 일도 할 수 없었을 것이다. 그들의 치료를 받고 있는 환자들은 그들과 특별한 관계를 맺는다. 그래서 그들은 종종 환자들의 재발과 합병증을 예견함으로써 내가 일을 보다 수월하게 하도록 도와주며, 환자들이 쉽게 회복되도록 정성을 다한다.

다음으로 어떤 간호사가 나를 위해 중재해 주었던 한 사건이 생생하게 기억난다. 그 사건은 뇌수종에 걸린 아이를 병원에 데리고 온 어떤 어머니와 관련된 일이었다. 그 어린이의 병은 여러 가지 의학적인 문제점들을 안고 있었다. 우리는 이 사건을 재고했고, 나는 개인적으로 그 어린이를 살펴볼 계획을 세웠다.

"벤." 간호사 중 한 명이 한쪽으로 나를 불렀다.

"당신의 다음 환자가 누구인지 방금 알았습니다. 잠시 동안 그 환자의 어머니에 대해 이야기 좀 해도 될까요?"

"도움이 될만한 것이라면 무엇이든 말해 봐요."

이 간호사는 다른 종합 병원에서 근무하다가 최근에 홉킨스병원으로 옮긴 사람이었다. 그녀의 말에 의하면 환자의 어머니는 그녀가 근무하던 병원에 아이를 데리고 왔었다고 한다. "나는 그녀를 알고 있어요. 그녀는 나를 모르는 체 하지만 말입니다. 나는 당신이 그녀의 아이를 맡지 않기를 바랍니다."

나는 놀라서 그 이유를 물었다. 그녀는 여러 가지 이야기를 해 주며 이렇게 말했다 "우선 그녀는 지나친 인종차별주의자입니다. 당신도 아마 그 문제에 부딪히게 될 거예요. 그녀가 지나간 곳은 어디에서든지 - 그 일대의 모든 의료 시설에서 - 무수한 문제들을 야기시켰습니다." 간호사는 아이의 어머니가 야기 시킨 일부 문제들에 대해 설명해 주고 이렇게 덧붙였다. "그녀는 이미 오늘 아침에 다른 가족들에게 이 하늘 아래서 교만한 벤 카슨을 땅에 쳐 박고야 말겠어! 라고 선언했답니다."

나는 그녀의 아이를 맡지 말아야겠다고 결심했다. 그리고 그 간호사의 다음 말을 듣자 그동안의 의문점들이 일소되었다. "그녀는 결과에 상관없이 당신에 대해 소송을 제기하려는 것 같습니다."

나는 간호사에게 감사했다. 그리고 환자 어머니에게 이렇게 말했다. "이 아이의 치료를 다른 사람에게 넘기는 것이 좋을 것 같다고 생각합니다. 나는 당신의 아들을 치료할 수 없습니다."

"당신이 너무 훌륭한 의사라서 우리 아이를 맡을 수 없다 이건가요? 당신은 더 많은 TV 인터뷰를 하게 해 주는 일만 맡고 싶단 말인가요?" 그녀는 나에게 공세를 퍼붓기 시작했다. "그렇지 않으면 우리가 돈이 없기 때문이겠죠." 그녀는 쉬지 않고 몰아붙였다.

나는 그녀가 잠시 쉬는 틈을 타 아주 조용히 말했다. "저는 당신 아이를 맡을 여유가 없습니다. 제겐 이미 중환자가 들어와 있습니다. 당신 아이를 즉시 치료하기 위해선 다른 신경외과의사를 찾아 보셔야 할 것 같습니다."

"당신은 자신이 너무나 훌륭한 사람이라고 생각하는 건가요? 당신이 나보다도 더 잘난 사람이라고 생각해요? 우리 아이를 치료하지 않겠다 이거군요. 그럼에도 불구하고 당신은 우리를 대기실에서 기다리게 했어요. 우리가 별 볼일 없는 사람이라서 당신이 흥미 없다고 말할 때까지 우리는 저쪽에서 기다려야만 했군요." 그녀가 나를 얼마나 오랫동안 비난했는지 더 이상 말하지 않겠다. 그러나 그때, 그 간호사의 정보는 올바른 것이었음이 분명하게 밝혀졌다.

그 어머니와 아이는 마침내 병원을 떠났다. 그녀는 나가면서 내게 끔찍한 사람이라고 고함을 쳤다. 그리고 실제로는 나에게 진찰받고 싶지도 않았다는 말로 작별인사를 대신했다.

나는 특별히 그 사건으로 인해 고민하지는 않았다. 오히려 친절하게도 내게 미리 정보를 알려 줌으로써 미연에 심각한 문제에서 벗어날 수 있도록 해준 간호사에게 감사하는 마음을 갖게 되었다.

그러한 부류의 사람들은 어떤 이들의 직업까지도 포기하게 만들 수 있다. 자주 있는 일은 아니지만 때때로 그렇게 분란을 일으키는 사람들이 불쑥 나타날 수 있다. 그들에게 많은 도움을 주려고 애쓴다 할지라도, 혹은 각별하게 신경을 써 준다고 할지라도 결코 그들을 만족시킬 수는 없을 것이다.

물론 그것은 슬픈 일이다. 그러나 바로 옆에서 같이 일하며 기꺼이 교제와 정보를 나누는 - 때때로 적지 않은 위험을 감수하면서도 - 사람들을 얻게 되면 다시 한번 친절의 원리들을 견고히 할 수 있게 된다.

크게 생각하라의 철자에서 N자는 Nice(친절)를 나타낸다. 거기서 더 나아가 "친절하라"(Be Nice)고 말하고 싶다. 우리가 매일 접하는 사람들에게 친절해야만 하는 데에는 몇 가지 이유가 있다.

1. 이 세상에 사는 사람들은 누구나 친절하게 대할 가치

가 있다. 하나님은 인간을 매우 존엄한 존재로 창조하셨기 때문에 각 개인은 존경과 존중을 받을 가치가 있다.
2. 우리는 삶 속에서 투자한 것을 삶 속에서 다시 받는다. 우리는 남에게 대접한 대로 대접을 받게 된다. 나는 어렸을 때, 이런 속담을 듣곤 했다. "아름다움은 가꾼 것만큼 가치가 있다." 나는 이 글을 다음과 같이 바꾸어 보고 싶다. "친절은 베푼 것만큼 가치가 있다."
3. 친절은 아무리 베풀어도 손해 보는 법이 없다. 어떤 노신사는 이렇게 말했다. "내가 다른 사람들에게 친절과 사랑을 베풀 때, 그것은 곧 내가 이 땅에서 삶의 특권을 누리는데 대하여 하나님과 이 세상에 진 빚을 갚는 것이다."

어떤 사람들은 친절을 이용할 뿐만 아니라 심지어 그 친절을 대수롭지 않은 것으로 생각할 수 있다는 것은 사실이지만 결국 친절은 모든 것을 이긴다.

사랑을 다루고 있는 유명한 성경 말씀인 고린도전서 13장이 생각난다. 친절은 사랑이란 말의 의미와 맥을 같이 한다. 신학을 잘 알고 있는 나의 친구들은 성경에서 말하는 "사랑"(헬라어로 아가페, Agape)은 하나의 태도요, 의지적 행동이요, 행동적 양식이지 감정적인 것이 아니라고 말한다. 그러므로 고린도전서 13장 1-3절에 나오는 사랑이란 단어를 친절이란 단어로 바꾸어 보면 다음과 같다.

"내가 사람의 방언과 천사의 말을 할지라도 친절이 없으면 소리 나는 구리와 울리는 꽹과리가 되고 내가 예언하는 능이 있어 모든 비밀과 모든 지식을 알고 또 산을 옮길 만한 모든 믿음이 있을 지라도 친절이 없으면 내가 아무 것도 아니요 내가 내게 있는 모든 것으로 구제하고 또 내 몸을 불사르게 내어 줄지라도 친절이 없으면 내게 아무 유익이 없느니라"

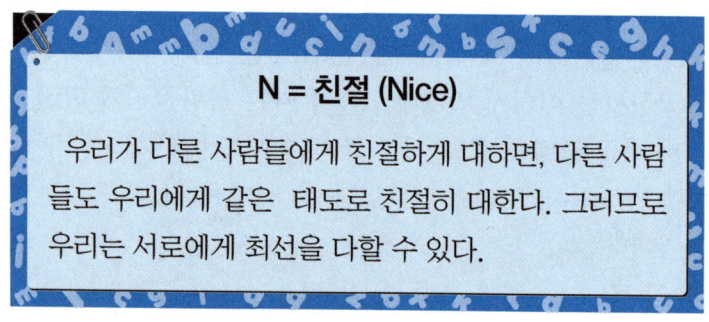

N = 친절 (Nice)

우리가 다른 사람들에게 친절하게 대하면, 다른 사람들도 우리에게 같은 태도로 친절히 대한다. 그러므로 우리는 서로에게 최선을 다할 수 있다.

13
지식의 중요성

아는 것이 힘이다.

프란시스 베이컨(Francis Bacon)

"**그런** 것은 오늘날엔 어울리지 않는 지식이야."
"난 그런 건 알 필요 없어."
"네 머리는 쓸모없는 정보로 가득 차 있구나."
"물건을 판매하는 일에 대수학이나 화학 그리고 역사학이 무슨 소용이 있지?"
나는 학문에 대한 이러한 논쟁들을 많이 들었다. 그리고 이러한 논쟁의 대부분은 다음과 같이 요약할 수 있다.

1. 지나치게 많은 지식은 뇌에 부담을 준다.
2. 어떤 종류의 지식은 무의미하다.

첫 번째 주장은 사실이 아니다. 두 번째 주장은 실제로 업무에 사용될 자료들만을 학습해야 한다는 암시를 주게 됨으로 잘못되었다.

이상의 두 가지 주장은 어느 것도 가치가 없다. 나는 이것들을 논박하기 전에 크게 생각하라는 말의 철자에서 "K"는 지식(Knowledge)을 나타낸다.

= 지식 (Knowledge)

나는 이 주제를 매우 소중하게 여긴다. 왜냐하면 특별히 도시의 빈촌지역 학교의 학생들은 흔히 이 지식을 경멸하고 있기 때문이다. 또한 지식에 목말라 할 것이라고 기대되는 부촌 지역 학교 학생들 사이에서도 이러한 태도를 보고 있다.

나는 학문에 대한 이상의 2가지의 일반적인 주장을 다음과 같은 관점에서 반박한다.

첫 번째, 인간의 두뇌는 아무리 채워도 넘치지 않는다는 점이다. 이 신비롭게 창조된 두뇌는 140억 개의 세포로 구성되어 있다. 우리의 두뇌를 최대로 활용한다면, 이 세상의 시작 때부터 현재까지의 모든 지식을 담고도 여전히 남는다.

두 번째, 인간은 자신의 두뇌를 넘치도록 채울 수 없다는 점이다. 그러므로 우리의 두뇌는 모든 지식을 다 수용할 수 있다. 나는 종종 이런 말을 한다. "두뇌는 우리가 직면하는 모든 것을 수용한다." 그러므로 어려운 문제는 정보를 입력하는 것이 아니라 정보를 꺼내는 것이다. 때때로 우리는 정보를 무작위로 쌓는다. 즉, 매우 중요한 정보를 중요하지 않는 정보에 묶어 두고서 그로 인해 혼돈에 빠진다.

모든 지식은 중요하다. 어떤 사람들은 귀로 듣는 것을 원치 않는다. 학문에 대한 놀라운 것 중의 하나는 지식은 단지 한 영역에서 다른 영역으로 전달될 뿐만 아니라 이해와 통찰력을 갖게 하는 수단이 되기도 한다는 점이다.

예를 들면, 학생들은 종종 사회 연구과정에 있어서 사회와는 아무런 관련이 없는 역사학과 지리학에 대해 불평을 한다. 그들은 이러한 주제들이 그들의 정신세계의 영역을 넓혀 준다는 점을 미처 깨닫지 못하고 있는 것이다. 우리는 역사를 통해 과거를 이해한다. 지리학은 당해 지역의 수많은 관습과 사건들을 설명해 준다.

과거 몇 달 동안 세계의 이목이 집중되었던 걸프전쟁은 이제 역사 속으로 사라져 버렸다. 이라크, 이란, 쿠웨이트 그리고 사우디아라비아는 왜 중요한가? 이 나라들은 단 하나의 천연자원을 이용하여 그들의 경제 전체를 건설해 냈다. 그러나 나는 수많은 젊은이들이 이러한 사실조차도 모르고 있다는데 놀라지 않을 수 없었다. 사실 세계의 모든 나라는 이들 나라의 광대한 석유 매장지를 몹시 탐내고 있다.

우리는 여기서 어떻게 그러한 지역에 석유가 존재 할 수 있게 되었는지 궁금하게 여길 수도 있지 않겠는가? 그 밖의 어떤 곳에서 소위 화석 연료라 하는 것을 발견할 수 있는가? 이러한 일련의 의문들을 추적하게 되면 우리는 새로운 지식의 영역으로 들어 갈 수 있다. 그러면 우리는 좀 더 분명한 이유를 깨닫게 될 수 있게 된다.

나는 아는 것이 힘이라고 확신한다.

13. 지식의 중요성

지식은 과거 문제를 극복하게 한다.
지식은 우리 자신의 상황들을 변화시킨다.
지식은 새로운 장애물에 도전하게 한다.
지식은 더 나은 결정을 하게 한다.

거기에다가 지식은 사람을 특별하게 만든다. 그 실례로 생각나는 사람은 나의 아들의 소아과의사인 프레드(Fred)이다. 그는 교사 훈련을 받고, 초등학교에서 교편을 잡았다. 그는 30대가 되었을 때, 내과의사가 되기로 결심했다. 그래서 그는 지원을 했고 의과대학원에서는 그의 입학을 허용해 주었다.

그러면 프레드가 교사로서 받았던 훈련은 일종의 낭비란 말인가? 어떤 이들은 그렇다고 생각할지 모른다. 그러나 나는 부모의 입장에서 생각해 보건대 프레드는 학생들에 대한 교사로서의 사랑 때문에 자신의 기술과 정보들을 소아과의사로서의 자신의 일로 변형시켰을 것이라고 확신한다. 그리고 우리 부모들과 여러 환자들은 그의 해박한 지식에서 많은 것을 배운다.

나는 자주 프레드와 대화했다. 그리고 그가 여러 부모들 및 어린이들과 관계를 맺는 법을 관찰했다. 소아과에 대한 그의 지식은 분명하고 확실했다. 그리고 자신이 해야 할 작업 영역을 알고 있었다. 또한 그의 교육적 배경을 증명이나 하듯 그의 접근은 매우 실용적이었다. 어린이들이 그의 주변에 있으면 내과의사의 지식과 어우러진 교육가로서의 지도 본능이 발동된다. 비록 그는 대규모의 전문의료

센터에서 근무하는 전임 소아과의사는 아니지만 그의 진료 기술은 내가 알고 있는 최고의 내과의사들의 것과 맞먹는 것이었다.

나는 대중들에게, 특별히 학생들에게 강연할 때마다 종종 나의 배경들을 약간씩 소개하면서 지식의 가치를 강조하려고 노력한다. 특히 내가 강조하는 유별난 것 중 하나는 고전 음악에 대한 나의 지식이다. 이 지식을 얻게 된 배경을 간단히 소개한다. 내가 시청하는 TV 프로그램 중에는 대학생퀴즈축제(College Bowl)라고 불리는 것이 있었다. 나는 퀴즈 프로그램을 좋아했는데 그 프로그램에서는 대학생들에게 지리학 그리고 과학과 수학에 대한 역사를 물었다. 나는 고등학교 1학년 때까지 그 퀴즈들을 매우 잘 풀었다. 그래서 이렇게 말하곤 했다. '나도 저 정도는 풀 수 있어. 내가 대학에 가면 멋지게 해낼 거야.' 그리고 대학에 들어가 대학생퀴즈축제에서 경쟁하는 꿈을 꾸기 시작했다. '안 될게 뭐가 있는가? 나는 끊임없이 자문했다. '나도 저들만큼 똑똑해. 저들이 하는 것만큼 나도 모든 걸 배울 수 있어.'

그러나 대학생퀴즈축제에는 내가 잘 알지 못하는 두 가지 영역, 즉 예술과 고전 음악이 포함되어 있었다. 디트로이트의 빈곤한 집안에서 자란 가련한 흑인 소년이 어떻게 그러한 영역에 대해서 알 수가 있겠는가?

퀴즈에서는 자주 고흐나 르누아르가 그린 그림을 보여 주고 학생들에게 식별해보라는 문제를 제시했다. 혹은 라흐마니노프나 슈베르트의 음악을 들려주고 곡명과 작곡가가 누구인지 물었다.

어느 날, 나는 대학생퀴즈축제에 출전한 학생들만큼 예술에 대해

13. 지식의 중요성 **243**

많은 것을 배워야겠다고 결심했다. 나는 디트로이트미술관(Detroit Institute of Arts)에 다니기 시작했다. 처음에는 화랑을 돌아다니며 무슨 그림이 거기에 있는지 살펴보기 시작했다. 그리고 미술가들에 관한 내용을 읽어보고 제작 연대, 각 시기별 명칭, 미술가들의 탄생과 사망 연대, 미술 세계에서 그들의 작품을 설명 할 때 사용하는 용어들을 학습했다. 확실히 그런 작업은 쉽지 않은 일이었지만 재미도 있었다. 왜냐하면 미술에 대한 지식들을 학습할 수 있었을 뿐만 아니라 미술에 대한 이해력이 향상되었기 때문이다.

그때부터 나는 고전음악에 빠져들기 시작했다. 그 지역에는 항상 고전음악을 들려주는 라디오 방송국이 있었다. 나는 가까스로 라디오를 한대 구입하여 그 방송국에 사이클을 고정시켰다. 친구들은 나를 별난 녀석이라고 생각했다. 모타운(Motown, 강한 비트를 가진 리듬앤드블루스)만을 듣고 자란 흑인 소년이 어떻게 모차르트의 음악을 들을 수 있겠는가?

나는 그들이 어떻게 생각하든 내가 해야 할 일은 대학을 준비하는 일이라고 생각했다. 시간이 흐르면서 나는 대학생퀴즈축제에서 출제되는 고전음악들의 대부분을 맞출 수 있었다. 무엇보다도 퀴즈 출전자들이 벨을 누르기 훨씬 전에 정답을 알아 맞출 수 있게 되어 나의 흥미는 더욱 고조되어 갔다. 나는 그때의 일들을 이야기할 때마다 "그래, 하지만 고전음악에 대한 지식이 왜 중요한가?" 라는 질문을 받는다. 그러면 나는 "단지 고전음악에 대한 지식이 중요한 것이 아니라 음악의 전반적인 역사적 유형에 대해 아는 것이 중요하다. 예술의 역사에 관해 알아 두는 것도 역시 필요하다. 만약 여러분이 소수민족에 속한 사람이라면, 여러분의 유산에 대해 알아야한다. 그리고 그것을 전반적인 세계 역사와 함께 어떻게 조화시킬 수 있을 것인지 연구하라."고 말한다. 물론 이러한 조언도 이 문제에 대한 완전한 해답은 되지 못한다. 그러나 나는 이렇게 부연한다. 여러분이 무엇을 알아야 할지는 여러분이 영향을 미치고자 하는 사람들에 따라 결정된다.

- 여러분이 가정에서 함께 살고 있는 사람에게 영향을 미치고 싶다면, 함께 살고 있는 그 사람에게 중요한 어떤것에 대해 알아야만 한다.
- 여러분이 이웃 사람에게 영향을 미치고 싶다면, 여러분의 지식을 지속적으로 넓혀 나가야만 한다.
- 여러분이 지역사회에 영향을 미치고 싶다면, 지금 이 사회에 무슨 일이 일어나고 있는지 알아야만 한다.
- 여러분이 나라와 세계의 발전에 도움이 되고자 한다면, 여러분의 나라와 국제사회의 중요 사안에 대한 지식과 학문을 보다 많이 알아야만 한다.

우리는 자기 민족의 유산에 대해 자랑할 만한 충분한 이유가 있음을 - 즉, 열등한 인종이나 집단과 같은 것은 존재하지 않는다는 것을 - 인정해야 한다. 또한 출신 배경에 상관없이 모든 사람은 다같이 인류라는 공동가족의 일부분임을 깨달아야 한다. 만약 인류라는 공동가족을 발전시켜 나가는데 일익을 담당하고 싶다면 우리는 유용한 모든 지식을 습득해야만 한다.

그러므로 지식을 얻기 위해 매진하고 싶다면 중상과 비방을 멈추고 다음과 같은 말들로 비판하지 않도록 해야 한다.

"사람들은 내가 앞서 가는 것을 용납하지 않을 것이다."
"이 체제는 나 같은 사람에겐 불리하게 작용한다."
"내가 무슨 기회를 잡을 수 있단 말인가?"

나의 생활철학의 기본적 요소는 지식이란 어떤 것도 버릴만한 것이 없다는 점이다. 지식은 삶 그 자체를 풍요롭게 한다. 지식은 좀 더 나은 사람이 되게 한다. 지식은 주위 세계에 대한 이해의 폭을 넓혀 준다.

어떤 사람들에겐 이 같은 말들이 지식에 대한 과장된 주장처럼 들릴지 모른다. 그러나 고전음악에 대한 나의 이야기를 마저 듣게 된다면, 내가 왜 그렇게 지식의 가치를 강조하는지 충분히 납득할 수 있게 될 것이다. 우선 나는 한 번도 TV 프로그램에 출전하지는 못했다. 불행하게도 나의 꿈은 대학에 입학하면서 물거품이 되고 말았다. 그러나 내가 지식들을 추구한 결과로서 실제적이고도 중요한 어떤 일들을 만나게 되었다.

「재능 있는 손」에서 상세하게 언급한 것처럼 나는 의과대학원을 졸업하고, 존스홉킨스병원에서 면접시험을 보게 되었다. 나는 홉킨스병원의 신경외과 프로그램을 몹시 갈망하고 있었다.

그러나 신경외과 레지던트 프로그램의 두 자리를 놓고 매번 125명의 지원자들이 몰려든다는 사실을 미리 알았었더라면 난 아마 낙담

했을지도 모른다. 면접을 하는 동안 신경외과 훈련프로그램 팀장인 조지 우드바렐리 박사는 어젯 밤에 있었던 음악회에서 연주를 들었다고 말했다.

"저도 역시 들었습니다." 라고 내가 말했다.

"자네도 들었단 말인가?"

나는 그의 목소리는 물론 얼굴 표정에서도 놀라는 기색을 발견할 수 있었다. 우리는 그 음악회에 대해 이야기를 나누면서 전반적인 고전음악에 관한 토론으로 빠져들어 갔다. 그러자 곧 면접 제한 시간이 다 지나가 버렸다. 마침내 나는 신경외과 레지던트 프로그램에 합격한, 단 2명의 인턴 중 한 사람이 되었다.

수년 후, 조지 박사는 그때의 그 면접에서 나의 태도가 자신에게 퍽 인상적이었다고 말했다. 나는 그분과 그 면접에 대해 자세한 얘기는 나누지 못했지만 아마 고전음악에 대한 나의 지식과 평가가 그분의 추천을 받는데 중요한 역할을 했으리라고 확신한다.

내가 고전음악에 대해 늘 고맙게 생각하는 또다른 이유는 라세나 루스틴(Lacena Rustin) 때문이다. 그녀 역시 디트로이트 출신의 학생이었다. 나는 그녀를 예일대학교 3학년 1학기를 시작하기 직전에 만났다. 그녀는 의과대학 예과와 음악이라는 복수전공을 선택했다. 고전음악에 대한 그녀의 재능과 나의 관심, 그리고 몇몇 악기를 다룰 줄 아는 덕분에 우리는 대화를 나누기 시작했다. 대화를 하면 할수록 그녀가 마음에 들었고, 대화를 계속하고 싶어졌다. 4년 후에 나는 라세나와 결혼했다. 사람들은 모두 그녀를 "캔디(Candy)"라고 부른다.

어느 날, 고등학교 학생 한 명이 이렇게 물었다. "카슨 박사님, 도대체 미립자가 역장(Force field)을 통과할 때, 그 미립자에 발생하는 전하(Electric Charges)에 대해선 왜 알아야 하는지 모르겠어요. 이런 지식이 나와 무슨 상관이 있는 거죠?"

"그건 알 수 없는 일이란다. 지금부터 15년 후엔 네가 그 지식과 관련된 일에 종사하게 될지 어떻게 알 수 있겠니? 특정 지역에서의 역장을 이해할 수 있는 지식으로 인해 다른 사람이 열 수 없는 문이 네게 열릴지도 모른단다. 중요하게 생각되지 않는 지식일지라도 나중에는 얼마나 유용하게 될지 알 수 없단다."

이와 같은 점은 차치하고서라도 지식은 그 자체만으로 우리를 가치 있게 만든다. 다른 사람이 쉽게 소유할 수 없는 지식을 우리가 가졌다면, 누군가는 우리를 필요로 하게 된다. 다른 사람들이 필요로 하는 어떤 것을 소유했다면, 외모나 출신지는 중요한 문제가 되지 못한다.

바로 그런 사람을 여러분에게 소개한다. 1991년 초, 나는 북동부지역의 포춘(Fortune)500이라는 회사에서 근무하고 있는 젊은 흑인 여성을 만났다. 그녀는 자신이 일하고 있는 그 회사에 관해 엄청난 지식을 가지고 있었다. 그녀는 그들의 사업에 대한 전반적인 지식과 효율적인 방법을 알고 있었기 때문에 그들에게는 참으로 가치 있는 존재였다. 그런데 그녀가 남부 지역의 대학교수와 결혼을 하게 되었다. 그녀는 자신이 사직하지 않을 수 없음을 그 회사의 CEO

에게 알렸다.

"하지만 우리는 당신 같은 사람이 필요합니다." 그가 말했다.

"죄송합니다. 사장님도 알다시피 전 이곳에서 일하는 것을 좋아해요. 하지만 전 남편을 사랑합니다. 남편은 그 대학의 종신교수직을 가지고 있어요."

"그럼, 생각할 기회를 주십시오. 우리가 조처를 취할 방안을 강구해 보겠습니다." CEO가 말했다.

그녀는 그 회사가 어떤 조처를 취할지 전혀 예측할 수 없었다. 그녀의 남편은 필라델피아 주와는 멀리 떨어진 플로리다 주에서 교편을 잡고 있었다. 며칠 후, CEO는 그녀와 다시 만났다. 그 회사에서는 그녀가 너무도 소중한 존재였기 때문에 그는 이렇게 제안했다.

"당신이 우리와 함께 일한다면 당신에게 집을 한 채 사 드리겠습니다. 그러면 당신과 남편은 플로리다는 물론 필라델피아에 또 하나의 집을 소유할 수 있습니다. 그리고 한 주간 동안 필요한 만큼 교통비를 회사 경비로써 지급하겠습니다. 그러면 당신은 마음껏 왕래할 수 있겠죠."

회사에서 필요로 하지 않는 사람이었다면 틀림없이 그런 제안을 하지는 않았을 것이다. 그녀가 여성이든 흑인이든 그것은 중요한 문제가 되지 못했다. 중요한 점은 그녀가 그 회사에 필요한 지식을 소유했기 때문에 회사의 소중한 존재가 되었고, 회사는 그녀 없이는 일을 할 수 없다고 느꼈다는 점이다.

이런 이야기를 하는 것은 우리 사회에 불공정이나 성차별 혹은 민족주의가 존재하지 않는다고 말하려는 것이 아니다. 또한 불미스런

13. 지식의 중요성 **249**

일들로 인해 피해를 본 사람일지라도 소중한 존재로 대우 받을만한 지식을 얻게 되면 적절한 기회가 올 때, 틀림없이 큰 혜택을 받게 될 것이라고 말하려는 것도 아니다.

　내가 소수민족의 학생들에게 하고 싶은 말 중의 하나는, 지식은 인종적 편견을 없앨 수 있는 하나의 도구가 될 수 있다는 점이다. "지식은 여러분도 그들과 다를 바 없는 똑같은 사람이라는 것을 깨닫는데 도움이 됩니다." 라고 나는 그들에게 말한다. 나는 또한 학문도 우리가 그 분야에 공헌할 수 있기 때문에 인종적 편견을 극복하는데 도움을 줄 수 있다고 강조한다. 무식한 사람을 필요로 하는 사람은 없다. 무식한 사람을 원하는 사람도 없다.

　이 세상에는 계급과 인종적 편견들이 존재한다. 그리고 신체적, 사회적, 경제적으로 각기 다른 사람들이 살아가고 있는 한 그러한 것들은 늘 지속될 것이다. 우리는 그러한 편견을 뿌리 뽑을 수는 없다. 그러나 그러한 것 중 일부를 제거하거나 그 힘을 약화시킬 수는 있다.

　한번은 어머니께서 내게 결코 잊을 수 없는 말씀을 하셨다. "만약 네가 인종차별주의자들로 가득 찬 강당에 들어가게 된다면, 너에겐 아무런 문제될 게 없지만 그들에겐 문제가 된다. 그들은 모두 네가 어디에 앉을까 염려하기 때문이다. 네가 혹시 자기 옆에 앉지나 않을까 걱정하는 것이다. 그러나 너는 네가 앉고 싶은 곳 어디에나 앉을 수 있다."

　어머니는 이 단순한 지혜의 말씀 속에서 어떤 것을 말씀하고 계셨다. 즉, 지식은 나를 편견에서 벗어나도록 해 준다고 말씀하신 것이다. 나는 종종 예수님의 말씀을 생각한다. "진리를 알지니 진리가 너희를 자유케 하리라" (요한복음 8:32)

　어머니는 또한 일단 지식이 나를 자유케 하면 다른 사람들은 여전히 문제에 직면해 있을지라도 - 내가 그들의 문제들을 제거해 줄 수 없을지라도 - 나는 여전히 자유를 누릴 수 있다고 말씀하셨다.

　"만약 내 자신이 지식을 얻었다면 나의 재능들을 개발하고 내 것으로 만드십시오. 다른 사람들은 궤양과 뇌출혈에 걸리고 심적 부담 때문에 심장마비로 고생할 수 있습니다. 그러나 나는 오히려 여기 병원에서 그들을 치료해 줄 수 있는 겁니다." 라고 나는 많은 학생들에게 이야기한다.

　나는 대부분의 사람들의 비열한 심성은 천성적인 것이 아니라 그들의 환경의 산물이요, 학교와 또래들 그리고 사회에서 배운 교육의 산물이라고 확신한다. 그러므로 때때로 이런 문제는 사람들을 재교육시키고 교화시킴으로써 해결할 수 있다.

　이것은 마치 호박이 사륜마차로 변하고 개구리가 왕자로 바뀌던 옛날 이야기들과 같은 것이다. 우리는 자신을 무지에서 벗어나게 함으로써 놀라운 일들을 수행할 수 있다. 그리고 다른 사람들도 눈을 뜰 수 있도록 도와 줄 수 있다.

　반대로 지식으로 인해 부정적 결과를 초래할 수도 있음을 지적하고 싶다. 바울은 고린도에 보내는 서신에서 교회 안에 있었던 한 문제점에 대해 기술했다. 그들은 우상에게 음식을 바치는 시대에 살고 있었다. 종교의식이 끝나면 아무나 그 음식을 시장에서 살 수 있었다. 고린도에 사는 일부 그리스도인들도 그 음식의 질이 우수하고 값이 저렴했기 때문에 그것을 샀다.

그들은 그것이 한 번 사용되었던 음식임을 알고 있었지만 우상이란 아무 것도 아니라는 사실을 알고 있었기 때문에 거리낌 없이 그 음식을 샀다. 그러나 예민한 양심을 가진 다른 사람들은 "그 음식은 거짓 신에게 드려진 것이다. 그것을 먹게 되면 그 우상을 섬기는 것이 된다." 라고 말했다. 그래서 그 문제로 인한 논쟁은 계속되었고 마침내 바울은 그 문제를 다음과 같이 해결하였다. "우상의 제물에 대하여는 우리가 다 지식이 있는 줄을 아나 지식은 교만하게 하며 사랑은 덕을 세우나니"(고린도전서 8:1)

고린도교회의 영적 아버지인 바울은 지식을 갖는 것은 좋으나 그로 인해 다른 형제가 실족하는 일이 없도록 하라고 함으로써 지식을 가진 사람들을 꾸짖었다. 그리고 바울은 이렇게 결론을 내렸다. "그러므로 만일 식물이 내 형제로 실족케 하면 나는 영원히 고기를 먹지 아니하여 내 형제를 실족치 않게 하리라"(고린도전서 8:13)

때때로 우리의 지식은 그러한 역효과 - 지식으로 자만하게 되어 우리만큼 알지 못하는 다른 사람들에게 관용하지 못함 - 를 가져오기도 한다. 그러나 그것은 내가 언급하고자 하는 종류의 지식이 아니다.

사실 나의 경험을 통해 그러한 지식이 얼마나 끔찍한 것인지 여러분에게 말해 줄 수 있다. 내가 이미 지적했던 것처럼 내가 5학년 때, 반의 꼴찌 자리에 관한한 아무도 나의 경쟁이 되지 못했다. 그때 어머니는 내가 독서를 시작할 수 있도록 강권하셨고, 무절제한 TV 시청에 제동을 거셨다. 나의 성적이 향상되면서 나의 삶도 호전되어 갔다. 결국 나는 우리 반의 1등에 오르게 되었다.

나는 그저 그것을 자랑하려 했고, 그동안의 열등감에서 벗어나기 위해 지나치게 인정을 받고자 했다. 하지만 그 이상은 전혀 생각해 보지 않았던 것 같다. 나는 몇 년 만에 모든 사람이 내가 굉장한 지식을 갖게 되었음을 알게 되었다고 확신했다.

나의 급우들은 나에 대한 감탄과 올바른 평가 대신 나를 밉살스럽고 거만한 녀석으로 생각했다. 불행한 일이지만 그들의 판단이 옳았다.

이와는 반대로 우리는 자신이 말하고 있는 것에 관한 모든 것을 다 알고 있다고 느껴지는 - 그들이 자신을 자랑하거나 자신의 많은 지식에 대해 이야기하지 않았음에도 불구하고 - 그런 사람들을 만나기도 한다. 이것은 그들의 일하는 능력을 보면 분명하게 드러난다. 이러한 종류의 지식은 사람들에게 내적 확신을 심어 준다. 그들과 자리를 함께하면 그들의 넘쳐나는 신뢰감으로 인해 우리는 더 큰 자신감을 얻을 수 있게 된다.

그렇게 유능하고 자신감 있는 지식인은 자신을 자랑하거나 내가 그랬던 것처럼 불쾌하게 행동하지도 않으며, 자만하지도 않는다. 그저 있는 그대로 보일 뿐이다. 그러한 지식을 소유한 본보기가 되는 분은 홉킨스병원 신경외과장인 돈 롱 박사이다. 그는 결코 자신의 경험이나 많은 지식들을 누구에게도 자랑하지 않지만, 그를 보면 참으로 신경외과에 관한 모든 것을 다 알고 있다는 생각이 든다. 그는 자신의 많은 재능들과 여러 해 동안의 실습을 통해 사람들이

13. 지식의 중요성 **253**

행한 일의 결과를 미리 알아보는 참으로 놀라운 통찰력을 지니게 되었다. 그는 다른 사람들의 성공과 실패를 통해 자료를 수집하여 홉킨스병원의 업무들이 더욱 원활하게 수행 되도록 노력 한다.

돈 롱 박사가 낮고 굵은 목소리로 어떤 것에 관해 이야기할 때, 절대 실없는 소리나 농담을 하는 법이 없다. 그는 정확하게 자신이 무엇에 관해 이야기하고 있는지를 안다. 그러므로 우리 모두는 존경하는 마음으로 그의 이야기를 듣게 된다. 우리는 그를 신뢰할 뿐만 아니라 그가 자신의 지식으로 우리를 감동시키려고 하는 사람이 아님을 잘 알고 있다.

나는 때때로 학생들에게 이렇게 말한다. "지식은 모든 문을 열어주는 열쇠이다. 여러분은 노란색 물방울 무늬가 있는 푸른 피부의 화성인과 같이 생겼을 수도 있다. 그러나 사람들이 필요로 하는 지식을 가졌다면 사람들은 여러분을 멸시하지 않고 여러분의 진로를 개척해 줄 것이다."

나는 고등학교에 다닐 때, 「오늘날의 심리학」(Psychology Today)같은 잡지를 읽기 시작했다. 그리고 대학교에서는 심리학을 부전공했다. 나는 해가 거듭 될수록 우리의 반응과 행동들은 대체로 자신의 축적된 경험과 지식에 근거한다 - 우리가 그 순간에 그것을 인식하든지 그렇지 못하든지 간에 - 는 사실을 깨닫게 되었다. 결과적으로 습득된 지식은 어떤 것이든 간에 미래의 어려운 상황에 보다 잘 대처해 가도록 우리를 준비시킨다.

사람들은 때때로 지금 당장의 상황에 옳게 보이는 일만 말하거나 행하기도 한다. 종종 그들은 자신들의 말과 행동이 수년 전에 습득한 지식에 근거하고 있다는 사실을 깨닫지 못한다. 이것은 내가 다음과 같은 말로 강조하고 싶은 사실 중 하나이다. "뇌는 우리가 마주치는 모든 것을 수용한다." 우리가 TV 프로그램을 보게 되면, 우리의 뇌는 그것을 완전히 기록한다. 교향곡을 들을 때도 우리의 뇌는 모든 것을 기록한다. 로큰롤을 들을 때도 마찬가지다. 우리는 나중에 이 상황을 회상하고 분석함으로써 이것을 다시 떠올린다. 다음 장에서는 매튜 톰프슨(Matthew Thompson)의 이야기가 이어진다. 나는 13년 전에 배웠던 어떤 것을 기억하고 있기 때문에 그의 삶의 과정을 변화시킬 수 있었다.

　지식에 대한 중요한 진리는 이것이다. 즉, 뇌는 의식적으로 간직한 정보를 가장 효과적으로 활용한다. 우리는 나중에 다시 생각해 보고 싶은 것들은 보다 쉽게 기억한다. 140억 개의 뇌세포에 우리를 살찌게 하고, 우리에게 도움이 되는 정보들로 채울 때에 우리는 참으로 크게 생각하는 것을 배우고 있는 것이다.

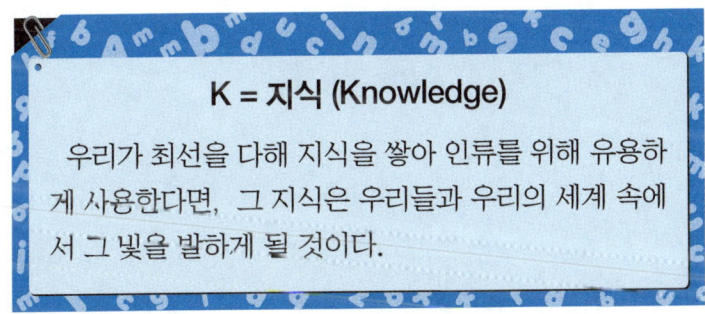

K = 지식 (Knowledge)

우리가 최선을 다해 지식을 쌓아 인류를 위해 유용하게 사용한다면, 그 지식은 우리들과 우리의 세계 속에서 그 빛을 발하게 될 것이다.

13. 지식의 중요성

14
책은 읽기 위해 있다

> 독서의 방법을 아는 사람이라면 누구나 자기 자신을 가치 있게
> 하고, 자신의 존재 양식을 확장시키며, 자신의 삶을 풍요롭고
> 의미심장하게 그리고 흥미진진하게 만들 수 있다.
>
> 알더스 헉슬리(Aldous Huxley)

"벤 카슨이 보스턴으로 이주했을 때, 그의 나이는 얼마나 되었지?"

"벤 카슨의 어머니가 벤과 그의 형 커티스에게 어떤 규칙을 정해 주었지?"

"카슨 박사가 존스홉킨스병원의 소아신경외과장이 되었을 때의 나이는 얼마나 되었지?"

6명의 학생들이 앞에 나와 나의 생애와 업적들을 외우고 있는 모습을 보고 내가 어떤 느낌을 받았는지 상상할 수 있겠는가? 그 학생들이 암송을 마치고나자, 다른 학생들이 이상의 질문들을 포함한 많은 질문들을 그들에게 던졌다.

사실 이런 모습을 보게 될 것이라고 아무도 내게 알려주지 않았기 때문에 나는 몹시 놀라고 쑥스러웠다. 그렇지만 왠지 기분이 좋았다. 볼티모어의 올드코트중학교 학생들은 나의 생활에 관한 모든 기사를 찾아 읽었다. 이 일은 자서전인「재능 있는 손」을 출판하기 거의 2년 전인 1988년의 일이었다. 그런데 내가 말하기 바로 직전, 그들은 또 한번 나를 깜짝 놀라게 했다.

"카슨 박사님."

학생들 중 한명이 나의 이름을 부르더니 정성들여 작성한 어떤 글을 읽는 것이었다. 그것은 다음과 같은 내용이었다.

> "여기 올드코트중학교에서 우리는 벤카슨독서클럽을 결성했습니다. 1주일에 2권의 책을 읽고, 1주일에 2개 이상의 TV 프로그램을 시청하지 않는다는 당신의 모범적인 생활에 큰 감명을 받아 우리는 당신의 이름으로 클럽을 결성하게 되었습니다. 각 회원들은 당신이 우리에게 제시한 모범을 따라 행하기로 약속하였습니다."

그 여학생은 회원들의 명단을 발표했다. 나는 그 회원수에 또 한번 놀랐다.

여러모로 나는 많은 감명을 받았는데 첫째, 그들은 나에 관해 너무도 많이 알고 있었다. 둘째, 그들은 나를 대단한 인물로 생각하여 나에 관한 수많은 정보를 수집했다. 셋째, 그들은 나를 삶의 본보기로 삼았다. 이점은 나에게 큰 감동을 주었다. 잠시 나는 무슨 말을 해야 할지 몰랐다. 나는 학생들이 자신들의 삶에서 나를 영향력이 있는 사람으로 생각하고 있다는 사실을 모르고 있었다.

또 하나의 신선한 충격은 학생들이 스포츠맨이나 연예인, 즉 전통적인 영웅으로 존경받는 사람들을 바라보는 것처럼(물론 그것은 그런 개인들을 부각시키는 방식에 항상 책임감 있게 행동하지 않았던 매스컴에게 부분적인 잘못이 있다.) 지적인 분야에서 성공한 사람들도 같은 시선으로 바라본다는 사실이었다.

그 중학생들이 스포츠맨 대신에 나를 선택했다는 사실 때문에 내 머리에는 이런 생각이 맴돌았다. '이 아이들은 앞으로 대단한 일을 해낼 수 있을 거야. 그들은 록 스타들에 매달리지 않고, 지적인 발전에 집중할 준비가 되어 있어.' 이 아이들은 앞으로 더욱 발전을 거듭해 갈 수 있다. 그들은 오늘날 극소수만이 알고 있는 중요한 비밀을 배웠다. 그러므로 그들은 삶의 정도를 향해 나아가고 있다. 그들은 독서를 한다. 독서는 정보와 가능성의 세계를 열어 준다. 그들이 내 이름을 따서 클럽의 이름을 붙인 것이 자랑스럽다.

또한 전국일주 여행 중에 필라델피아, 텍사스 그리고 캘리포니아에 있는 많은 학생들이 벤카슨독서클럽(Ben Carson Reading Club)을 시작했거나 클럽에 합류했다는 사실을 알고 매우 기뻤다. 그러나 내 이름으로 클럽의 이름을 지은 것은 그리 중요한 문제가 아니다. 오히려 어린이들과 청소년들과 젊은이들에게 책을 읽게 하고, 하나님이 그들에게 부여하신 놀라운 지성을 자극시킨다는 것이 중요하다. 이런 클럽에 참여하려면 학생들은 다음과 같은 3가지의 약속을 해야 한다.

1. 1주일에 2권의 책을 읽을 것.
2. 읽은 책에 관한 독후감을 각각 클럽에 제출할 것.
3. TV 시청 시간을 제한할 것.

몇 가지 프로그램들은 매우 성공적으로 진행되고 있다. 그 프로그램들은 알콜중독방지회가 하는 것과 거의 비슷한 역할을 한다. 회원들은 서로 격려하기도 하고, 때로 TV 중독을 없애는 방법을 알려주기도 하며, 더욱 효과적인 독서방법에 대해 귀띔해 주기도 한다. 그들은 독서를 통해 스스로 배우는 가치를 알고 있기 때문에 사소한 오락 따위는 하지 않는다. 그들은 자발적으로 지식을 쌓는데 열심을 내고 있는 것이다.

"카슨 박사님, 제 자신에 대해 발견한 점을 말씀드리고 싶습니다." BC독서클럽의 한 회원이 말했다.

"저는 그 짧은 시간에 그렇게 많은 것을 배울 수 있을 것이라고는 생각하지 않았습니다."

어떤 중학교 2학년 여학생은 이렇게 말했다.

"저는 학급에서 어느 누구 못지않게 영리하다고 생각해요. 다만 독서를 잘 하지 않았기 때문에 일종의 벙어리나 다름없다고 생각했죠. 지금은 훨씬 나아졌어요."

국의 많은 벤카슨독서클럽으로부터 소식을 들은 것 이외에도 신문과 학교의 공고 그리고 편지들을 통해 벤카슨장

학재단이 발족되었다는 사실을 알게 되었다. 이 가운데 가장 주목할 만한 것은 매사추세츠대학교의 보스턴 캠퍼스이다. 나는 한 장학회의 발족식과 기념식을 위해 그 대학교에 초대되었다. 그 장학회는 환경이 불우한 소수민족 학생들, 특히 재정적인 후원이 없는 학생들에게 소요되는 제반 경비와 더불어 전액의 장학금을 지불한다. 매년 이 장학금을 수혜 받을 학생들을 선발한다. 하지만 매사추세츠대학교에 입학하기 위해서는 학생들은 적정선의 학업 성적을 갖추어야 한다.

이 장학회의 독특성으로 인해 학생들에게는 재정적인 도움이 될 뿐만 아니라 각 학생들이 확실하게 교육을 마치게 하기 위한 상담과 봉사활동이 제공된다. 내가 들은 바에 의하면, 학생들을 격려하기 위해서, 그리고 그들이 굳게 결심하고 열심히 공부하며 자신감을 잃지 않고 극복하기 어려운 일처럼 보이는 것도 능히 이겨낼 수 있다는 사실을 깨닫도록 하기 위해서 선배들의 이름 대신 내 이름으로 장학금의 이름을 정했다고 한다.

나는 이 장학회의 설립을 매우 영광스럽게 생각한다. 이는 특별히 내가 한 때 몹시 가난하게 살던 바로 그 도시에서 일어난 일이었기 때문이다. 보스턴은 또한 나의 어머니가 혼자의 힘으로 일하시면서 환경에 굴할 필요가 없다는 사실을 깨달았던 장소이기도 하다.

나는 아칸소(Arkansas) 주에 살고 있는 어느 가족에게서 편지를 받았는데, 그 편지에는 가족 모두가 내 이야기를 읽고 깊은 감명을 받았다는 내용이 적혀 있었다. 정부의 보조를 받아 생활하고 있던 어머니는 학교로 다시 돌아가서 법률학 학위를 위해 애쓰고 있는 중이라고 한다. 두 자녀들도 열등생이었지만 이제는 C, D, E 학점 대신에 A, B 학점을 받게 되었고, 둘 다 의학 분야에 지원할 계획이라고 한다.

수많은 젊은이들과 어른들도 나의 이야기가 자신들에게 많은 영향을 미쳤다는 편지를 보내거나, 혹은 직접 만나 같은 말을 하기도 한다. 이러한 것들은 내가 외과의사로서 성공한 것만큼이나 나에게 큰 기쁨이 되고 있다.

나는 그들이 새롭게 마음의 결심을 한다는 사실로 인해 그들이 무척 자랑스럽다. 그들은 더욱더 자신감을 가지게 되었을 뿐만 아니라 많은 독서를 하게 되면, 그들이 원하는 일은 무엇이든 할 수 있게 된다는 사실을 알고 있다.

> "우리는 주로 책을 통해서 위인들과 대화한다. 위인들은 양서를 통해서 우리에게 이야기하고 그들의 대부분 귀중한 사상들을 우리에게 전해 주며, 그들의 정신을 우리에게 쏟아 부어 준다. 그러므로 우리에게 책을 주신 하나님께 감사하라. 책은 선인들과 고인들의 말씀이므로 우리는 전 시대의 정신세계를 배울 수 있다. 책은 진정한 평등주의자이다. 책은 자신을 성실하게 이용하는 모든 사람에게 인류의 가장 위대하고 멋진 사회와 정신적 산물을 제공해 준다.
>
> 윌리엄 채닝(William E. Channing)

크게 생각하라는 말의 철자에서 "B"는 책(Books)을 나타낸다.

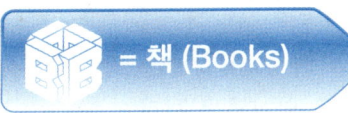

우리는 여러 가지 형태로 배움을 얻을 수 있지만, 나는 책이 지식을 습득하는 원천이라고 확신한다. 여기에 독서가 우리에게 제공해 주는 3가지의 이로운점이 있다.

1. 독서는 지성을 활성화시키고 연습시킨다.
2. 독서는 분별력 있는 지성을 만든다. 독자는 처음부터 책에 인쇄된 글자들을 인식하여 글자들을 단어로, 단어들을 문장으로, 문장을 개념으로 만들어야 한다.
3. 독서는 우리의 상상력을 키워주며, 창조적인 사람이 되게 한다.

물건을 들어 올릴 때, 근육이 활성화되는 것과 마찬가지로 독서는 실제로 우리의 지성을 활성화시킨다. 지성은 활용하면 할수록 기민해지고 고도의 창조력을 불러일으킨다. 누군가가 현명하게 이 점을 지적했듯이 "지성은 일단 어떤 사상에 의해 확장되면, 결코 그 본래의 크기로 되돌아가지 않는다."

발달 심리학자들은 아기들의 98%가 창조력을 지닌 채 태어난다고 한다. 이 이론을 숙고해 보면 일리가 있는 말임을 알 수 있다. 아기들은 온종일 누워서 상상력을 이용하는 것 이외에 무슨 행동을 할 수 있을까? 아기들은 태어날 때부터 자신의 욕구를 가지고 있다. 아기들은 소리를 내고 움직임으로써 부모에게 자신들의 필요한 것을 전달할 수 있는 방법을 창조적으로 개발해 내야 한다. 그러나 발달심리학자들은 20세까지 창조적인 상태를 유지하는 사람은 5% 미만이라고 한다.

심리학자들이 사용하는 "창조적인"이란 말의 의미는 혁신적인 사상을 만들어내는 상상력을 이용한다거나 오래 계속 되고 있는 문제들을 해결하기 위한 새로운 방법을 발견 해내는 것을 뜻한다. 언뜻 생각하면 아기들은 다른 사람들의 생각을 잘 모를 것이라는 생각이 든다. 그러나 그들의 상상력에는 제한이 없다. 아기들이 발로 차고 발가락을 움직이는 것은 부모에게 어떤 메시지를 보내기 위한 것이다. 그러나 아무도 지금까지 그런 것들을 고려해 보지 않았다. 나는 아기들이 창조적인 방법으로 음식을 요구하고, 기저귀를 갈아달라는 기본적인 욕구들을 표현하는 것을 보고 매우 놀랐다.

그러나 태어난 지 15년 후, 그 영리하고 창조적인 많은 아기들이 이제 10대가 되어 많은 시간을 TV나 비디오, 컴퓨터와 인터넷을 보면서 허비하고 있다. 그들이 버튼을 누르기만 하면 이미 준비된 영상과 소리가 흘러나온다. 이런 형태의 삶은 거의 상상력을 필요로 하지 않는다. 왜 그들은 그래야만 하는가? 모든 것이 그들을 위해 준비되어 있다. 심지어는 옷을 입고, 생각하고, 행동하는 법까지도 지시를 받는다. 따라서 그들은 혼자 힘으로 생각하는 습관을 갖지 못한다. 그저 따라서 하기만 하면 되는 것이다. 심지어 TV에 방영되는 소위 지성적인 프로그램들에 대해서조차, 우리는 "진정으로 그 프로그램들이 지성을 자극하는가?'라는 질문을 하게 된다.

우리는 메시지에 관해 생각해 본다거나 분석해 보지도 않은 채, 대통령 선거인 예비선거 기자회견을 시청하게 된다. 즉시 방송국 뉴스앵커는 우리에게 그 사실을 간추려 보도하고, 하나씩 차례대로 분석해 준다. 대개 처음 것은 다음 해설자가 좀 더 분석할 수 있도록 여지를 남겨 놓기도 한다.

우리는 스스로 문제들을 분석하고, 철저하게 사고하며, 지성과 상상력을 창조적으로 이용하는 일을 팽개쳐 버렸다. 결국 우리는 이에 대한 희생을 치러야 할 것이다. 과학의 쇠퇴를 자세히 살펴보면, 지성을 창조적으로 이용하는 일에 무관심했기 때문에 결국 엄청난 대가를 지불하게 될 것이라는 사실을 알 수 있다.

세계의 모든 선진국 중에서 현재 과학과 수학을 이해하는 미국 학생들의 능력이 최하위이다. 이는 부분적으로 조기에 과학과 수학을 심도 있게 가르치지 않았기 때문이다. 미국의 학교는 고등학교까지 그런 주제들의 실제적인 문제에 접할 수 없게 편성되어 있다. 그러나 고등학생이 되기 전에 이미 그들에게는 다른 사소한 분야에 대한 관심이 발달한다.

그러나 우리의 커다란 실수는 과학을 지루하고 흥미 없는 과목으로 느끼게 한다는 것이다. 우리는 미식축구와 농구와 야구에는 점점 더 엄청난 양의 돈을 뿌리면서도 참교육을 위해서는 거의 투자하지 않고 있다. 사람들의 선호를 받는 TV 상영물은 네이쳐(Nature) 같은 프로보다는 부자와 연예인의 삶의 형태나 가장 재미있는 가정 비디오 등에 집중되어 있다. 그러므로 우리의 환경을 편리하게 민

들어 주고, 놀라운 발명품들을 제공해 주며, 더 길고 건강한 삶을 살도록 하기 위해 연구를 장려하는 사람들이 있음에도 불구하고 우리는 실제로 그들로부터 아무런 지식도 얻지 못하고 있는 것이다.

나는 대중오락을 반대하지는 않는다. 그러나 적어도 균형 있는 프로그램의 편성을 촉구하는 바이다. 나는 권위 있는 사람들이나 성공한 사람들이 "독서하라! 독서하라! 독서하라!"고 외치는 모습을 보고 싶다. 나는 이미 성공한 사람들이 다른 사람들의 손을 붙잡고 "여기 보물과도 같은 금고가 있습니다. 그것은 바로 공공 도서관과 서점(Bookstore)입니다." 라고 외치는 모습을 보고 싶다.

사회에서 대단한 영향력을 행사하고 있는 사람들은 사회를 개선해 나갈 책임을 지고 있다. 그런 사람들은 흔히 성공에 필요한 요소들과 관계가 있는 의미심장한 통찰력을 지니고 있다. 건전하고 심오한 지식들을 획득해야 한다고 강조하는 일은 분명히 이런 사람들이 책임져야 할 중요한 부분이다. 그렇게 하지 않는다면 그들을 가리켜 이기적이고, 무책임하며, 현명하지 못한 사람들이라고 밖에 말할 수 없다. 왜냐하면 그들로 인해 사회가 쇠퇴할 경우, 그 결과로 후손들이 고통을 당하기 때문이다.

나는 이 점을 너무도 실감하기 때문에 다음과 같은 강성 발언을 계속하고 싶다. 우리가 만약 현재 스포츠나 오락에 소비하는 돈의 절반만이라도 교육에 투자한다면, 이 나라의 모든 학생에게 완벽하고 편견 없는 교육을 할 수 있다고 말이다. 그러면 우리가 거둘 수확은 가시화될 것이다. 우리나라는 다시 지력을 갖춘 국가로서 신속하게 정상에 올라 설 수 있을 것이다. 다시 한 번 우리나라는 다른 모든 국가들이 창조력과 경제 번영이라는 점에서 본받기를 원하는 나라가 될 것이다.

미국 일주 여행 중에 지도자들이나 성공한 사람들과 대화를 나누는 가운데, 책의 영향력에 관한 간단한 사실을 알게 되었다. 나는 어린 세대의 단순성과 예상되는 결과로 인해 다음과 같은 사실을 전하고 싶다. 학문적으로 뛰어난 학생이 되려거든 "집중적으로 독서하라!" 나는 실제적으로 왕성한 독서와 지적인 성취 사이에 일대 일의 상관관계가 있음을 느낀다.

크게 생각하라의 철자 B는 책(Books)을 나타낸다는 말을 설명 할 때, 나는 종종 커트 쉬모크(Kurt Schmoke)라고 불리는 예일대학교에서 만난 친구가 생각난다. 그는 나보다 2년 연상이지만 내가 처음 대학교에 들어갔을 때부터 그를 알게 되었다.

우리 주변에 있는 사람들은 모두 밝은 성격을 지녔지만, 커트는 그 중에서도 두드러졌다. 나의 룸메이트인 래리(Larry)의 말이 기억난다. "그를 주시해 봐. 그는 언젠가 성공적인 정치인이 될거야." 커트는 흑인이며 180cm가 채 안 되는 키에 다소 야무진 체격을 지녔다. 그리고 매우 밝은 성격의 소유자이다. 그는 벤자민 프랭클린(Benjamin Franklin)이 썼던 것과 같은 형태의 조그마한 안경을 썼다. 그는 뛰어난 미식 축구선수였으며, 모든 방면에서 탁월했다. 예일대학교 졸업 후, 커트는 옥스포드의 로즈 장학생(Rhodes Scholar)이 되었으며, 하버드대학교 로스쿨을 졸업하고, 백악관 비서관이 되었다. 커트는 어느 곳을 가도 항상 추종자들이 뒤따랐다. 사람들은 그를 극구 칭찬했다.

나는 커트가 예일대학교를 떠난 후, 나의 일에만 전념했으므로 그의 진로를 추적하지 못했다. 몇 년이 지난 후, 그는 36살의 나이로 다시 그의 고향 볼티모어로 돌아와 볼티모어 시의 주임검사가 되었다. 지금은 볼티모어 시장에 재임 중이다. 나는 그가 그 자리에 멈춰 있으리라 생각지 않는다. 약 20년 전, 커트를 만났을 때에 그랬듯이 나는 지금도 그를 매우 존경한다. 그는 아마도 미국의 한 중요한 도시를 리드할만한 탁월한 교육적 배경을 가진 극소수의 시장 가운데 한 사람일 것 이다.

내가 커트 쉬모크를 칭찬하는 또다른 특별한 이유는 볼티모어 시의회가 다음과 같은 슬로건을 채택하도록 그가 적극 밀어주었다는 점이다. "볼티모어는 독서하는 도시이다!" 커트는 대단한 독서가이며, 뛰어난 지적인 업적을 남긴 사람이다.

다음은 커트가 젊은이들에게 보내는 메시지다. "읽고 또 읽어라. 그것이 인생의 어딘가에 도달하는 방법이다." 커트는 그 자체가 강력하고 살아있는 말이요, 우리가 더욱더 책을 읽을 것을 권하고 홍보하는 정치가이다.

(Books)라는 주제를 다루고 있는 본 장을 마치기 전에, 하비(Harvey)와 캐서린 와츠만(Katherine Wachsman) 부부와 그들의 가족에 관해서 이야기하고 싶다.

나는 때때로 법정 증인으로서 소송 사건에 관여할 경우가 있다. 나는 어떤 특이한 사건에서 메릴랜드의 어느 신경외과의사의 변호를 맡게 되었는데, 그는 중요한 소송에 휘말려 있었다. 그때 하비 와츠만 박사가 변호사 업무를 수행했다. 그는 외과의사이자, 변호사이며, 전문직책임변호사협회(Professional Liability of Lawyers Association)의 회장이기도 했다. 그가 질문하는 것을 들으면 우리는 분명 그가 분별력이 있고, 영리하며 박식하다는 사실을 깨닫게 된다. 그가 그러한 사건들에서 진술서를 입증하고 제시하는 것을 볼 때마다 늘 놀라움을 금할 수 없다.

매 순간마다 나는 진실만을 말한다는 원칙을 고수해 왔다. 그러나 내가 진실을 말함으로써 상대방의 잘못이 들어나 그가 곤혹스러워 하는 것을 보면 마음이 아프다.

이번 사건은 하비의 활동을 직접 지켜볼 수 있는 첫 번째 기회였다. 나는 그가 자주 유사한 이론적 근거를 가진 일련의 질문 형태를 사용한다는 점을 알 수 있었다. 그는 증인들이 마음껏 이야기하도록 놔 둔 후, 그들의 이야기가 끝나면 그들의 실수와 모순을 지적해 내었다.

한번은 우리 둘 다 서로의 의중을 알아차리고 지혜를 합쳐 좋은 결과를 이끌어 내었다. 나는 증언을 마치고 나와서 그와 이야기를 나누기 시작했고, 상호간 많은 공통된 관심사들을 발견하게 되었다. 결국은 서로의 가족들까지도 좋은 친구가 되었.

어떤 이들은 이렇게 질문할지도 모른다. "어떻게 신경외과의사와 의료과실사건 담당 변호사가 친구가 될 수 있습니까?" 나는 그와 점점 가까이 지내면서 그가 가치 없는 소송은 맡지 않는다는 사실을 알게 되었다. 그리고 그는 의료 업무와는 관련이 없는 기타 불공정 행위를 처리하는 일에 많은 노력과 시간을 투자하고 있다. 또한 그가 인권운동에 적극적으로 참여해 왔으며, 남아프리카공화국의 인권 투쟁에도 관여했다는 사실을 알게 되었다. 그의 활동에 대한 일부 부정적인 평판과는 대조적으로 그는 매우 훌륭한 사람이다.

훨씬 더 인상 깊은 것은 그의 집에 있는 엄청난 서재(Library)이다. 실제로 하비는 역사에 관해 모르는 것이 없었다. 역시 같은 변호사인 그의 아내 캐서린도 광범위한 독서를 한다. 그들 두 사람은 모두 매우 박식하다. 나는 그들의 그러한 박식함을 내가 좋아하는 퀴즈 게임을 하면서 실감할 수 있었다. 우리 팀에 하비가 속하게 되면 우리는 결코 지는 법이 없었다. 그는 특히 역사 분야에 관한 왕성한 독서가로서 감히 도전하기에 불가능한 상대이다.

그의 다섯 자녀들도 지식에 대한 이러한 갈망을 체득했다. 나는 그렇게 박식한 젊은이들을 본 적이 없다. 데이비드라는 그의 아들은 내 평생 가장 기억에 남는 아이들 중 한 명이다. 겨우 9살인 데이비드 와츠만(David Wachsman)은 그의 부모만큼이나 매우 왕성한 독서가이다.

어느 날, 나는 데이비드와 장차 무엇이 되고 싶은지에 대하여 대화를 나눴다. 그는 이렇게 대답했다. "저는 야구선수, 변호사, 신경외과의사, 미국의 대통령 그리고 작가가 되고 싶습니다. 순서대로요."

그 소년은 정말 그 모든 일을 다 해낼지도 모른다. 순서대로 말이다. 왜 못하겠는가? 9살의 데이비드는 이미 보통의 고등학생들보다

지리학, 역사 그리고 과학에 대해 더 잘 알고 있다. 또한 그는 컴퓨터 박사이다. 여름방학 동안 그리고 학교 수업이 없을 때면 데이비드는 밤늦게까지 독서를 하곤 한다. 어린 아이들에게 지식을 쌓을 수 있는 길을 열어 줄 때, 그들이 갖게 되는 무한한 잠재력에 나는 놀라지 않을 수 없다.

나는 또한 아무도 그 아이들에게 공부하라고 강요하지 않는다는 사실을 말하고 싶다. 데이비드는 공부하는 것을 재미로 여긴다. 데이비드는 매 순간마다 공부를 즐기는 것이다. 실제로 내게 이런 말을 했다. "공부가 싫어진다면, 더 이상 공부하지 않을 거예요."

데이비드의 부모들은 나와 많은 사람들에게 커다란 감명을 준다. 하비 와츠만은 또한 우리 사회 빈민들의 귀감이 되고 있다. 지금은 재산이 억만장자인 하비 와츠만은 뉴욕 시의 베드포드 스티버슨트 (Bedford - Stuyvesant, 뉴욕 시에서 가장 가난한 지역 중의 하나임) 출신이다.

사실 나는 하비와 의료 전문가로서의 대화를 나누기 전에는 그의 가족에 대해 들은 바가 없었으므로 나는 그들이 독자적으로 나의 어머니께서 5학년 때, 나에게 시키셨던 것과 유사한 독서 프로그램을 채택하고 있다는 사실을 알고서 매우 놀랐었다.

그들은 자녀들의 TV 시청을 통제하고 있었다. 와츠만 가족은 나에 대한 소문을 듣기 전에도 다섯 명의 자녀들(그들 모두 영리하다.)에 대하여 1주일에 2권의 책을 읽고 독후감을 제출하도록 하는 프로그램을 실행해 왔다.

사람들이 지성을 계발하고 지식을 습득하기 위해 책을 이용할 때,

그들은 무한한 가능성을 갖게 되는 것이다.

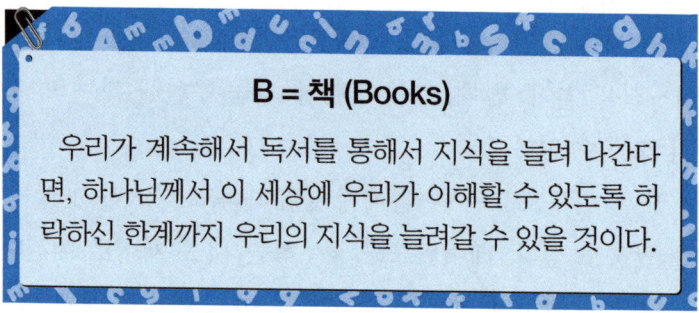

B = 책 (Books)

우리가 계속해서 독서를 통해서 지식을 늘려 나간다면, 하나님께서 이 세상에 우리가 이해할 수 있도록 허락하신 한계까지 우리의 지식을 늘려갈 수 있을 것이다.

15
심화학습

무릇 네 손이 일을 당하는 대로 힘을 다하여 할지어다

전도서 9:10상

두 살 난 시몰(Seymour)이 계단을 내려가다가 넘어졌다 그 아이는 바닥에 부딪혔고, 큰 대자로 손발을 뻗은 채 의식을 잃었다. 놀란 그의 부모는 어린 시몰을 존스홉킨스병원의 소아과 중환자실로 옮겼다. 컴퓨터엑스선체축단층촬영술(CAT)을 통해 양쪽 전두엽 중앙의 깊은 부분과 오른쪽 관자놀이엽 안쪽에 혈종이 나타났다.

세일 먼저 시몰을 살펴보았던 내과의사는 그 아이가 계단에서 넘어질 때, 혈종이 생겼을 것 - 이것은 자연스런 가정이었다 - 이라고 생각했다. 그 의사는 자신의 지식과 훈련 경험에 따라 조심스럽게 시몰을 치료하려고 했다.

나는 다음날 바로 그 CAT를 살펴보고 이렇게 진단했다. "이것을 외상혈종으로 보기에는 위치한 장소가 이상합니다. 외상혈종이라면 좀 더 전방에(좀 더 뇌의 앞쪽으로) 위치해야 한다고 생각합니다." 그 자리에 함께 했던 다른 두 의사는 내 생각이 별로 신빙성이 없는 것이라고 생각하는 것 같았다. 그들 중 한 사람은 이렇게 말했다. "그 위치로 보아 이 혈종은 외상에 의한 것이라고 보기에 전혀 무리가 없습니다."

결국 나 외에는 모두들 그것을 외상으로 인한 혈종으로 진단하려는 것 같았다. 나는 전에 분명히 읽어 보았던 의학서적의 내용 가운데 그것이 어느 부분에 있다고 정확하게 지적할 수는 없었지만 언젠가 한 번 보았던 어떤 것이 나를 계속 괴롭혔다.

시몰에게 있어서의 문제는 동맥류(Aneurysm)가 2개 이상일 수도 있다는 느낌이 매우 강하게 내 마음에 자리하고 있었다. 그것은 매우 심각한 문제였다. 나는 그런 느낌을 떨쳐 버릴 수가 없었다. 그래서 이렇게 말했다.

"저는 이 아이의 혈관사진을 찍어서 머리 속 혈관 상태를 살펴보아야 한다고 생각합니다."

"정말 그렇게 생각하세요?" 다른 의사들 중 한 사람이 물었다. 나는 그의 어리둥절한 표정을 보고 그가 아직 이것을 완전히 이해하고 있지 못함을 알 수 있었다.

"아마 틀림없이 이 아이는 출혈의 원인이 된 어떤 기형적인 혈관을 지니고 있을 겁니다."

"계단에서 넘어짐으로써 출혈을 했다기보다는 어떤 다른 이유 때문에 넘어졌다는 얘긴가요?"

나는 머리를 끄덕였다.

"저도 그 이유는 정확히 모릅니다만 그런 느낌이 강합니다."

이렇게 좀 더 이야기가 오고 간 후, 그들은 내 말이 옳은 것 같다고 내 의견에 동의했다. 나는 그들에게 혈관 사진을 찍게 했다. 시몰에게서 2개의 혈종이 나타났다. 뇌의 전방 기부에는 하나의 거대한 동맥류가 위치해 있었는데 바로 그 곳에 혈종 하나가 자리하고 있었다. 다른 하나의 혈종은 관자놀이엽 부분에서 발견되었다. 나는 수술을 시작해서 동맥류를 잘라 낼 수 있었다.

시몰은 거짓말 같이 회복되었다. 시몰은 지금 5살이 되었고, 완전히 정상적인 생활을 하고 있다.

나는 외상혈종의 생성 장소에 대한 깊은 지식이 있었기 때문에 그러한 주장을 펼 수 있었다. 또한 그러한 지식은 나에게 확신을 심어 주었으므로 나는 여러 사람의 반대에도 불구하고 나의 주장을 계속할 수 있었다. 만약 내가 나의 주장을 포기하고 그들의 주장을 따랐더라면 아마 혈종들만을 제거했을 것이고, 그 소년은 회복되어 귀가할 수 있었겠지만 재발은 피할 수가 없었을 것이다.

나는 지금 이 일에 관여했던 다른 의사들보다 내가 더 통찰력 있고 똑똑하다는 이야기를 하려는 것이 아니다. 나는 예일대학교 1학년 때, 많은 지식을 쌓기 위해 온갖 노력을 기울였다. 의과대학에 다니는 동안 가능한 인간의 신체에 관해 많은 것을 알아야겠다고 결심하고 신체의 어느 부분을 공부하든지 모든 것을 다 학습하려고 노력했다. 이 때문에 나의 판단들이 어떻게 그 깊은 지식들의 덕을 보고 있는가 하는 하나의 실례로서 이 사건을 언급했을 뿐이다.

15. 심화학습 275

그래서 크게 생각하라는 말의 철자에서 "I"는 심화학습(In-depth Learning)을 나타낸다.

 **= 심화학습 (In-Depth Learning)**

심화학습이란, 하나의 주제를 놓고 가능한 많은 것을 공부하는 것을 뜻한다. 즉, 시험에서 높은 점수를 얻기 위해서나 사람들에게 자랑해 보이려고 하는 학습과는 대치되는 것으로서 지식과 이해를 얻기 위해 하는 학습을 가르킨다.

머리는 좋지만 좋은 점수를 얻지 못하는 많은 학생들을 만나보고서 나는 그들이 여러 가지 상황 속에서 자료들을 심도 있게 학습하지 않는데 그 원인이 있다고 결론을 내렸다. 그들은 학습하고 있는 자료의 개관도 살피지 않은 채, "나, 다 알았어." 라고 말하는 경향이 있다. 그들은 잠시 멈춰서 "내가 정말 이 자료를 확실히 이해하고 있는가?" 혹은 "어떻게 해야 가장 효과적으로 학습할 수 있을까?" 와 같은 물음을 던져 보기는커녕 다른 사람의 학습 방법만을 모방하기 때문에 심도 있게 학습하지 못하는 것이다. 우리는 각기 학습 방법이 다를 수 있다. 예를 들어 보자.

- 어떤 사람들은 듣는 기술이 매우 발달되어 있어서 눈보다는 귀를 통해 보다 많은 정보를 쉽게 얻는다.

- 어떤 사람들은 한 주제를 놓고 다른 사람들과 토론을 통해서 학습을 극대화 한다. 주고받은 대화는 그들의 사고를 예리하게 키워주고 깊이 숙고하게 한다. 또한 여러 가지 질문들을 던져보면서 반대 견해에 대해서도 귀를 기울이게 한다.

- 어떤 사람들은 반복훈련을 통한 암기방법으로 학습 효과를 극대화 한다.

- 나의 친구 중에는 실제로 어떤 일을 직접 해 보아야만 하는 사람도 있다. 이것은 실제학습이라고 한다.

물론 잘 훈련받은 학습자는 이 모든 방법을 어떤 형태로든 혼합할 수 있다. 때때로 나는 학생들에게 이렇게 묻는다. "여러분은 어떻게 가장 효과적인 학습을 할 수 있는가? 어떤 방법이 여러분 자신에게 가장 효과적인가?" 그들은 대개 알지 못한다.

만약 여러분도 알지 못하고 있다면, 가장 효과적인 학습 방법을 발견하는데 도움을 주는 다음의 몇 가지 사항을 참조하기 바란다.

아래에서 여러분이 잘 학습할 수 있었던 것 3가지를 생각해 보라.

- 과학적 실험을 완성하기
- 난해한 대수학 문제 풀기
- 냉전(Cold War)에 대해 확실하게 이해하기
- 어려운 피아노곡 연주하기

여러분 자신에게 물어보라. 나는 이것들을 어떻게 학습했는가? 나는 어떤 방법들을 사용했는가?

일단 여러분이 이들 두 질문에 대한 해답들을 생각해냈다면, 자신의 약점이 아닌 장점들을 이용하기 위해 학습 상황을 어떤 점에 적용시켜야 할 것인가 하는 기본적인 학습 방법을 이해한 것이다.

예를 들면, 여러분이 반복훈련을 이용한 학습을 잘한다면 신체의 주요 골격구조를 학습하기 위해 강의를 들으려고 애쓸 필요가 없다. 대신에 여러분은 아마 플래시 카드(속독연습을 위한 단어나 숫자 따위를 적은 큰 카드로서 교사가 순간적으로 보여 준다.)를 이용할 수 있을 것이다. 여러분이 독서를 잘하는 사람이라면 여러분이 읽은 것에 대해 생생하게 상상해 볼 수 있을 것이다.

반복훈련은 기본적인 학습 방법으로서 많은 사람들을 지루하게 할 수도 있다. 그러나 "나의 조국"(My Country 'Tis of Thee)이나 "놀라운 주님의 은혜"(Amazing Grace)와 같은 노래를 반복을 통해 익힌 사람들이 얼마나 많은지 생각해 보라.

심화학습에 대한 나의 일반적인 규칙은 이것이다. 자신에게 최상인 방법들로 시작하라. 여러분의 주요한 학습 계획들에 대해 이러한 방법들을 사용하라. 그리고 다른 방법들로 더불어 사용함으로써 여러분의 학습 기술들을 강화시켜라.

나는 예일대학교에 들어갔을 때, 나 자신에 관한 중요한 두 가지 사실에 직면해야 했다. 첫째는 내가 내 자신을 매우 똑똑한 사람이라고 생각했지만, 내 생각처럼 그렇게 똑똑한 사람이 아니었다는 점이고, 둘째는 심화학습 방법을 알지 못하고 있었다는 점이다. 나의 학교생활은 시험보기 직전까지 공부를 미루다가 하루 이틀 동안 집중적으로 공부하는 형태였다. 그러면 시험 볼 때는 공부한 내용이 슬라이드 영상처럼 떠올랐지만 시험이 끝나면 절반은 날아가 버렸다.

　어떤 학생도 자신의 가장 효과적인 학습 방법이 그런 식이라고 말하면서 이렇게 덧붙였다. "나는 급할 때, 가장 공부가 잘 돼." 그러자 옆에 있던 다른 학생이 말했다. "그건 너의 유일한 학습 방법이야." 나의 가장 효과적인 학습 방법 역시 이런 식이었지만 내가 예일대학교에 들어와 의과대학에서 공부하면서 나의 이러한 학습 방법들을 바꾸지 않으면 안 되었다.

　예일대학교 예과 과정에서 필수과목인 화학을 거의 망치고 난 후, 나는 학습 방법에 대해 심각하게 생각했다. 어떻게 가장 효과적으로 학습할 수 있는가? 스스로에게 자문해 보았다. 나는 몇 가지 실험과 접근 방법을 시도해 보았지만 의과대학에 들어 올 때까지 나에게 맞는 확실한 학습 프로그램 하나 마련하지 못하고 있었다.

> 우리는 독서를 할 때, 우리에게 날개가 있음을 발견하게 된다.
> 　　　　　　　　　　　　　　　헬렌 헤이즈(Helen Hayes)

　나는 곧, 나의 최상의 학습 방법은 혼자서 독서하는 것임을 깨달았다. 강의 듣는 것은 나에게 별 효과가 없었다. 나는 미시간 의과대학에서의 4년 동안 수많은 강의 대신 다른 사람에게 방해받지 않게 내

방에 머무르며 지속적으로 그리고 마음껏 독서에 열중했다.

　나의 독서는 필수과목에 대한 자료에서부터 시작되었다. 그리고 같은 주제에 관한 여러 가지 다른 책들을 읽어나갔다. 나는 깊은 시각을 얻기 위해 여러 저자들의 통찰력을 살펴보고 싶었다. 만약 신경계에 관한 수업을 한다면 나는 3개의 서로 다른 교재 - 모두가 훌륭한 교재이지만 각기 약간씩 강조점이 다른 교재 - 를 사용했다.

　모든 교재들과 관련 참고서들을 유용하게 인용하면서 새벽 6시부터 밤 7까지 거의 매일 독서를 했다. 어떤 학생은 수업 받은 노트를 나에게 빌려주고 내가 작성한 정리 노트를 복사해 갔다.

　나는 오래지 않아 이것이 내게 맞는 학습 방법임을 깨달았다. 무엇보다도 내가 내 자신에게 "신경계통이 무언지 이제 좀 알겠군!", "신경계통이 어떻게 작용하는지 이젠 이해가 가!" 라고 말한 것에서 볼 수 있듯이 나는 강한 내적 만족감을 맛볼 수 있었다. 일단 시험에 대한 나의 학습 태도가 180도 바뀌자 내 자신이 심도 있는 학습자가 되었음을 알 수 있었다. 나는 제시된 시험 문제에 정답 이상의 내용들을 기록했다. 나는 해당 과목에 관한 것이라면 무엇이든지 알고자 했기 때문이다.

　"쿠싱병증후군(Cushing's Disease)과 함께 오는 호르몬 불균형이란 무엇인가?" 라는 문제가 시험에 출제되었을 때, 나는 요구하는 정답이 무엇인지 알고 있었을 뿐만 아니라 호르몬 불균형의 기본적인 구조까지도 알고 있었다. 물론 의과대학 시험에서는 이런 것까지 묻는 교수는 없었지만 나는 인간의 신체에 대한 보다 광범한 이해를 하기 위해 모든 영역을 알고 싶어 했다. 나는 공부를 열심히 하면 할수록 더욱더 훌륭한 의사가 되어야겠다는 생각을 하게 되었다. 아니 그것은 정확한 표현이 아니다. 나는 가능한 최고의 외과의사가 되고 싶었다. 나는 최선을 다하기 위해서는 늘 최고가 되려고 노력해야 한다는 생각을 갖고 있었다.

나중에 미시간대학교 3학년 때, 신경계 순환 실습을 했는데 아주 엄한 레지던트 실장을 만났다. 그는 빈번히 의대생들과 인턴들에게 질병의 경과에 대한 기본적인 구조에 관해 질문을 던졌다. 이미 다른 곳에서 언급을 했다시피 나는 독서가 나의 가장 효과적인 학습 방법임을 알고 난 후, 첫 2년의 의과대학 생활동안 엄청난 양의 독서를 했다. 내가 광범위하게 학습했던 과목들 중의 하나는 신체의 내분비 조직이었다. 특별히 뇌의 기저에 위치한 뇌하수체와 뇌의 일부분인 시상하부와 관계있는 내분비 기능의 조절에 초점을 맞추었다.

어느 날, 우리는 쿠싱병증후군(대개 뇌하수체 시상하부의 발작과 관련된 하나의 병)을 가진 환자 한 명을 검사하고 있었다. 이 질병의 경과에 대한 기본적인 구조에 관해 상세하게 살펴 볼 수 있는 사람은 실습 근무자 중 내가 유일한 사람이었다. 내가 그 일을 어떻게 처리할 수 있었을까? 바로 이전의 깊이 있는 독서 때문이었다.

내가 흑요석에 대해 설명했을 때, 과학 과목 잭 선생님이 그랬던 것처럼 레지던트 실장도 입을 다물지 못한 채 나를 쳐다보았다. 그리고는 한참 동안 미소를 지은 채 머리를 끄덕였다. 그는 큰 감동을 받았는지 나와 별도의 시간을 갖고 격려를 아끼지 않았다. 나는 그와 특별한 관계를 갖게 된 것 같은 느낌이었다. 그는 "훌륭해!"라고

15. 심화학습 281

말하곤 했다. 혹은 그는 미소를 지으며 이렇게 말하기도 했다. "계속해 봐!" 그는 내가 신경과학 분야의 떠오르는 인물로서 나의 자아상을 확립해 가도록 많은 도움을 주었다.

지금까지 나는 내 자신의 교육적 배경 속에서 예를 들었다. 그러나 나는 개인적으로, 다사다난한 인생길에서 다음과 같은 점, 즉 주위 사람들의 시선을 집중시켰던 - 그래서 그들의 특별한 관심 속에서 우리가 하는 일을 좀 더 발전시킬 수 있었던 - 이러한 종류의 지식들은 우리가 무엇을 하든, 우리가 누구이든 동일하게 적용된다는 점을 관찰해 왔다.

예를 들어, 매우 유능한 보험사 직원을 만나보면, 그들은 회사의 방침을 잘 숙지하고 있어서 그것을 거침없이 소개 한다. 그러나 조금 미숙한 직원을 만나 좀 더 깊은 이해를 요하는 질문이나 보험설계사의 업무 이면의 사실들에 대해 물으면 그들은 대답을 하지 못한다. 그들은 "알아보고 다시 알려 드리겠습니다." 라고 자신의 무지를 인정하는 대신 여러 가지 횡설수설한 말을 하거나 화제를 바꾸려고 함으로써 상황을 오히려 악화시킨다.

이러한 태도들은 컴퓨터 기사, 자동기계 기사, 의료 종사원 혹은 식료품가게 점원들에게도 유사하게 나타난다.

학문을 할 때도 이런 식으로 대충 읽는 친구들이 고등학교, 대학교 그리고 의과대학에도 있었다. 그들은 단지 자신들이 꼭 알아야 하는 것 이외에는 공부하지 않았다. 그리고 보다 많은 학습이 요구되는 상황에 처하면 실용적인 지식이나 적절한 정보가 아니라는 핑계를 대었다. "이건 결코 쓸만한 지식이 아니야." 라고 그들은 매우 확신 있게 말했다. 그러나 나는 그들이 어떻게 그걸 아는지 궁금했다.

　나는 20년이 지난 오늘날도 나의 형 커티스가 불평했던 소리를 기억하고 있다. 그는 수학은 잘한 반면에 기하학과 기하학적 디자인에는 별 흥미가 없었다. 나는 그가 기하학 문제들은 너무 어려울 뿐만 아니라 특별히 별로 도움이 안 되는 지식 같아 보인다며 기하학 숙제에 대해 투덜거리는 것을 여러 번 들었다. 그러나 어머니는 그의 그러한 불평에도 불구하고 그것을 계속하도록 하셨다. 어머니는 "너는 반에서 그 누구보다도 그것을 잘해야 한다."라고 커티스에게 말씀하셨다.

　커티스는 내가 한 때 그랬던 것 같지 않게 반드시 또래들과 보조를 맞추어야 한다는 강박관념에는 사로잡히지 않았다. 비록 그는 기하학이 자신의 인생에 아무런 도움도 되지 않을 것이라는 생각을 했지만 어쨌든 기하학에 정진을 했고 그 학기에 A학점을 받았으며, 그 과목에 관한 자료들을 잘 학습했다.

　오늘날 커티스는 성공적인 기계엔지니어가 되어 항공기 제동장치의 설계를 하고 있다. 그의 일은 수많은 기하학 공식과 분석기술을 필요로 한다. 사실 그가 기하학 공부를 하고 있을 당시에는 그러한 기술과 지식이 자신의 분야를 개척하는데 필요한 것이 될지 전혀 알 수가 없었다.

　나는 지금 형이 하는 일을 보면 놀라움을 금치 못한다. 그는 훌륭한 기계엔지니어로서의 기본 실력을 쌓았으므로 무엇보다도 학문은 쉽고 흥미로우며 매력적인 것만은 아니지만 필수불가결한 것이라고 인정하게 되었을 것이다. 고등학교에서 기하학 수업을 받을 때는 결국 기계엔지니어가 되리라는 생각은 할 수 없었겠지만 어쨌든 그는 그 공부를 포기하지 않았다. 결국 그는 그 학과 내용과 교사의 가르침을 학습하고 부가적 정보까지 습득함으로 말미암아 자신의 삶을 개척하는데 도움을 주는 지식들을 마음껏 펼칠 수 있었던 것이다.

나는 커티스가 심도 있는 학습을 실천한 본보기가 되는 사람이라고 말하고 싶다. 당면한 모든 학업에 충실함으로써 튼튼한 기초를 쌓을 때, 성공적인 인생의 문은 열리는 것이다.

또 하나의 중요한 사실이 있다. 즉, 우리가 가능한 모든 것을 배우려하지 않는다면 우리는 결코 지금 앞에 펼쳐진 이 일에 대해 우리가 특별한 재능을 타고났는지의 여부를 알 수 없다는 점이다. 우리는 다른 사람의 말만 듣거나 학습할 때, 직면하는 어려움 때문에 어떤 과목에 대해 편견을 가져서는 안 된다.

나는 고등학교 동급생 에릭(Eric)을 기억하고 있다. 그는 축구를 했기 때문에 우리들 대부분은 에릭을 남자다운 운동선수라고 생각했다. 그러나 아무도 특별히 에릭이 총명하다고 생각하는 사람은 없었다. 극히 일부 아이들만이 그가 수학에 남다른 재능이 있다는 것을 알고 있었다. 사실 에릭은 수학을 이해하고 즐기는 데에 놀랄만한 재주를 지니고 있었다. 방정식과 연관된 것은 무엇이든 에릭의 관심을 끌었지만 다른 과목들은 특별히 잘하지 못했다. 그러나 수학에 대한 자신의 탁월한 능력을 알아차렸고, 그것을 개발했다.

그 축구팀의 일부 다른 선수들은 "운동선수는 무식해도 된다." 라는 고정관념 속에서 살아왔기 때문에 누가 학문에 흥미를 지녔다는 소릴 들으면, 그를 비방했다. 다행히도 에릭은 동료들의 그런 말에 신경 쓰지 않았다. 그러므로 그는 하나님이 주신 중요한 재능을 발견할 수 있었던 것이다.

나는 그가 미시간에 있는 어떤 대학에서 수학 장학금을 받았다는 소식을 들었다. 나는 지금 에릭이 무슨 일을 하고 있는지 알 수 없지만 분명한 것은 축구를 계속하고 있지는 않다는 것이다. 나는 그가 자신이 탁월한 재능을 지닌 분야에서 걸출한 업적을 세워주길 기대한다. 우리는 자신의 재능이 어디에 있는지 알기 위해 약간의 탐구와 아울러 다양한 경로를 모색해 보아야 할지도 모른다. 그리고 우리의 업무와 삶의 목표들을 더욱 원만하게 이루기 위해서는 심오한 지식을 쌓아야만 한다.

존 스홉킨스병원이 최고의 국제적인 교육병원으로서 그 명성을 떨치고 있기 때문에 미국과 멕시코 그리고 캐나다 전역은 물론 세계 여러 나라에서 많은 어린이들이 몰려온다. 볼티모어 외부에서 우리에게 오는 어린이들은 거의 대부분 자신들의 의사로부터 이미 검사와 치료를 받은 경험이 있는 어린이들로서 대단히 치료하기 어려운 문제들을 안고 있다. 많은 의사들이 최선을 다하지만 환자들의 특이한 질병을 치료하기에는 그들의 기술이 미치지 못하거나 필요한 치료 장비를 가지고 있지 못하는 경우가 많다. 그래서 그들은 자신들의 환자들을 홉킨스병원으로 보낸다.

나는 소아신경외과 진료소로 보내진 많은 환자들을 치료할 수 있었다. 그러나 나는 한 순간도 이러한 일들이 내가 다른 사람들보다 더 똑똑했기 때문이라거나 그 환자들을 처음 치료했던 의사들보다 더 총명했기 때문에 가능했다고 생각하지는 않는다. 오히려 이것은 홉킨스병원이 최첨단 개발 장비를 보유한 연구센터요. 교육병원이라는 점을 안고 있기 때문이라고 생각한다.

캐롤 제임스는 언제나 환자들과 그 가족들이 도착하기 전에 미리 상황을 완전히 파악한다. 그리고 나는 환자에 관한 병력을 연구한다. 때때로 나는 내가 존경하는 홉킨스병원의 다른 전문가들 - 그들은 자신의 분야에서 최선을 다하고 있다 - 의 조언을 듣는다.

나는 종종 프랑스나 유타(Utah) 주에서 보내온 환자들을 치료할 때, 환자의 가족과 함께 앉아 그들의 말을 주의 깊게 듣는다. 나는 그들의 말을 들으면서 한편으로 내가 관여했던 이와 유사한 의료 상황들이나 책에서 보았던 것들을 회상해 본다. 그리고 매번 이러한 모든 요소들을 종합하기 위해서 광대한 지식과 경험들을 활용한다.

나는 매우 어려운 사건을 맡는 경우 신중하게 환자와 가족의 이야기들을 들음은 물론, 모든 것을 분석해 볼 수 있는 혼자만의 시간을 갖는다. 그리고 이것저것을 숙고해 본다. 그런 다음 해결책을 마련하기 위해 과거의 학습 지식들을 동원한다. 이렇게 하면서 한편으로 하나님께 내게 통찰력을 주심으로 중요한 요소들을 놓치지 않게 하시며, 하찮은 문제로 인해 방해받지 않게 해달라고 기도한다.

나는 나의 분야에서 새로운 도전에 부딪힐 때마다 거시적인 통찰력이 필요하다고 확신한다. 그리고 이것은 인간이 수고하는 모든 영역에서 동일하게 적용된다고 생각한다. 나는 튼튼한 지식의 기초

위에서 통찰력을 얻으며, 일을 수행해 나간다. 나는 하나님을 확실하게 믿고 있지만, "하나님께서 나에게 모든 해답을 알려 주실 것이다." 라는 말은 하지 않는다. 하나님은 우리를 인도하시고 우리에게 용기를 주신다. 하나님은 우리를 다음과 같은 방법으로 도우신다.

- 우리가 자신의 지성을 활용할 수 있도록 격려하심으로 도우신다.

- 우리에게 수많은 학습 기회의 활용을 권고하심으로 도우신다.

- 우리가 자신의 직업으로 선택한 분야에서 효과적으로 일하는데 필요한 필수적인 기술과 지식들을 얻도록 고무시킴으로 도우신다.

그리고 이점을 기억하라.

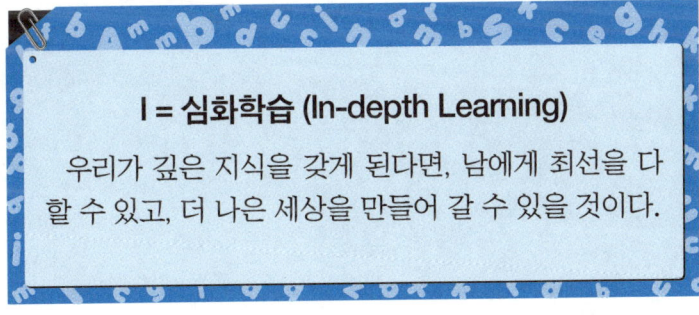

I = 심화학습 (In-depth Learning)
우리가 깊은 지식을 갖게 된다면, 남에게 최선을 다할 수 있고, 더 나은 세상을 만들어 갈 수 있을 것이다.

16
역사하시는 하나님

세상 사람들이 생각하는 것보다 훨씬 더 많은 일들이 기도를 통해 이루어진다.

테니슨(Tennyson)

"청색 코드!" 마취전문의가 소리쳤다. 그때까지만 해도 크리스틴(Christine)의 뇌수술은 잘 진행되고 있었다. 나는 4살 난 크리스틴의 뇌간에 돋아난 종양의 일부를 제거했다.

그런데 난데없이 심장마비를 일으킨 것이다. 순식간에 수술실의 움직임이 빨라졌다. 구강대구강법으로 인공호흡을 시키거나 기관으로 호흡기를 집어넣어서 숨통을 틔워 주어야만 했다.

누군가 다시 몸 안의 피가 순환되도록 해야 했다. 사실 이런 경우에는 심장박동이 다시 정상적으로 돌아오도록 흉벽에 전기 충격을 가하는 일이 많았다. 꾸물거릴 시간이 없었으므로 크리스틴의 피부에 클립을 고정시켰다. 대개의 경우 심장박동을 도와주고 심장마비로 인해 혈액 속에 생겨난 화학적 불균형을 중화시키기 위해서 엄청난 약물을 투여한다.

'오, 그럴 순 없어, 그러면 저 아이가 죽게 될지도 모른다.' 라는 생각이 들었다. 수술실은 이내 긴장감이 감돌았다. 간호사 중 한 명이 병원 내에 전화를 걸어 마취전문의를 더 요청했다.

나는 재빨리 조용히 기도하기 시작했다. "하나님, 도대체 무슨 일인지 그리고 왜 이런 일이 일어났는지 모르겠습니다. 하나님, 제발 어떻게 좀 해 주십시오!"

그리고 크리스틴의 자그마한 몸을 꼭 붙잡았다. 폐에 공기를 집어넣기 위해 몸을 거꾸로 눕혀야 했다(등 쪽에서 공기를 집어넣으려면 척추가 손상되기 때문이었다). 몸을 뒤집기 전에 나는 잠시 머뭇거렸다. 바로 그 순간, 아이의 심장이 다시 뛰기 시작했다.

"하나님, 감사합니다. 어떻게 된 건지 모르겠지만 당신이 고치신 것만은 분명합니다." 나는 큰 소리로 말했다. 우리는 더 이상의 어려움 없이 수술을 무사히 마칠 수 있었다. 도대체 어떻게 된 영문인지 알 수가 없었다. 하지만 그것은 그리 중요한 것이 아니다. 정말 중요한 것은 하나님께서 나의 기도를 들으셨고, 어린 크리스틴을 위해 이 일에 개입하셨다는 것을 내가 확신했다는 점이다. 이 말은 어떤 일이 잘못 되어갈 때마다 기적을 기대한다는 것은 아니다. 나는 다음과 같은 간단한 법칙을 따를 뿐이다.

"하나님은 우리들 삶의 구석구석을 살피시며, 우리가

> 도움을 청하기를 기다리고 계신다!"

우리는 하나님이 우리의 삶에 개입하시도록 요청해야만 한다. 특히 우리 자신이 어떻게 할 수 없는 상황에 다다랐을 때는 더더욱 그러해야 한다. 나는 나의 삶 속에서 하나님의 중요성을 인식하고 있기 때문에 크게 생각하라의 마지막 철자 "G"를 하나님(God)으로 결정했다. G가 마지막 철자라고 해서 그것이 가장 중요하지 않다는 것을 의미하지는 않는다. 오히려 그 반대다.

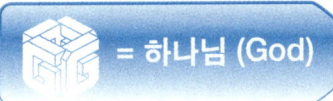
= 하나님 (God)

물론 하나님에 대해 나와 다른 입장을 취하는 사람들도 있다. 어떤 사람들은 하나님에 대해 아무런 필요도 느끼지 못한다. 아마 그런 사람들은 자기 자신과 자신의 능력에 대해 대단한 자부심을 지니고 있기 때문에 어느 누구의 도움도 필요 없다고 생각하는지 모른다.

내가 레지던트로 있을 때, 자신의 능력에 대해 매우 자신만만해 하던 의사가 있었다. 많은 비외과의사들은 그가 심각한 합병증을 유발하지 않고 수술을 할 수 있는 유일한 사람이라고 생각했다. 그는 마치 "모두가 나에게 잘 보여야 하고 나를 존경해야 한다."는 듯한 거만한 태도를 보였다. 그리고 모든 일이 자신의 기대대로 이루어지지 않으면 길길이 날뛰었다. 그 의사가 수술실을 떠날 때쯤 되면 보조간호사나 레지던트들은 종종 풀이 죽어 있거나 눈물을 떨어뜨리곤 했다. 그는 그렇게 하는 것이 레지던트들의 최선의 수업 방법이라도 되는 것처럼 그들을 겁주는데 희열을 느끼는 것 같았다.

나는 좀 더 숙련된 의사가 되고나서야 다른 사람들도 쉽게 그 사람 정도의 낮은 사망률이나 치사율로 수술해 낼 수 있다는 것 - 오히려 훨씬 더 신속하게 - 을 알았다. 다시 돌아보면 그의 일부 행동들은 자신의 능력과 가치에 대한 불안한 마음에서 나온 것이라는 생각이 든다. 내가 알기로는 대체로 자신의 능력에 대해 자신감이 있는 사람들은 다른 사람들에게 구태여 자신의 업적을 자랑하려 들지 않는다.

내가 그랬던 것처럼 아주 젊은 나이에 신경외과와 같은 분야에서 명성을 얻는 의사들을 본다. 그럴 때마다 나는 선천적으로 갖게 되는 직업상의 질투를 없애기 위해서는 바로 자신감이 필요하다고 생각한다.

여러분이 이와 같은 분야에서 무슨 일을 하든지 그건 문제가 되지 않는다. 문제는 여러분이 명성을 얻게 되면, 여러분이 자신의 환자를 가로챘다거나 명성에 눈이 멀었다거나 심지어는 여러분이 돌팔이 의사라고 여기저기 돌아다니면서 비난하는 사람들이 반드시 있게 마련이라는 점이다. 내가 동료에게서 불쾌한 편지를 받았던 경우는 한 번밖에 없지만, 내 친구들은 다른 동료들에게서 나에 대한 고약하고 심한 소문을 듣기도 했다.

살아가다 보면 누구나 어처구니없는 비난을 받게 될 때가 있다. 그 때 우리는 이렇게 기도할 수 있다. "하나님, 저는 최선을 다하고 있습니다. 저에게 평안을 주세요." 그러면 하나님은 언제나 우리와 함께 하신다. 다행히 나는 동료들로부터 불쾌한 편지보다는 훨씬 더 긍정적이고 격려가 되는 편지를 많이 받았다. 자신이 하는 일에 자신감이 있고, 여유가 있는 사람들은 나의 성공을 보고 기뻐해 주는데 반해, 불안해하는 사람들은 편견을 갖는 경향이 있었다. 나는 내가 하는 일이 환자들에게 도움이 되고, 우리 사회의 개선을 위한 것이라고 믿기 때문에 좋지 못한 소문에도 그다지 개의치 않는다.

어느 정도 성공하기 시작하면 자신의 능력에 지나치게 자신감을 갖는 사람들이 있다. 그런 사람들은 마치 자신이 이 세상에서 가장 능력 있는 사람인 것처럼 행동한다. 그래서 대부분의 사람들은 그들의 자만심과 거만함 때문에 그들과 함께 일하는 것을 꺼려하게 된다.

또한 이렇게 자만으로 가득 찬 사람들은 일반적으로 더 이상 배우려고 하지 않는다. 왜 그래야만 하는가? 자신이 일하는 분야에서 이미 모든 것을 통달했단 말인가(아니면 그러는 척 하는 것인가)? 그들은 재능이 있음에도 불구하고 그것을 다 활용하지 못한다. 자기 자신에 대한 애착 말고는 거의 하는 일이 없다. 그들은 찬송가 40장의 "위대하신 주님"(How Great Thou Art)을 마치 "위대한 나"(How Great I Am)라고 노래하는 것 같다.

나는 솔로몬이 자신의 탁월한 재능 때문에 교만이나 자만심과 싸워야 했다고 생각한다. 이렇게 생각하는 이유 중 하나는 잠언을 통해 교만에 대해 수없이 언급하면서 우리가 교만에 빠지지 말 것을 경고하고 있기 때문이다.

"교만은 패망의 선봉이요 거만한 마음은 넘어짐의 앞잡이니라"
(잠언 16:18)

16. 역사하시는 하나님 293

"교만이 오면 욕도 오거니와 겸손한 자에게는 지혜가 있느니라"
(잠언 11:2)
"사람이 교만하면 낮아지게 되겠고 마음이 겸손하면 영예를 얻으리라"(잠언 29:23)
"눈이 높은 것과 마음이 교만한 것과 악인의 형통한 것은 다 죄니라"(잠언 21:4)

반대로 잠언은 겸손에 대해서도 자주 언급하면서 자기 비하에 대해서도 경고하고 있다. 겸손은 비굴한 것이 아니며, 다른 사람들에게 자신이 얼마나 쓸모없는 존재인지를 이야기하는 것도 아니다. 겸손은 우리가 누구인지를 알 뿐만 아니라 하나님께서 우리의 삶 속에서 역사하셨으며, 지금도 역사하고 계심을 아는 것이다. 나는 겸손에 대한 간단한 공식을 세워보았다. 즉, 다음과 같은 사실을 인식한다면 우리는 겸손하게 된다.

1. 하나님은 우리를 포함하여 이 우주를 창조하셨다.
2. 하나님은 자신이 우리의 삶 속에서 행하시는 일과, 이미 행하신 일을 통해 능력의 하나님이 되심을 보여 준다.
3. 하나님은 우리 힘으로 가질 수도 없고, 받을 자격도 없는 능력을 우리 각 사람에게 주신다.

하나님과의 관계 속에서 우리가 누구인가에 대한 이러한 기본적인 이해는 우리에게 통찰력을 갖게 해 준다. 우리는 하나님이 능력의 하나님이시요, 사랑의 하나님이심을 알 때, 다른 사람들을 더 잘 이해하게 된다. 우리는 자신이 대접받고 싶은 대로 다른 사람을 대접해야 한다는 것을 안다. 나는 겸손한 사람을 만날 때마다 그들의 겸손은, 곧 그들의 신앙심의 발로라고 생각한다.

나는 삶 속에서 나에게 깊은 인상을 주는 신실한 사람들을 많이 만났다. 매우 신실한 삶의 대명사처럼 떠오르는 유명 인사 세 사람을 소개하겠다.

1. 윈틀리 핍스

제일 먼저 기억나는 사람은 복음성가 가수인 윈틀리 핍스(Wintley Phipps)이다. 그는 지난번 민주당 전국대회가 막을 내릴 때, 노래를 불렀다. 선율이 아름다운 굵직한 베이스 음성을 가진 그는 TV프로에도 여러 번 출연했으며, 다른 음악가들로부터 많은 존경을 받고 있는 사람이다. 다이애나 로스와 같이 유명한 사람들의 결혼식에서 축가를 부르기도 했다. 그는 탁월한 재능으로 많은 돈을 벌었다.

그러나 그는 "돈은 나의 인생에서 첫째가 아닙니다. 하나님이 첫째입니다. 이 원칙에는 결코 타협이란 있을 수 없습니다." 라는 말을 했다.

윈틀리가 선택하는 곡의 스타일을 보면 그의 말이 사실임을 알 수 있었다. 그는 자신의 원칙에 맞는다고 생각되는 노래들만 불렀다. 그는 복음성가 음반 판매로 벌어들인 수익금의 대부분을 교회와 사회로 다시 환원하고 있다. 그 한 예로 음반과 콘서트에서 들어온 수익금으로 워싱턴 D.C 지역에 있는 노후화된 교회 건축을 도왔다.

나는 윈틀리에 대해 들어서 익히 알고 있었지만, 그의 삶에 대해

진짜 깊은 인상을 받게 된 것은 그와 개인적으로 이야기를 나누었을 때였다. 그저 그와 같이 있기만 해도 그가 끊임없이 하나님과 관계를 지속하고 있음을 알 수 있었다.

2. 조지 밴드만

내게 깊은 인상을 심어준 또 한 사람의 유명 인사는 조지 밴드만(George Vandeman)이다. 그는 40년이 넘도록 "기록된 말씀"이라는 제목의 TV와 라디오 프로에서 설교를 하였다. 그의 방송은 미국 전 지역뿐만 아니라 유럽 전역에서도 어디에서나 보고 들을 수 있으며, 개혁개방정책 훨씬 이전에 동구권에도 방송되었고 지금은 중국에서도 그의 목소리를 들을 수 있다.

하지만 그런 모든 업적에도 불구하고 - 실제로 그가 한 일은 매우 많다 - 그는 여전히 겸손을 잃지 않는다. 조지는 자신의 능력이 어디에서 오는지 알고 있기 때문에 자랑하지 않으며, 모든 일을 은밀하게 행한다. 그는 부드러운 말씨와 풍부한 경험을 지니고 있으며, 함부로 남을 판단하지 않는다. 그는 지금까지 내가 만나 본 사람들 가운데 가장 멋있는 사람들 중 한 사람이다.

3. 로버트 슐러

세 번째는 로버트 슐러(Robert Schuller)이다. 그는 1989년 어버이날에 내가 크리스털교회에서 강연하도록 초청해 주었다. TV 방송 출연과 베스트셀러로 잘 알려진 슐러는 매우 친절하고 진실해서 그 누구와도 시간을 함께 보낼 수 있는 사람 같았다.

나는 슐러 박사와 이야기를 나누는 동안 긍정적인 사고를 통해 얻을 수 있는 우리 내면의 능력에 대해 나와 공통된 생각을 갖고 있다는 것을 알 수 있었다. 어떤 사람들은 슐러 박사가 한 말을 트집 잡아 마치 그가 "대단한 업적을 세운 사람만이 중요한 사람이다." 라고 말한 것처럼 보이도록 그의 말을 멋대로 왜곡시켰다. 그의 진정한 의도는 나도 인정하는 바, "하나님께서 우리를 창조하셨기 때문에 우리 모두는 다 가치 있는 사람이다." 라는 것이다. 우리가 해야 할 일은 우리가 어떠한 잠재력을 가졌든지 그리고 그 잠재력이 우리를 삶의 어디로 인도하든지 상관없이 그 잠재력을 마음껏 발휘하는 것이다.

최고의 건물관리인이 되어보지 않겠는가? 간이음식점에서 일하는 일류 햄버거요리사는 어떤가?

내 인생에서 중요하신 분은 하나님이시다. 물론 그렇게 된 데는 어머니가 나를 충실하게 교회에 데리고 다니신 덕분이기도 하다. 교회 출석은 선택 사항이 아닌 우리 가족의 삶의 한 방식이었다.

내가 8살 때, 부모님이 헤어지셨기 때문에 성장하면서 본보기로 삼을 어른이 별로 없었다. 그래서 성경에 나오는 영웅들이 그 역할을 대신했을 뿐만 아니라 유년시절의 나의 영웅이 되었다. 나는 다른 사람을 위해 자신을 내어주시고, 그들의 아픔을 같이 느끼시며, 그들의 상처를 치유하신 예수님에 대해 배웠다.

16. 역사하시는 하나님

그리고 왕의 죽음의 칼날 앞에서조차도 하나님을 신뢰하고 자신들의 신앙원칙을 고수한 다니엘과 3명의 히브리 소년들에 대해서 생각하곤 했다.

내가 가장 좋아했던 영웅은 구약성서에 나오는 요셉이다. 어쩌면 가족을 잃고 혼자서 세상과 맞서야 했다는 점에서 동질감을 느꼈는지도 모른다. 나는 시샘 많은 형들에 의해 노예 상인에게 팔려 외로운 생활을 하다가 이집트의 감옥에까지 갇히기도 했던 요셉에 대해 곰곰이 생각하곤 했다.

내가 하나님은 어떠한 상황에 처한 사람이라도 능히 건져내어 그의 삶 속에서 무엇인가 하실 수 있다는 사실을 진심으로 믿게 된 것은 어린 시절부터이다. 정확히 말하면 학교생활을 시작하면서이다. 요셉은 노예로 출발했지만 마침내 이집트 총리가 되었다. 이만하면 훌륭한 본보기가 아닌가? 출신 배경이나 외모는 중요한 문제가 아니다. 자신의 재능을 파악하고 그리고 열심히 공부하여 자신의 지식을 기꺼이 다른 사람을 돕기 위해 사용한다면 우리는 언제나 이 세상에서 성공할 수 있다.

나는 아침마다 기도와 성경 말씀, 특히 잠언을 읽음으로써 하루를 시작한다. 또한 취침 전에도 기도하고 잠언을 읽는다. 그리고 자주 하나님께 내가 가진 지식을 사용할 수 있도록 지혜를 주시고, 특히 어려운 상황이 발생했을 때에 통찰력과 이해력을 갖게 해달라고 간구한다. 하나님께서는 내가 요구한 것을 주실 뿐만 아니라 내가 하는 일이 옳다는 확신까지도 주신다. 그런 자신감은 다른 사람에게도 큰 영향을 미친다.

이제부터는 콜로라도 주에서 태어난 매튜 톰프슨(Matthew Thompson)에 관한 이야기를 하겠다. 그는 13세 때, 뇌종양 중에서도 희귀한 맥락막신경총암(Choroid Plexus Carcinoma)이라는 진단을 받았다. 그 종양은 너무도 혈관 깊숙이 침투해 있어서 의사들은 생체조직검사에 필요한 정도만 제거 할 수 있었다. 매튜는 과다한 신경학적인 문제뿐만 아니라 한 쪽 몸의 마비를 이겨내기 위한 투병생활에 들어갔다. 나중에 의사들은 방사선과 화학요법으로 매튜를 치료했다. 악성종양으로 고생하는 다른 사람들과 마찬가지로 매튜 역시 앞날을 예측할 수 없었다. 길어야 1년을 넘기지 못할 것이라고 했다.

하지만 매튜는 전문가들을 놀라게 했다. 그는 9년 동안 자신의 질병과 싸웠던 것이다. 그를 치료한 의사들은 누차 다른 방도가 없다고 말했다. "그저 두고 봅시다. 수술을 계속하면 오히려 암이 퍼지거나 뇌에 손상을 가져올 뿐입니다." 라고 한 의사가 말했다. 그의 가족들은 한 가닥 희망을 걸고 미국에서는 할 수 없는 특수 항암 치료를 받기 위해 그리스로 갔다. 한동안 상태가 호전되었다.

그런데 1990년 초에 그 종양은 다시 커지기 시작했다. 의사들은 지난번 수술 때에 그것이 심각한 종양임을 알았기 때문에 재수술하기를 꺼렸다. 가족들은 곳곳을 수소문하기 시작했다. 마침 홉킨스병원과 연락이 닿아 캐롤 제임스에게 문의해 온 것이 바로 그때였다. 그들은 매튜의 엑스레이와 병원 진단서를 보내왔다.

16. 역사하시는 하나님

다른 의사들은 그 종양이 접근하기에 곤란한 위치에 있어 절제하기 어려운 악성이라고 결론을 내렸다. 나는 엑스레이를 주의 깊게 살펴보고 한 가닥 희망이 있음을 알았다. 나는 그 엑스레이를 돈 롱 박사에게 보여 주었다. "제가 생각하기에 저번 수술로 생긴 틈을 이용하면 종양에 닿을 수 있을 것 같습니다." 그는 나의 의견을 받아들였다. 나는 현미경 기술과 레이저를 이용해 실제로 병의 원인을 제거할 수 있을 것이라는 확신이 생겼다.

한편으로는 첫 번째 진단이 오진일 수 있다는 생각이 들었다. 매튜는 8년 동안 투병 생활을 하고 있는데 그것은 그렇게 희귀한 암에서는 있을 수 없는 일이었다. 매튜는 이제 21살이다. 그의 부모인 커트(Curt)와 팻 톰프슨(Pat Thompson) 부부에게 전화를 걸어 나의 생각을 말해 주었다.

"수술로 이 종양에 접근하는 것이 실제로 가능할 것 같습니다. 그리고 잘만하면 종양을 제거할 수도 있을 겁니다."

"그러면 수술 후의 결과는 어떨까요?"

"신경이 약간 모자라겠지만 그래도 살 수는 있을 겁니다."

"그럼 치료가 가능하다는 말입니까? 정상적으로?" 커트가 물었다.

"그것을 보장할 수는 없습니다만 매튜가 정상적인 삶을 살 수 있는 좋은 기회입니다."

그들은 매튜가 완쾌되었다고 믿었다가 결국 그 암이 재발하는 바람에 그들의 삶은 수차례 풍파를 겪어야 했었다. 그들은 그리스를 다녀온 뒤, 매튜가 완쾌 되었다고 생각했었다. 그런데 또다시 종양이 자라기 시작했던 것이다.

"정말 감사합니다. 불길한 얘기만 숱하게 들어오던 터인지라..." 어머니 팻이 말했다.

아버지 커트는 "좋은 기회라니 잘 부탁합니다. 하나님이 도와주실 거에요." 라고 말했다.

톰프슨 부부는 독실한 크리스천이었으므로 열심히 기도했다.

"우리는 하나님께서 우리를 당신이 있는 볼티모어로 인도하셨다고 믿어요."

8-9시간이 걸리는 굉장히 힘든 수술을 통해 마침내 그 종양을 제거할 수 있었다. 매튜는 회복되기 시작했다. 그런데 나중에 수막염, 경련, 발열, 방향감각 상실, 환각 그리고 혈압 및 맥박의 불안정과 같은 많은 합병증이 나타났다. 수차례 모임을 갖고 토론해 보았지만 악화되는 이유를 찾을 수 없었다. 결국 사망할 것이라는 최종 진단이 떨어졌다. 종양을 제거할 수 있었다고 의기충천해 있었던 터라 우리의 슬픔은 더욱 컸다. 나는 이 문제를 해결하기 위해 기도를 했다. 어떠한 희망도 보이지 않았다.

그리고 1주일 정도 병원을 떠나야 할 일이 생겼다. 내가 돌아 올 때쯤이면 매튜는 살아있지도 않을 거라는 생각이 나를 사로잡았다. 그때 문득 13년 전, 전립선을 제거한 중년 남자에게서 비슷한 상황이 벌어졌던 것을 본 기억이 났다. 그 남자는 조직에 스테로이드(지방 용해성 화합물의 총칭)가 결핍된 상태였는데, 수술 후 약 3주간 매튜가 반응했던 것과 매우 흡사한 증상을 보였었다. 즉시 다량의 스테로이드를 주문해서 매튜에게 그 한 주 동안 계속해서 투여하게 하였다. 출장에서 돌아오자 매튜는 딴 사람처럼 보였다. 그는 실제로 침대에 걸터앉아 부모와 잡담을 나누고 있었다. 그리고 계속해서 빠른 회복을 보였다.

수술 후, 1년 정도 지나자 매튜는 일도 할 수 있게 되었다. 매튜의 수명이 연장된 것이다. 내가 만일 다른 신경외과의사들의 자존심을 상하게 하는 문제나 실패할지도 모른다는 위험 부담에 연연해 있었더라면, 혹은 하나님이 인도해 주시도록 간구하지 않았더라면(나는 하나님이 약 13년 전에 보았던 중년 남자의 경우를 생각나도록 해 주신 것이라고 믿는다.) 매튜의 결과는 상당히 달라졌을지도 모른다. 나는 자신감을 가지고 상황에 대처할 때, 목표 달성이나 성공 가능성은 훨씬 커질 수 있다고 확신한다.

야구 선수가 타석에 서서 "나는 투수에게 또 삼진 아웃을 당할 거야. 내겐 정말 기회가 오질 않아." 이렇게 말한다면 그가 홈런을 날릴 가능성은 희박하다. 그렇지만 "저 투수가 어떤 공을 보내든 그 공을 날려버리겠어." 라고 혼잣말을 하는 사람이라면 말한 대로 이루어질 확률은 훨씬 커진다.

간 시시하거나 엉뚱한 소리처럼 들릴지도 모르지만, 하나님에 대한 나의 믿음에 대해 진심에서 우러나오는 생각을 몇 가지 이야기하고자 한다. 나는 하나님과의 관계를 계속해서 발전시키면서 그분이 정말 멋진 분이라는 것을 깨달았다.

고백하건대 성장기 때에는 하나님을 이런 분으로 생각했다. 즉, 하나님은 심판의 날에 우리를 불러 우리가 살면서 행한 못된 행동들을 하나하나 지적하시면서 "왜 이런 일을 했지? 나는 네가 한 일을 다 알고 있다." 라고 말씀하시며 그것들을 모든 사람 앞에 공표하시려고 우리의 잘못들을 일일이 노트에 바쁘게 기록하시는 엄격한 분이라고 생각했었다.

나는 조금씩 성숙해 가는 중에 많은 위기 상황에서 하나님의 도우심을 체험했다. 하나님은 우리에게 벌을 내리기를 원하시는 분이 아니라 오히려 우리의 삶을 충족시키기를 원하시는 분임을 깨닫게 되었다. 하나님은 우리를 지으셨고, 우리를 사랑하신다. 그리고 다른 사람에게 유익을 끼칠 수 있는 사람이 되도록 우리의 생각을 일깨우시기를 원하신다.

캔디와 내가 아이를 갖게 된 뒤로 하나님이 원하시는 관계를 더욱 확실하게 깨닫게 되었다. 내가 얼마나 나의 아들들을 사랑하고 또 그들에게 얼마나 많은 것을 원하는지 알았다. 물론 나는 그 아이들이 잘 되길 바라는 마음으로 행복하게 해 줄 수 있는 것이라면 무엇이든지 주고 싶어 했다. 그리고 하나님은 내가 나의 아이들을 사랑하는 것보다도 훨씬 더 나를 사랑하신다는 사실을 깨달았다.

나는 자식들에게 모든 것을 다 줄 수는 없다. 하지만 그 아이들이 자립하고, 다른 사람을 존중하며, 가치 있는 시민이 될 수 있도록 환경을 마련해 주려고 노력한다. 만약 내가 아들들에게 무엇이든 함부로 다 주어버린다면 그 아이들은 자신의 목표를 달성하지 못하게 될 것이다. 하지만 나의 자녀들이 내가 그들을 사랑한다는 것, 다시 말해 내가 그들 뒤에 서서 그들이 성공할 수 있도록 온 정성을 쏟는다는 것을 아는 한, 나는 아이들을 위해 내가 할 수 있는 일을 다 했다고 생각한다. 아이들은 나의 사랑에 대한 신뢰를 키워갈 것이고, 내가 오직 그들이 잘 되기만을 바란다는 것을 깨닫게 될 것이다.

나는 나의 아들들과의 관계를 돌아보면서 하나님이 나와 그리고 그분의 모든 자녀들과 어떤 관계를 맺기 원하시는지 분명히 깨닫게 되었다. 하나님과 우리의 관계를 의존할 때, 우리는 더욱 유능한 사람이 될 수 있다. 그러므로 나는 다음과 같은 삶의 철학에 따라 살기를 주장한다.

"최선을 다하라. 그리고 나머지는 하나님께 맡겨라!"

여러분과 나누고 싶은 두 가지 사건이 더 있다. 한번은 뇌의 깊숙한 내부를 수술할 때였는데 알 수 없는 곳에서 동맥이 터졌다. 그로 인해 피가 마구 쏟아졌다. 그 피의 출처를 알 길이 없었기 때문에 환자의 생명이 위험했다. 나는 무의식적으로 하나님의 도우심을 구하는 기도를 드리기 시작했다. 이같은 비상시에는 직관에 따라 행동하는 것이 몸에 배어 있었던 것이다.

그리고 곧 다소 무모해 보이는 행동을 취했다. 출혈의 근원일지도 모를 울혈에 핀셋을 갖다 댔다. 그 안으로 피가 빨려 들어가기 시작했다. 나는 간청했다. "하나님, 제발 이 출혈이 멈추게 해주세요. 저는 어떻게 할 수가 없습니다." 이상하게 들릴지 몰라도 그 순간 내가 미처 출혈의 근원을 찾기도 전에 피가 멎었다. 그 후 환자는 의식을 차렸고 완쾌되었다.

또 한번은 3차 신경통(다섯 번째 뇌신경의 염증으로 인해 고통이 극심한 얼굴 질환)을 앓고 있는 버뮤다 출신의 환자가 있었다. 어떻게 손을 써보기도 전에 많은 환자들이 계속되는 고통을 견디지 못해 스스로 목숨을 끊는 병이었다.

나는 대뇌 아랫 부분에 있는 아주 미세한 구멍에 바늘을 넣어 신경절까지 보내야 했다. 이 과정은 의과대학 시절에 잘 익혀 두었던 기술들을 필요로 했다. 그런데 그 날은 무슨 수를 써도 구멍 안으로 바늘을 집어넣을 수가 없었다. 나는 거의 두 시간 동안이나 시도하다가 포기해야 할 지경에 이르렀다. 그 직전에 마지막으로 이렇게 기도했다. "하나님, 저는 바늘을 넣을 수가 없습니다. 아무리 해도 안 됩니다. 한 번 더 시도 해보겠습니다. 저는 자신이 없으니 당신이 구멍에 바늘이 들어가게 해 주세요!" 바늘을 집어서 안으로 밀어 넣었다. 그러자 바늘이 마치 살아 움직이는 것처럼 구멍 안으로 정확히 들어갔다. 감사의 탄성이 터져 나왔다.

이런 이야기를 할 때는 다소 심적 부담을 느낀다. 왜냐하면 무신론자들이나 회의론자들은 "이봐, 벤. 그건 말도 안 돼. 어떻게 그런 생각을 할 수 있지?" 라고 말할 것이기 때문이다. 하지만 내게는 터무니없는 소리가 아니다. 그것은 바로 내가 기대하는 것이기 때문이다. 다른 크리스천 의사들과 이야기하다 보면 그들 역시 하나님이 그들의 손을 인도해 주셨다고 생각되는 유사한 경험들을 가지고 있기 때문에 나의 말에 공감하는 것을 알 수 있다.

우리는 하나님과의 관계를 발전시키며, 그분이 우리를 통해 역사하심을 믿으면서도 여전히 무력힘을 느낀다. 이때가 하나님이 우리를 위해 무엇인가 하실 수 있는 좋은 기회다. 그것은 우리가 최선을 다할 때 일어난다.

기꺼이 포기하라. 그리고 큰 소리로 하든지 아니면 조용히 "하나님, 전 더 이상 못하겠어요. 저에겐 당신의 도움이 필요해요!"라고 기도하라.

바로 그 순간에 우리는 하나님께 응답하실 기회를 드리는 것이다. 분명히 "인간의 한계는 하나님이 역사하실 기회이다."

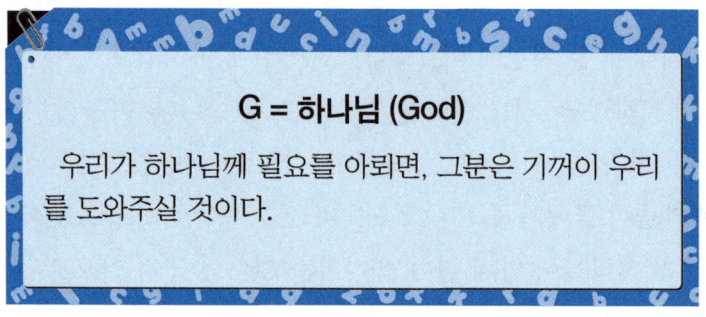

G = 하나님 (God)

우리가 하나님께 필요를 아뢰면, 그분은 기꺼이 우리를 도와주실 것이다.

17
성공을 향한 도약

자기애는 자기비하만큼 비열한 죄는 아니다.

셰익스피어(Shakespeare)

마리안(Marian)은 매우 유명한 바이올린 연주자일 뿐만 아니라 피아노와 오르간에도 꽤 재능이 있는 사람이었다. 그녀가 병원을 찾아 왔을 때, 우리는 그녀에게 몹시 심한 안면통증증후군이 있다는 진단을 내렸다. 우리는 두뇌의 한 부분이 손상되었다고 생각했다. 그리고 그 손상 부분을 정확하게 살펴 볼 수는 없었지만 아마 그것 때문에 그녀가 통증을 느꼈을 것이라고 결론 내렸다. 나는 돈 롱 박사와 함께 그녀를 수술했다.

수술을 마친 후에 마리안의 오른쪽 관자놀이엽(머리의 오른쪽 측면 부분) - 예술적인 재능과 매우 밀접한 관계가 있는 곳 - 이 부풀어 올랐다. 그리고 두정엽(이곳 역시 음악적 재능과 깊은 관계가 있는 곳이다.) 쪽으로 번져갔다.

그날 밤, 나는 병원으로 다시 돌아와 관자놀이 폐엽 절제수술 - 두 뇌의 관자놀이 전체 혹은 일부를 제거하는 수술 - 을 해야 했다. 그리고 그녀가 살아날 수 있을지 어떨지 알 수가 없었기 때문에 나는 마리안의 상대가 몹시 걱정되었다. 그러나 그녀가 깨어나는 기미를 보이자 한결 마음이 놓였다. 그 다음 나는 그녀의 언어 기능과 운동 기능에 주의를 기울였다. 점차로 그러한 기능이 회복되었다.

그녀는 매우 건강하게 회복되어 갔지만 한 가지 걱정거리 - 그녀의 음악적 재능에 대한 것 - 가 남아 있었다. 그녀의 오른쪽 두뇌의 일부분을 절제했기 때문에 돈 롱과 나는 서로에게 이렇게 물어 보았다. "수술 때문에 그녀의 음악적 재능이 손상되지는 않았을까?" 전체적인 결과를 종합해 볼 때, 그녀는 더 이상 자신의 훌륭한 음악적 재능을 발휘할 수 없을 것 같았다.

그녀의 남편인 밥(Bob)은 그녀의 음악적인 재능이 상실 되었을 것이라는 진단을 듣고서 "알겠습니다." 라고 대답했다. 밥은 목사였으며, 전 가족이 매우 독실한 크리스천이었다. 그들은 쉬지 않고 마리안이 완쾌되기를 기도했다. 그는 "우리는 이 일에 대해서 기도하고 있습니다." 라고 말하며 아내의 손을 잡고 미소를 지었다. "우리 모두는 마리안이 자신의 모든 능력 - 음악적인 재능을 포함해서 - 을 회복할 것이라고 확신합니다."

나는 그들에게 의사로서의 나의 견해를 밝혔지만, 그 이상의 상세한 말은 하지 않았다. 나는 그 누구에게서도 희망을 빼앗고 싶지는 않았기 때문에 어떻게 말해야 할지 정말 난감했다. 나는 아직도 그때 밥이 한 말을 기억하고 있다. "벤, 만약 하나님께서 아내의 음악적 재능이 그대로 보존되기를 원하신다면 그녀의 생명을 살리기 위해 무엇을 잘라 내었건 그것은 별로 중요한 문제가 되지 못합니다. 그 재능은 여전할 겁니다."

마리안은 그 후 얼마 지나지 않아 집으로 돌아갔다. 그러나 놀랍게도 퇴원 후 몇 달 만에 그녀는 다시 음악을 시작했다. 그녀는 훌륭하게 바이올린을 연주할 수 있는 능력을 회복했을 뿐만 아니라 전과 같이 피아노와 오르간도 연주할 수 있었다. 그러나 더욱 기적처럼 놀라운 일은 통증 역시 사라졌다는 것이다.

마리안의 이야기를 하다 보니 커네티컷 주 출신의 어린 소녀인 베스(Beth)의 이야기가 생각난다. 1987년에 베스는 뇌반구 절제수술(악성 뇌일혈 때문에 두뇌의 반을 절개했다.)을 받았다. 만약 수술 받지 않았다면 베스는 결국 죽거나 병원에 수용된 채 지내야 했을 것이다. 우리는 베스의 왼쪽 뇌를 제거했기 때문에 베스의 수리적 능력이 손상되었을까봐 걱정했다. 나는 "지켜 볼 도리 밖에 없습니다." 라고 베스의 부모에게 말했다. 베스의 어머니는 "아이는 건강하게 살아 있어요. 사실 아이를 이 곳에 데려 왔을 때, 그 이상의 것은 바랄 수도 없었어요." 라고 대답했다. 수술을 마친지 3년 후에 나는 그 가족으로부터 베스가 반에서 수학에 1등을 했다는 이야기를 전해 들었다.

이상의 이야기들은 성공적인 수술과 성공적인 회복을 다룬 두 사례이다. 이 두 사례는 의학적으로 기이한 일들로서 나에게 큰 용기를 심어준 사건이었다. 그러나 나에게 있어서 성공은 이러한 좋은 수술 결과를 얻기 훨씬 전인 매우 어린시절부터 시작되었다. 나는 초등학교 5학년 때, 학교생활에 일대 전환을 맞이함으로써 가난에 찌든 환경에서 나 자신을 구해 내는 능력이 내 의지에 달려 있다는 것을 깨닫기 시작했다. 그래서 나의 생애에 하고 싶은 일을 나도 할 수 있다는 확신을 갖게 되었다. 나는 8살 때부터 오직 의사가 되기를 원했다. 그것도 성공한 의사가 되기를 원했다.

그 당시에 어머니는 때때로 형과 나를 미시간 주의 블룸필드 힐스(Bloomfield Hills)와 그로스 포인트(Grosse Pointe) 지역에 데리고 가셨다. 그 지역은 부유한 사람들이 많이 살고 있었다. 대저택들 사이를 지나갈 때, 나는 이렇게 말하곤 했었다. "언젠가는 나도 저런 집에서 살게 될 거야. 멋진 차를 타고 즐거운 여행도 다니며, 좋은 직업과 높은 지위를 갖게 될 거야. 꼭 그렇게 될 거야." 그러한 말은 막연한 바람이나 단순한 결심으로 끝나지 않았다. 나는 자신감과 깊은 확신에 차서 그렇게 말했었다. 어머니는 소위 아메리칸드림(American Dream)이라는 것을 우리에게 가르치셨고, 나는 그것을 확고하게 믿었다. 그리고 나는 지금도 그것을 믿고 있다.

그때 나는 13살이었는데 사람은 자기 자신의 삶을 책임질 수 있다 - 즉, 사람은 환경의 희생물이 되어서는 안 된다 - 고 믿고 있었다. 나는 성공을 바라기는 했지만 홉킨스 같은 병원에서 소아신경외과 장이 되리라고는 상상도 하지 못했다. 정말 이렇게 주목받는 사람이 되리라고는 꿈에도 생각지 못했다.

내가 이렇게 다양한 분야에서 영향력을 발휘할 수 있는 기회를 갖게 된 것은 우연한 일이 아니었다. 나는 나의 성공이 혁신적인 외과 수술에서 이루어지리라고는 생각하지 못했다. 솔직히 말하자면 이것은 하나님께서 계획하신 일이었다.

  하나님께서는 나에게 의과대학에 남아 있으라는(즉, 교육병원 의사직에 남아 있으라는 것) 확신을 주셨다. 그러나 나는 오랫동안 개인병원을 개업해야겠다고 생각했다. 하지만 그러한 나의 계획에 온갖 엉뚱한 일들이 발생했고, 나의 분야에 몰입할 수 있는 기회를 갖게 되었기 때문에 나는 홉킨스병원에 계속 남아 있어야겠다는 생각을 하게 되었다. 나는 나의 일에 매우 만족을 느낀다.

  이러한 일을 통해서 내가 말하고 싶은 것은 하나님께서 나에게 외과의사가 될 수 있는 재능 - 좀 더 분명히 말하자면 생각하고 수술하는 능력 - 을 주셔서 성공적으로 일할 수 있었다는 것이다. 나는 성공의 길을 한 단계 더 올라 선 후, 하나님에 대한 감사가 더 깊어졌다. 결손 가정, 가난한 환경, 뒤떨어진 성적 그리고 나쁜 태도를 지닌 소년이었던 나 자신에 관한 인생 이야기를 하는 것은 - 그리고 하나님께서 내가 이루고 싶어 하던 꿈들을 이룰 수 있도록 도와주신 것을 강조하는 것은 - 하나님께서 오늘날에도 여전히 역사하고 계신다는 것을 많은 사람들에게 보여 주고 싶어서 였다.

  환경의 희생자로 남아 있다는 말은 우리가 다음과 같은 것들을 선택하는 사람이라는 의미이다.

- 다른 사람들을 원망한다.
- 환경을 탓한다.
- 자신의 삶에 대한 책임을 회피한다.
- 자신에 대한 연민에 빠진다.

- 희생자로 남아 있을 것을 약속한다.

어느 누구도 희생자가 될 필요가 없다!

나는 본서를 통해 성공의 개념에 대해서 논하고 싶다. 불행하게도 이 말은 종종 오용되고 있기 때문이다. 어떤 사람들은 성공이란 그저 높은 곳에 올라서는 것이라고 생각할 뿐, 성공하기 위해서 무엇을 해야 하는지에 대해서는 관심도 없다. 이러한 부류의 사람들은 자신이 축적한 것과 자신이 얼마나 많은 돈을 가지고 있느냐로 성공을 측정한다. 솔직히 말해서 이것은 서글픈 일이다. 토론 수업 시간에 학생들은 이러한 질문을 한다.

"어떤 집에서 살고 있습니까?"
"차를 몇 대나 가지고 있습니까?"
"집에 수영장이 있습니까?"

내 생각에는 돈으로 살 수 있는 것과 돈 자체는 그다지 중요하지 않은 것 같다. 그러나 어쨌든 성공한 사람들은 이러한 것들을 가지게 된다. 중요한 것은 - 내가 생각하는 성공이란 - 우리가 자신이 살고 있는 세상을 위해서 공헌하는 것이다.
또 어떤 사람들은 인생에서의 성공이란 자신이 얻을 수 있는 것보다 더 많은 것을 삶을 통해 얻는 것이라고 생각한다. 그러나 나는 성공이란 자신을 초월하여 다양한 방법으로 다른 사람들을 돕는 것이라고 생각한다. 이것은 자녀들이 최선을 다하는 생활을 해나갈 수 있도록 격려하는 아버지가 되는 것 - 자녀들에게 하나님을 믿으며 살아가도록 인도하는 어머니가 되는 것 - 일 수도 있고, 또는 어떤 일을 하더라도 그 일에 충실할 뿐만 아니라 최선을 다하겠다는 각오로 그 일을 수행하는 것과 같이 단순한 일일 수도 있다.

내가 하고 싶은 말은 바울이 골로새에 있는 교인들에게 보내는 편지에 자세히 나타나있다. 그는 아내들, 남편들, 자녀들, 아버지들 그리고 노예들에게 상호 최선을 다하며 살아가는 방법에 대해서 기술하면서 이렇게 요약하고 있다. "또 무엇을 하든지 말에나 일에나 다 주 예수의 이름으로 하고 그를 힘입어 하나님 아버지께 감사하라" (골로새서 3:17)

우리 사회는 어느 때보다도 여성들이 자신의 능력을 발휘 할 수 있는 사회로 변하고 있다. 그래서 어떤 사람들은 집에서 남편과 아이들을 돌보는 일만 하는 여자들을 경멸한다. 나는 어머니에게서 좋은 영향을 받았기 때문에 캔디가 지금 아내로서 그리고 어머니로서의 역할을 성공적으로 수행하고 있는 것을 보면 기뻐하지 않을 수 없다. 나는 세 아들들이 어른이 되어서도 나에게 받은 좋은 영향과, 특히 그들과 많은 시간을 함께 하고 있는 어머니에게서 받은 영향을 잊지 않고 기억하기를 바란다.

나는 개인적인 경험으로 미루어 어머니의 영향은 참으로 위대하다는 것을 알고 있다. 나는 40세가 넘은 지금도 어머니가 나에게 하신 말씀을 기억하고 있다. 놀랍게도 어머니는 같은 말을 수없이 반복하셨을 뿐만 아니라 여러 가지 방법으로 표현하셨다. 그리고 우리가 그것을 인정하든지 말든지 간에 어머니가 하신 말씀은 우리에게 영향을 주었다.

어머니는 여러 가지 방법들을 통해 우리에게 큰 도움이 되는 것들을 학습할 수 있도록 하셨다. 어머니는 자주 책을 집어 들고 이렇게 물어보셨다 "이 책은 몇 번째 개정판이지?"

나는 그것을 살펴본 후, "세 번째요." 라고 대답했던 적이 많은 것 같다.

"그게 무슨 뜻인지 알겠니? 그건 작가들이 그 책 내용을 더 좋게 손보았다는 의미란다. 그들은 더 많은 지식을 그 책에 보탰단다. 책을 자세히 읽어보렴. 그러면 아마 책의 다음번 개정판을 네가 직접 쓰게 될지도 모르지!"

물론 어머니가 가장 좋아하시는 말씀으로 늘 하시는 말씀은 이것이다. "누군가 할 수 있는 일은 너도 할 수 있단다. 물론 너는 더 잘 해낼 수도 있지." 어머니는 항상 이런 말씀으로 격려해 주셨기 때문에 나는 무슨 일이든지 적어도 남들만큼은 할 수 있다고 생각하게 되었다. 세월이 흐른 뒤에야 깨달은 바지만 어머니는 형과 내가 모든 일에 꼭 1인자가 되라고 그런 말씀을 하신 것은 아니었다. 단지 우리가 무슨 일을 하든지 최선을 다하기를 바라셨던 것이다.

"이유를 불문하고 모든 일에 최선을 다해라!"고 말씀하셨다.

많은 경우에 나는 최선을 다했을지라도 항상 1등을 하는 것은 아니라는 것을 여러 차례 깨닫곤 했다. 어머니는 "어떤 사람은 좋은 머리를 가졌지만 공부하는 데는 게으름을 피우는 사람도 있단다.

그러므로 네가 최선을 다한다면 그들보다 더 잘할 수 있는 거란다."
라고 말씀하시곤 했다.

성장기에 어머니의 가정교육을 통해 배운 것으로서 결코 잊을 수 없는 성공에 대한 색다른 개념들은 다음과 같다.

> "네가 최선을 다한 일에 만족을 느낀다면 그것으로 충분하다. 가장 큰 기쁨은 혼자의 힘으로 자신이 할 수 있는 최선을 다했다고 생각할 때 느끼는 것이다. 의복은 별로 중요한 문제가 아니다. 집, 차 그리고 은행계좌 이런 것들도 마찬가지다. 그럼 무엇이 중요한 것이겠니? 바로 지식과 노력이다. 이것들은 그 모든 것을 얻게 해 주는 능력이다.
>
> 무엇이 중요한 것인지 알고 싶니? 여기 그것을 알아 낼 방법이 있다. 누군가 네게서 돈, 차 그리고 집 같은 것들을 모두 빼앗아 가려고 한다면 그렇게 하도록 내버려 두어라. 그들은 그것을 가져 갈 수 있겠지. 그러나 네가 적절한 지식이 있고 그 지식을 사용할 줄 안다면, 그 모든 것들을 되찾을 수 있단다. 그러나 만약 네가 지식과 최선을 다하는 마음을 상실하게 되면, 너는 중요한 모든 것을 자동적으로 잃게 될 것이다. 그리고 그것들을 다시는 되찾지 못하게 될 것이다."

어머니는 내가 사귈 친구들에 대해서도 몇 가지 조언을 해 주셨다. 나는 종종 어머니의 말씀이 달갑지 않을 때도 있었지만 대체로 어머니의 말씀이 옳았다. 내 친구들 중에는 학교에서 퇴학당하고, 이웃에서 계속 문제를 일으켰던 한 친구가 있었는데 어머니는 그에 대해서 물으셨다.

"벤, 그 애를 잘 보았겠지. 너도 그 애처럼 되고 싶니?"

"아니에요, 우린 단순한 친구에 불과해요."

"사람은 많은 시간을 함께 지내는 사람을 닮아 간다. 그러므로 주의해서 친구를 선택해야 한다. 종종 사람들은 자신들이 어떤 사람들과 함께 지낸다고 할지라도 결코 그들을 닮지 않는다고 자신만만해 하기도 한다. 그들은 다른 사람의 영향력이 자신에겐 미칠 수 없다고 생각하는 것이지. 하지만 그들은 자신에게 속고 있는 것이다. 시간이 지나면 그들은 친구들과 똑같은 행동을 하기 시작하고 미처 알아차리지 못하는 사이에 친구들의 성격을 닮게 된다. 머지않아 그들은 함께 지내는 사람들과 똑같은 종류의 사람으로 변하기 시작한단다."

나는 고등학교 때, 이 교훈을 깨닫게 되었다. 나는 고등학교 1학년 내내 오직 노는 것과 메이커 옷에만 관심이 있는 친구들과 어울렸다. 그들과 함께 시간을 보낼수록 더욱 그들처럼 되고 싶었다. 나에게는 힘든 한 해였지만 다른 사람들이 나에게 어떻게 영향을 미치는지에 대해 깨닫는 시간이 되었다.

오늘 독자 여러분에게 이런 조언을 하고 싶다. "여러분이 본받고 싶은 사람들과 사귀십시오. 학생이든, 중년이든 혹은 노인이든 상관없습니다. 우리는 이 땅에 살아 있는 한 끊임없이 성장해 가고 있기 때문입니다." 만약 우리가 성공적인 삶 - 내적 평화와 만족을 느끼는 삶 - 을 살아가려면 그렇게 해야 한다. 우리가 본받고 싶어 하는 사람들이 주위에 있다는 것보다 더 멋진 일이 있을까? 우리는 이러한 조언을 좇음으로써 유해한 환경에서 자신을 보호할 수 있게 된다.

오늘날 실패자들은 다른 사람들도 실패하도록 온갖 노력을 기울인다. 그들은 감언이설로 속이고, 빈정대며, 비판하고, 논쟁한다. 그들은 학교에서도 동료 학생들을 왕따시키며 "선생님의 애완견!", "얼간이" 등과 같은 별명을 지어 부른다.

이 같은 조소의 표적이 된 학생들은 나를 찾아와 자신들의 고민을 털어 놓는다. 그러면 나는 조롱하는 그들에게 이렇게 대답하라고 말한다. "20년 동안 내가 한 일과 네가 한 일을 비교해 보자. 그리고 나면 누가 옳은 선택을 했는지 알게 될 거다."

나는 고등학교 1학년 때, 나를 혼란에 빠뜨렸던 친구들에게서 벗어날 때에 이 방법을 사용했다. 2년 후, 그들은 나를 "가장 성공 가능성이 있는 사람"으로 인정하는 학우들이 되었다. 아마 그들은 나의 태도를 좋아하지는 않았지만 약간은 나를 부러워했고, 나와 마찬가지로 공부하기를 바랐던 것 같다.

형과 나는 학교에서 끊임없이 비판을 받았을 뿐만 아니라 이웃에 사는 학부모들도 나의 어머니를 괴롭혔다.

"당신이 아이들에게 하고 있는 일이 어떤 것인지 알고 있어요?" 라고 어떤 사람이 어머니에게 말하는 것을 들었다.

"물론 알고 있죠. 나는 아이들을 바르게 키우고 있습니다."

"바르게 키우고 있다고요? 흥! 그들이 어른이 되면 당신이 너무나 엄하고 인색하기 때문에 당신을 미워하게 될 거예요."

"물론 그들은 나를 미워할 수도 있죠. 그러나 그보다 먼저 우리 아이들은 성공하게 될 거예요!" 어머니는 늘 이런 식으로 대답하셨다.

어떤 사람들은 사회가 공평치 못하다고 불평한다. 그들은 매사에 모든 일을 부정하게 처리하기 때문에 성공하지 못한다. 나는 다른 사람들과 똑같은 손해를 보고서도 자신은 두 배나 더 손해를 입었다고 하는 사람들의 이야기를 종종 들었다. 그들은 자신들의 민족성, 언어, 혹은 사회 경제적 배경 때문에 다른 사람들의 두 배의 일을 하지 못하면, 그들과 동등한 기회를 갖지 못하게 될 것이라고 느낀다.

이것이 사실인지 아닌지는 중요한 문제가 아니다. 나는 하나님께서 우리가 자신이 맡은 모든 일에 최선을 다하기를 바라신다고 생각한다. 만약 우리가 언제나 최선을 다하면서 하나님의 인도하심을 믿고 있다면, 이러한 자세를 갖지 않고 일하는 대부분의 사람들보다 자신의 분야에서 훨씬 더 일을 잘 할 수 있을 것이다. 우리는 자신이 이루어 놓은 것과 다른 사람이 이루어 놓은 것을 비교해서는 안 된다. 대신에 우리는 자신에게 이렇게 물어보아야 한다.

"나는 최선을 다했는가?"

본서를 읽으면서 크게 생각하기를 생활 속에 꼭 실천하기를 바란다. 크게 생각하라(Think Big)의 각 철자가 의미하는 단어들을 상기시켜 보면서 크게 생각하는 사람이 되길 바란다.

THINK BIG = 크게 생각하라

우리는 크게 생각함으로써
나와 세상을 변화시킬 수 있다.

T = 재능(Talent)
우리가 자신의 달란트를 깨닫고 그러한 달란트를 적절하게 사용할 수 있는 분야를 선택한다면, 우리는 자신의 분야에서 정상에 오르게 될 것이다.

H = 정직(Honest)
우리가 자신의 문제들을 인정하고 정직을 습관화하며 살아간다면, 우리는 훨씬 더 많은 것을 성취해 낼 수 있을 것이다.

I = 통찰력(Insight)
우리가 최선을 다하기 위해 자신을 관찰하고 반성하며 행동한다면, 우리는 정상에 오르게 될 것이다.

N = 친절(Nice)
우리가 다른 사람들에게 친절하게 대한다면, 다른 사람들도 우리에게 같은 태도로 친절히 대할 것이다. 그러므로 우리는 서로에게 최선을 다할 수 있게 된다.

K = 지식(Knowledge)
우리가 최선을 다해 지식을 쌓아 인류를 위해 유용하게 사용한다면, 그 지식은 우리들과 우리의 세계 속에서 그 빛을 발하게 될 것이다.

B = 책(Books)
우리가 계속하여 독서를 통해서 지식을 늘려 나간다면, 하나님께서 이 세상에 우리가 이해할 수 있도록 허락하신 한계까지 우리의 지식을 늘여갈 수 있을 것이다.

I = 심화학습(In-depth Learning)
우리가 깊은 지식을 갖게 된다면, 남에게 최선을 다할 수 있고, 더 나은 세상을 만들어 갈 수 있을 것이다.

G = 하나님(God)
우리가 하나님께 우리의 필요를 아뢰면, 그분은 기꺼이 우리를 도와주실 것이다.